新しい教職教育講座　教科教育編 ④

原 清治／春日井敏之／篠原正典／森田真樹 [監修]

初等理科教育

山下芳樹／平田豊誠 [編著]

ミネルヴァ書房

監修のことば

現在，学校教育は大きな転換点，分岐点に立たされているようにみえます。

見方・考え方の育成を重視する授業への転換，ICT 教育や特別支援教育の拡充，増加する児童生徒のいじめや不登校への適切な指導支援，チーム学校や社会に開かれた教育課程を実現する新しい学校像の模索など。切れ間なく提起される諸政策を一見すると，学校や教師にとって混迷の時代に突入しているようにも感じられます。

しかし，それは見方を変えれば，教師や学校が築き上げてきた地道な教育実践を土台にしながら，これまでの取組みやボーダーを超え，新たな教育を生み出す可能性を大いに秘めたイノベーティブな時代の到来ともいえるのではないでしょうか。教師の進むべき方向性を見定める正確なマップやコンパスがあれば，学校や教師の新たな地平を拓くことは十分に可能です。

『新しい教職教育講座』は，教師を目指す学生や若手教員を意識したテキストシリーズであり，主に小中学校を対象とした「教職教育編」全13巻と，小学校を対象とした「教科教育編」全10巻から構成されています。

世の中に教育，学校，教師に関する膨大な情報が溢れる時代にあって，学生や若手教員が基礎的知識や最新情報を集め整理することは容易ではありません。そこで，本シリーズでは，2017（平成29）年に告示された新学習指導要領や，今後の教員養成で重要な役割を果たす教職課程コアカリキュラムにも対応した基礎的知識や最新事情を，平易な表現でコンパクトに整理することに心がけました。

また，各巻は，13章程度の構成とし，大学の授業での活用のしやすさに配慮するとともに，学習者の主体的な学びを促す工夫も加えています。難解で複雑な内容をやさしく解説しながら，教職を学ぶ学習者には格好のシリーズとなっています。同時に，経験豊かな教員にとっても，理論と実践をつなげながら，自身の教育実践を問い直し意味づけていくための視点が多く含まれた読み応えのある内容となっています。

本シリーズが，教育，学校，教職，そして子どもたちの未来と可能性を信じながら，学校の新たな地平を拓いていこうとする教師にとって，今後の方向性を見定めるマップやコンパスとしての役割を果たしていくことができれば幸いです。

監修　原　　清 治（佛教大学）
　　　春日井敏之（立命館大学）
　　　篠 原 正 典（佛教大学）
　　　森 田 真 樹（立命館大学）

は じ め に

　本書は，「新しい教職教育講座　教科教育編」の中の 1 冊，初等理科教育のためのテキストとして編まれたものです。1947（昭和22）年，敗戦後の焦土と化した最中，試案として出された学習指導要領から数えて10度目の改訂となる学習指導要領が2017（平成29）年に公示されました（なお，本書で抜粋した学習指導要領については巻末資料を参照してください）。

　この学習指導要領のもと，教科としての理科はいったいどのような目的を掲げ，内容として何を取り上げ，そしてそれらをどのように伝え，児童をいかなる方向へと導こうとしているのでしょうか。

　理科教育の変遷とともに，今後の歩むべき道を見極めることは，日々の授業づくりに奮闘されている小学校の先生方には最も関心の高いものであり，また将来小学校教員を目指す皆さんにとってもしっかりと見据えておくべき大切なテーマの一つです。この見据える目があってこそ，学習指導要領のいう「理科の見方・考え方」や「主体的・対話的で深い学び」，また児童生徒に培いたい資質・能力として提唱された「何を理解しているか・何ができるか。理解していること・できることをどう使うのか。どのように社会や世界と関わり，よりよい人生を送るのか」という中央教育審議会の答申などの意味や，相互の関連もまた明らかになってくるのです。

　本書では，深い学びをさそう授業づくりに焦点をあてながらも，学習者の便を考え 3 部構成としました。すなわち，理科教育に託された先人たちの思いをもとに学習指導要領の読み解き方を示した第Ⅰ部（理科を考える），エネルギー，粒子，生命，そして地球という 4 つの領域から具体例をあげ，深い学びをさそう授業づくりの手引きとした第Ⅱ部（理科の授業をつくる），さらに研究し続ける小学校教員を目標に掲げ，教育の最も根幹をなす小学校教員としての研究のあり方や専門性について執筆者の願いや考え方を示した第Ⅲ部（明日の理科を

構想するために）という構成です。

　「教科書を教えるのか，教科書で教えるのか」，これは本書の底流にある問題意識です。皆さんはどのように考え，そしてどのように答えるでしょうか。この問いに対して柴田義松は次のように述べています。

　　「焦点をはっきりと定めた授業を行わないと，あれもこれも教えているようで，実際には子どもには何の力もつけていない授業になりかねない。教材を教える，あるいは教材をわからせるというような考えでいると，教科書に書かれていることをしらみつぶしに教えようとしたり，些細な特殊的なことにかかずらわって本質的なことは少しもわかっていないような授業をしてしまう」（『教育学大全集31　教科教育論』より）。

　本書を読まれる前と読まれた後とでは，皆さんの考えもきっと変わっていることでしょう。

　本書の執筆者はいずれも大学で理科教育法を担当し，しかも小学校や中学校，また高等学校の現場で理科教育の実際に直面してきた，いわば「強者（つわもの）」ばかりです。さらには，現在，小学校の現場で理科教育を実践しているいまの先生方のコラムも掲載しています。本書で書き記したすべては，将来皆さんが教壇に立つとき，日々の「授業づくり」に役立つように，いましっかり考えておいてほしい事柄を提供しようという先輩教員からのメッセージです。「あそこに書かれていたのは，実はこういうことだったんだ」と気づいてくれる日が必ずやってきます。この気づきが，皆さんの成長の証（あか）しでもあるのです。

　「教科書を教えるのか，教科書で教えるのか」，私の考えはこうであると胸を張って語ってくれる先生に出逢える日を楽しみにしています。

編者を代表して　山下芳樹

目　次

第 I 部
理科を考える

第1章 なぜ理科を学ぶのか

この章で学ぶこと

理科という教科はなぜ学ぶ必要があるのか。この問いに明確な答えはない。立場や状況により，様々な解答が考えられる。本章では，理科という教科で学ぶ科学の特徴，理科と日常生活との関連，そして2017（平成29）年版小学校学習指導要領における「主体的・対話的で深い学び」，理科の「見方・考え方」，探究の過程や育成すべき資質・能力などに基づいて，理科を指導する意義を学ぶ。

1 理科と科学

（1）科学の特徴——理科と科学

① 理科とは何か

理科という教科は，科学（自然科学）を教えるものである。実際，理科の小学校の目標には，

> 自然に親しみ，理科の見方・考え方を働かせ，見通しをもって観察，実験を行うことなどを通して，自然の事物・現象についての問題を科学的に解決するために必要な資質・能力を次のとおり育成することを目指す。
> (1) 自然の事物・現象についての理解を図り，観察，実験などに関する基本的な技能を身に付けるようにする。
> (2) 観察，実験などを行い，問題解決の力を養う。
> (3) 自然を愛する心情や主体的に問題解決しようとする態度を養う。
>
> （文部科学省（2017）「小学校学習指導要領」94頁）

とあり，「問題を科学的に解決するために必要な資質・能力を育成することを

目指す」ことが書き込まれている。問題を解決するにはいろいろな方法が考えられるが，理科においては科学による方法を用いて解決するということが明記されている。その一方で，西洋科学の伝統に関連していない「自然に親しむ」ことや「自然を愛する心情」を養うことも示されている。その意味で，理科は科学を教える教科であるとともに，健全な心身の育成，人格の完成に向けての教育であるという側面も忘れてはならないだろう。

② 科学の特徴

　ところで，問題を科学的に解決すると上述したが，理科の場合，問題は自然の事物・現象の中に存在する。これらの問題を児童に見出させて，科学的に解決させていくわけである。ここでいう科学的とはどういうことを意味しているのだろうか。

　「小学校学習指導要領解説理科編」では，「科学が，それ以外の文化と区別される基本的な条件としては，実証性，再現性，客観性などが考えられる。実証性とは，考えられた仮説が観察，実験などによって検討することができるという条件である。再現性とは，仮説を観察，実験などを通して実証するとき，人や時間や場所を変えて複数回行っても同一の実験条件下では，同一の結果が得られるという条件である。客観性とは，実証性や再現性という条件を満足することにより，多くの人々によって承認され，公認されるという条件である」（文部科学省，2017，16頁）と示されている。これ以外にも説明を論理的に行うといった論理性なども前提として必要になるだろう。

　STAP 細胞を例にあげて，説明してみよう。STAP（Stimulus-Triggered Acquisition of Pluripotency）細胞は，刺激惹起性多能性獲得細胞という意味で，動物の分化した細胞を弱酸性溶液に浸すなどの外的刺激を与えることにより，再び分化する能力を獲得することに成功したとして発表された細胞である。しかし，論文に書かれた方法で STAP 細胞をつくろうとしても，他の研究者にはつくることができなかった。再現性の部分で疑義が生じたといえる。その後，論文の執筆者の一人が STAP 細胞を実際に作製してみせるとしたが，結局は示し得なかった。こうなると再現性の点でも，実証性の点でも論文には大きな

問題があったということになる。再現性や実証性が成り立たないなら，科学として扱うことはできないということになるだろう。

　すなわち，「問題を科学的に解決する」とは，このような科学の特徴を踏まえれば，自然の事物・現象についての問題を，実証性，再現性，客観性などといった条件を検討する手続きを重視しながら解決していくということである。

（2）理科と日常生活

　理科で扱う科学や技術は，日常生活に深く浸透している。最近では，それが浸透しすぎてかえって見えにくくなってきてしまっていることが多い。たとえば，時計やパソコンなどは，様々な科学的な発見と数々の技術をもとにつくられてきたものである。以前の時計であれば，蓋をあけるとゼンマイが見えて，その巻かれたゼンマイが元に戻ろうとすることを動力にして，時計が動く仕組みを見ることができた。しかし，現在の時計は開けてみても時計の動く仕組みを想像することは難しい。実際，時計の動く仕組みを知らずに使用している人がほとんどであろう。パソコンにしても，その中で使われている科学的な発見や技術をすべて理解している人というのは実際ほとんどいないといってよいだろう。このように科学技術の成果としての製品を使っていても，科学技術そのものに目がいく人は少ない。つまり，科学技術の便利さは享受しても，科学技術の重要性に意識が向くことは少ないのである。

　現代のスポーツもまた科学技術なしには，勝利を収めることはできない状況になっている。たとえば，バレーボールなどでは，科学技術の粋を集めたICT（Information Communication Technology）技術が必須のものとなっている。対戦相手の情報を把握し，分析し，そして即座にそれに対応した戦術をプレーヤーに与えないと，情報戦ですでに劣勢となってしまう。陸上スポーツでは，シューズ等にも科学技術が注がれており，その優劣により試合の結果は左右され，水泳では水着によりタイムが変わってしまうという事態も起こっている。栄養のコントロールやトレーニング方法なども科学的にデータ分析を行い，体調および筋肉の質や量のコントロールを行っている。スポーツに科学技術が不

可欠ということは，ふだんあまり意識されていないため，授業の際の話題として取り上げれば，児童にもわかりやすく，科学や技術の重要性を知らせることにつながる可能性が高い。

　一方，科学技術の具体的な成果ではなく，科学を行う際の過程である科学的な探究の過程は生活や仕事を遂行する上で，とても役に立つものである。ここで，科学における探究の過程とは，「自然事象に対する気付き→課題の設定→仮説の設定→検証計画の立案→観察・実験の実施→結果の処理→考察・結論→表現・伝達」（中央教育審議会，2016，別添資料37頁）のようなものである。「自然事象に対する気付き」や「観察・実験の実施」は，科学的な部分ではあるものの，それ以外では類似の過程を私たちは何度となく繰り返している。たとえば，机の上のスタンドが昨日までついていたのに，朝になったらつかなくなっていた場合を考えよう。このとき，「なぜスタンドの灯りがつかないのか？」という問いを立て，その原因として様々な仮説を立てるだろう。もし「スイッチの押し方が弱かったのではないか」という仮説を立てたなら，実際に再度スイッチを押して，その仮説を検証する。押してもつかないなら，別の仮説「電源がコンセントからはずれてしまっているのではないか」というものを立てるかもしれない。コンセントが接続されていれば，この仮説も棄却される。となると，次に「スタンドの電球が切れているのではないか」という仮説を立てるかもしれない。このようにあまり意識することなく，仮説と検証を繰り返して，日々問題解決を行っている。このような問題解決の力は，理科だけで育成されるものではないかもしれないが，理科の中で意図的・計画的に授業に取り込んで，そのプロセスを児童に意識させて活用させるようにすれば，日常生活に与える影響は大きく，理科教育の重要性を伝える上でもきわめて肝要である。

　これらは実際，教育の成果なのだが，このような仮説検証を多くの人は無意識に行ってしまっているため，いったいどこで教育されたかはすでに記憶からなくなっていることが多い。しかし，仮説検証のような思考のスキルを自らの道具として意識して，様々な面に応用・活用していくことは，今後ますますその重要度を増していくことであろう。自分の思考を大局的に捉えて，意図的に

活用するような一種のメタ認知*的な思考がこれからの時代に求められている
といえる。

　＊　自分の思考や行動・学習過程などを意識の中のもう一人の自分が大局的に把握し
　　て認識する能力のこと。70頁も参照のこと。

2 2017年版学習指導要領の特徴

（1）社会に開かれた教育

　2017年版学習指導要領においては「社会に開かれた教育課程」という言葉が
強調されている。これについては，「小学校学習指導要領解説理科編」（文部科
学省，2017）の第1章の総説「1　改訂の経緯及び基本方針　(1)改訂の経緯」
の1〜2頁にも記されている。

① 　社会に開かれた教育とは

　現在の児童が，成人して社会で活躍する頃には，生産年齢人口の減少や絶え
間ない技術革新などにより，社会構造や雇用環境は大きく，それも急速に変化
しているだろう。また，成熟社会を迎えたわが国にあっては，急激な少子高齢
化が進んでいることもあり，一人ひとりが持続可能な社会の担い手として，そ
の多様性を原動力とし，個人と社会とが質的な豊かさを伴いながら新たな価値
を生み出し成長していくことが求められる。

　このような状況だからこそ，学校教育にあっては，児童が様々な変化に積極
的に向き合い，他者と協働して課題を解決していくという経験を積むことが必
要となる。また，様々な情報を精査しつつ，これらの情報を既有の知識と関連づ
けながら再構成するなどして新たな価値につなげていくこと，ならびに複雑な
状況変化の中で目的そのものを再構築できるようにすることが求められている。

　一方，その受け皿である学校では，教師の構成として，40歳代の中堅層の人
数が少なく，定年退職する教師も多い。このため，教師の世代間のバランスが
変化し，教育に関わる様々な経験や知見をどのように継承していくかが課題と
なっている。また，学校が抱える課題も複雑化・困難化し，家庭や地域が担っ

ていた事柄まで学校が担うようになってきてしまっている。したがって，学校だけに教育の実現を委ねることは困難になってきているともいえる。このような状況にあるため，"よりよい学校教育を通じてよりよい社会を創る"という目標を学校と社会が共有し，連携・協働しながら，新しい時代に求められる資質・能力を子どもたちに育む「社会に開かれた教育課程」の実現を目指す必要性が生じてきているのである。

　学校の様々な活動は，主として教育課程の編成で規定される。教育課程というのは，各教科や特別活動の時間数・内容・指導順序などを学校が定めたもので，いわば学校の教育活動の全体計画である。したがって，学校教育の目的・目標の実現を支えるためには，各学校において教育課程を軸に学校教育の改善・充実を図っていくことが考えられる。その一つの方法が「カリキュラム・マネジメント」である。教育課程編成をしっかりと計画し，実行し，評価し，改善していく，いわゆる PDCA（Plan-Do-Check-Action）サイクルにそって実施していくことで，学校教育に好循環を生み出すのである。

　「社会に開かれた教育課程」を実現していくためには，目指すべき教育のあり方を家庭や地域と共有し，その連携・協働のもとに教育活動を充実させていくことが重要である。そのためには，各学校の教育目標を含めた教育課程の編成についての基本的な方針を，家庭や地域とも共有していくことが必要であり，具体的には，たとえば学校経営方針やグランドデザイン等を策定し，その運用を効果的に行っていくことなどが求められている。

② 「見方・考え方」

　「社会に開かれた教育課程」を授業の内容そのものから支えるものが「見方・考え方」である。2017年版学習指導要領においては，育成すべき資質・能力を明確にし，実現することが求められている。その際の鍵となるのが「見方・考え方」である。「見方・考え方」というのは，"どのような視点で物事を捉え，どのような考え方で思考していくのか"という，物事を捉える視点や考え方と受けとめればよいだろう。

（2）資質・能力の3つの柱

　2006（平成18）年に教育基本法が約60年ぶりに改正された。この教育基本法の改正を受けて，2007（平成19）年には学校教育法も改正された。この際，学校教育法の第30条第2項には，

> 　生涯にわたり学習する基盤が培われるよう，基礎的な知識及び技能を習得させるとともに，これらを活用して課題を解決するために必要な思考力，判断力，表現力その他の能力をはぐくみ，主体的に学習に取り組む態度を養うことに，特に意を用いなければならない。

とあり，法律として初めて学力の要素が示された。これを受けて2008（平成20）年版学習指導要領は作成されたが，評価の観点はそれまでの流れを受けて，国語は5観点，他の教科は4観点のまま整理された。

　2017年版学習指導要領においては，表1-1のように，学力の三要素を「知識及び技能」「思考力，判断力，表現力等」「学びに向かう力，人間性等」の3つに再整理している。ここで，「知識及び技能」とは「何を理解しているか，何ができるか」という観点で，特定の単元等で習得する知識や技能のことを示していると考えられる。しかしながら，これらを生きて働く知識や技能とするには，「理解していること・できることをどう使うか」という段階に導くことが必要となる。すなわち，「未知の状況にも対応できる思考力，判断力，表現力等」を育成していく必要がでてくるわけである。そして，このような学習の

表1-1　学校教育法での学力の要素と学習指導要領における各教科等の目標

学校教育法第30条第2項	2008年版学習指導要領	2017年版学習指導要領
基礎的な知識及び技能	①「知識・理解」 ②「技能」	①「知識及び技能」
思考力，判断力，表現力その他の能力	③「思考・判断・表現」	②「思考力，判断力，表現力等」
主体的に学習に取り組む態度	④「関心・意欲・態度」	③「学びに向かう力，人間性等」

出典：筆者作成。

成果である，自らの学びを人生や社会に生かそうとする「学びに向かう力，人間性等」の涵養が必要となるのである。

　3　2017年版学習指導要領の理科の特徴

（1）理科の系統表（4つの柱）

　2008年版学習指導要領から，理科では4つの柱「エネルギー」「粒子」「生命」「地球」を設定し，「小学校学習指導要領解説理科編」においては内容の構成，すなわちそれぞれの柱における内容のつながり（系統）を示している。本書10〜13頁には，2017年版「小学校学習指導要領解説理科編」（22〜25頁）に示された図を掲載してある（図1-1，1-2）。

　それぞれの柱の下には，サブの柱が示されているが，2017年版では少し修正されている。大きく変わったのが「地球」のサブの柱で，2008年版では「地球の内部，地球の表面，地球の周辺」だったものが，2017年版では「地球の内部と地表面の変動，地球の大気と水の循環，地球と天体の運動」と具体的な内容がわかるように改善された。

　ここで注意しなければならないのは，資質・能力（「知識及び技能」「思考力，判断力，表現力等」「学びに向かう力，人間性等」）の育成といった際に，「知識及び技能」を軽視したり，また「知識及び技能」をしっかり身に付けてからでないと思考や判断ができないと考えたりすることである。これはどちらも間違いである。児童は，既習事項や日常生活での様々な体験などから，すでにある程度の知識や技能をもっている。これらの知識や技能は，あやふやだったり，不正確だったりすることもあるが，これから学習する事柄の本質に近かったり，共通の部分を含んでいたりする。これらの児童のもつ既有の知識や技能を上手に活用して授業を組み立てることが大切である。実際，2017年版学習指導要領の本文の「第2　各分野の目標及び内容」の「2　内容」には，「知識及び技能」に関する「ア」の記述と並んで，「思考力，判断力，表現力等」に関する「イ」の記述がある。このように，「ア」と「イ」とは，相互に関連させて指導する

校種	学年	エネルギー		
		エネルギーの捉え方	エネルギーの変換と保存	エネルギー資源の有効利用
小学校	第3学年	**風とゴムの力の働き** ・風の力の働き ・ゴムの力の働き　**光と音の性質** ・光の反射・集光 ・光の当て方と明るさや暖かさ ・音の大小と伝わり方	**磁石の性質** ・磁石に引き付けられる物 ・異極と同極　**電気の通り道** ・電気を通すつなぎ方 ・電気を通す物	
	第4学年		**電流の働き** ・乾電池の数とつなぎ方	
	第5学年	**振り子の運動** ・振り子の運動	**電流がつくる磁力** ・鉄心の磁化，極の変化 ・電磁石の強さ	
	第6学年	**てこの規則性** ・てこのつり合いの規則性 ・てこの利用	**電気の利用** ・発電（光電池（小4より移行）を含む），蓄電 ・電気の変換 ・電気の利用	
中学校	第1学年	**力の働き** ・力の働き （2力のつり合い （中3から）移行） を含む　**光と音** ・光の反射・屈折 （光の色を含む） ・凸レンズの働き ・音の性質		
	第2学年	**電流** ・回路と電流・電圧 ・電流・電圧と抵抗 ・電流とそのエネルギー（電気による発熱（小6から移行）を含む） ・静電気と電流（電子，放射線を含む） **電流と磁界** ・電流がつくる磁界 ・磁界中の電流が受ける力 ・電磁誘導と発電		
	第3学年	**力のつり合いと合成・分解** ・水中の物体に働く力（水圧，浮力（中1から移行）を含む） ・力の合成・分解 **運動の規則性** ・運動の速さと向き ・力と運動 **力学的エネルギー** ・仕事とエネルギー ・力学的エネルギーの保存	**エネルギーと物質** ・エネルギーとエネルギー資源（放射線を含む） ・様々な物質とその利用（プラスチック（中1から移行）を含む） ・科学技術の発展	**自然環境の保全と科学技術の利用** ・自然環境の保全と科学技術の利用 （第2分野と共通）

図 1-1　小学校・中学校理科の「エネルギー」

注：実線は新規項目。破線は移行項目。
出典：文部科学省，2017，22〜23頁。

校種	学年	粒子			
		粒子の存在	粒子の結合	粒子の保存性	粒子のもつエネルギー
小学校	第3学年			物と重さ •形と重さ •体積と重さ	
	第4学年	空気と水の性質 •空気の圧縮 •水の圧縮			金属，水，空気と温度 •温度と体積の変化 •温まり方の違い •水の三態変化
	第5学年			物の溶け方（溶けている物の均一性（中1から移行）を含む） •重さの保存 •物が水に溶ける量の限度 •物が水に溶ける量の変化	
	第6学年	燃焼の仕組み •燃焼の仕組み	水溶液の性質 •酸性，アルカリ性，中性 •気体が溶けている水溶液 •金属を変化させる水溶液		
中学校	第1学年	物質のすがた •身の回りの物質とその性質 •気体の発生と性質		水溶液 •水溶液	状態変化 •状態変化と熱 •物質の融点と沸点
	第2学年	物質の成り立ち •物質の分解 •原子・分子	化学変化 •化学変化 •化学変化における酸化と還元 •化学変化と熱		
			化学変化と物質の質量 •化学変化と質量の保存 •質量変化の規則性		
	第3学年	水溶液とイオン •原子の成り立ちとイオン •酸・アルカリ •中和と塩			
		化学変化と電池 •金属イオン •化学変化と電池			

「粒子」を柱とした内容の構成

校種	学年	生命		
		生物の構造と機能	生命の連続性	生物と環境の関わり
小学校	第3学年	**身の回りの生物** •身の回りの生物と環境との関わり •昆虫の成長と体のつくり •植物の成長と体のつくり		
	第4学年	**人の体のつくりと運動** •骨と筋肉 •骨と筋肉の働き	**季節と生物** •動物の活動と季節 •植物の成長と季節	
	第5学年		**植物の発芽, 成長, 結実** •種子の中の養分 •発芽の条件 •成長の条件 •植物の受粉, 結実 　**動物の誕生** •卵の中の成長 •母体内の成長	
	第6学年	**人の体のつくりと働き** •呼吸 •消化・吸収 •血液循環 •主な臓器の存在 　**植物の養分と水の通り道** •でんぷんのでき方 •水の通り道		**生物と環境** •生物と水, 空気との関わり •食べ物による生物の関係（水中の小さな生物（小5から移行）を含む） •人と環境
中学校	第1学年	**生物の観察と分類の仕方** •生物の観察 •生物の特徴と分類の仕方 **生物の体の共通点と相違点** •植物の体の共通点と相違点 •動物の体の共通点と相違点（中2から移行）		
	第2学年	**生物と細胞** •生物と細胞 **植物の体のつくりと働き** •葉・茎・根のつくりと働き（中1から移行） **動物の体のつくりと働き** •生命を維持する働き •刺激と反応		
	第3学年		**生物の成長と殖え方** •細胞分裂と生物の成長 •生物の殖え方 **遺伝の規則性と遺伝子** •遺伝の規則性と遺伝子 **生物の種類の多様性と進化** •生物の種類の多様性と進化（中2から移行）	**生物と環境** •自然界のつり合い •自然環境の調査と環境保全 •地域の自然災害 **自然環境の保全と科学技術の利用** •自然環境の保全と科学技術の利用（第1分野と共通）

図1-2　小学校・中学校理科の「生命」

注：実線は新規項目。破線は移行項目。
出典：文部科学省, 2017, 24〜25頁。

校種	学年	地　球		
		地球の内部と地表面の変動	地球の大気と水の循環	地球と天体の運動
小学校	第3学年		太陽と地面の様子 •日陰の位置と太陽の位置の変化 •地面の暖かさや湿り気の違い	
	第4学年	雨水の行方と地面の様子 •地面の傾きによる水の流れ •土の粒の大きさと水のしみ込み方	天気の様子 •天気による1日の気温の変化 •水の自然蒸発と結露	月と星 •月の形と位置の変化 •星の明るさ，色 •星の位置の変化
	第5学年	流れる水の働きと土地の変化 •流れる水の働き •川の上流・下流と川原の石 •雨の降り方と増水	天気の変化 •雲と天気の変化 •天気の変化の予想	
	第6学年	土地のつくりと変化 •土地の構成物と地層の広がり（化石を含む） •地層のでき方 •火山の噴火や地震による土地の変化		月と太陽 •月の位置や形と太陽の位置
中学校	第1学年	身近な地形や地層，岩石の観察 •身近な地形や地層，岩石の観察 地層の重なりと過去の様子 •地層の重なりと過去の様子 火山と地震 •火山活動と火成岩 •地震の伝わり方と地球内部の働き 自然の恵みと火山災害・地震災害 •自然の恵みと火山災害・地震災害（中3より移行）		
	第2学年		気象観測 •気象要素（圧力（中1の第1分野から移行）を含む） •気象観測 天気の変化 •霧や雲の発生 •前線の通過と天気の変化 日本の気象 •日本の天気の特徴 •大気の動きと海洋の影響 自然の恵みと気象災害 •自然の恵みと気象災害（中3より移行）	
	第3学年			天体の動きと地球の自転・公転 •日周運動と自転 •年周運動と公転 太陽系と恒星 •太陽の様子 •惑星と恒星 •月や金星の運動と見え方

「地球」を柱とした内容の構成

ことで育成していくものとして示されている。

　実際，「学習指導要領解説理科編」においても，「各内容のア，イは，相互に関連し合いながら育成されるもの」（小学校），「理科の目標を達成するためには，科学的に探究するために必要な観察，実験などを行い，『ア　知識及び技能』と『イ　思考力，判断力，表現力等』を相互に関連させながら，身に付けるように指導することが大切である」（中学校）と記されている。

（2）理科の「見方・考え方」

① 理科の見方

　答申においては，理科の見方については次のようにまとめられている。

> 　「エネルギー」領域では，自然の事物・現象を主として量的・関係的な視点で捉えることが，「粒子」領域では，自然の事物・現象を主として質的・実体的な視点で捉えることが，「生命」領域では，生命に関する自然の事物・現象を主として多様性と共通性の視点で捉えることが，「地球」領域では，地球や宇宙に関する自然の事物・現象を主として時間的・空間的な視点で捉えることが，それぞれの領域における特徴的な視点として整理することができる。　　　（中央教育審議会，2016）

　このように「エネルギー」「粒子」「生命」「地球」の4つの領域に分けて視点を整理しているが，それぞれの領域に特徴的ではあるものの，その他の領域においても強弱はあるが用いられる視点でもあることに注意したい。実際，見方については領域を広くカバーする汎用的なものの方が重要である。事実，「小学校学習指導要領解説理科編」には「理科だけでなく様々な場面で用いられる原因と結果をはじめとして，部分と全体，定性と定量などといった視点もある」と書かれている。さらに，述べれば「構造と機能」「循環と平衡」「モデル」などの視点も重要であると筆者は捉えている。

　たとえば，「構造と機能」というのは「構造と機能とは関連しているはずだ」という見方で，複雑なつくりのものを見たら何かすごい機能が隠されているに違いないと推察したり，何か卓越した機能があった場合には，それを支える特

別なつくりがあるに違いないと推察したりする見方である。このように何か事象を見る際に，私たちはその事象を把握するための視点，すなわちフィルターというものをとおして事象を理解している。その理科の学習を支える価値あるフィルター（視点や捉え方の枠組み）を理科の見方と考えることができるだろう。

② 理科の考え方

考え方については，

> 　理科の学習における考え方については，探究の過程を通じた学習活動の中で，比較したり，関係付けたりするなどの科学的に探究する方法を用いて，事象の中に何らかの関連性や規則性，因果関係等が見いだせるかなどについて考えることであると思われる。この「考え方」は，物事をどのように考えていくのかということであり，資質・能力としての思考力や態度とは異なることに留意が必要である。
>
> （中央教育審議会，2016）

と答申の中で整理されている。これを受けて「小学校学習指導要領解説理科編」では，

> 　問題解決の過程において，どのような考え方で思考していくかという「考え方」については，これまで理科で育成を目指してきた問題解決の能力を基に整理を行った。児童が問題解決の過程の中で用いる，比較，関係付け，条件制御，多面的に考えることなどといった考え方を「考え方」として整理することができる。
>
> （文部科学省，2017，13頁）

としている。

　具体的には，探究の過程において，児童が「比較（第3学年）」という考え方を意図的に働かせることで，きっかけとなる自然の事物・現象とそれとは異なる他の自然の事物・現象とを「比較」することが考えられる。こうすることで，両者の差異点や共通点を明らかにすることができる。その差異点や共通点を手がかりとして，気付きや疑問を生じ，その気付きや疑問が理科で解決できる課題とすることができれば，探究が始まる。同様に，生き物の成長のように時間的経過での前後について「比較」したり，自分の実験前の予想と実際の実験の

結果とを「比較」したりすることも考えられる。

　「関係付け（第4学年）」という考えを児童が探究の過程において働かせることで，自然事象の変化とそれに関わる要因を結び付けたり，既習の内容や生活経験を結び付けたりすることなどができると考えられる。具体的には，「関係付け」という考え方を働かせることで，解決したい問題についての予想や仮説を発想する際に，これまでに経験した生活や既習事項とを関連付けられないかと考えるようになる。また，追究しようとしている自然の事物・現象を，観察される変化とそれに関わる要因とで関係付けて捉えることはできないかと考えるようになる。

　「条件制御（第5学年）」という考えを児童が働かせることで，自らが調べたいと思っている要因の影響を把握するためには，変化させる要因と変化させない要因とを明確に区別することが意識される。すなわち，自らの課題について解決の方法を発想する際に，「条件制御」という考え方を働かせることで，制御すべき要因と制御しない要因を区別しながら計画的に観察，実験などを行うようになることが考えられる。

　「多面的に考える（第6学年）」という考え方を児童が働かせることで，自然の事物・現象を複数の側面から考えることが意識される。児童は，実験の結果が得られると安心してしまう。しかしここで，「多面的に考える」という考え方を働かせることで，自らの出した結果は解決したい課題について適切に対応したものなのかと考えたり，他班の結果などをもとに自らの班の結果の妥当性を検討したりすることになる。さらには，探究の過程において，それぞれの予想や仮説の違いを意識しながら追究したり，複数の観察，実験などから得た結果をもとに考察をしたりするようになることが考えられる。

（3）理科における主体的・対話的で深い学び

① 　主体的・対話的で深い学びとは

　理科においても他の教科同様，「主体的・対話的で深い学び」が求められている。学習者が深い学びを得るには，主体的であることが重要である。また，

深い学びを得る方法は様々に考えられるが，話合いなどの対話的なプロセスを経ることが有効であると教員であれば気づいていることだろう。しかし，深い学びとは何か，これに関しては捉え方にかなりの幅があると思われる。中央教育審議会の答申によると，

習得・活用・探究という学びの過程の中で，各教科等の特質に応じた「見方・考え方」を働かせながら，知識を相互に関連付けてより深く理解したり，情報を精査して考えを形成したり，問題を見いだして解決策を考えたり，思いや考えを基に創造したりすることに向かう「深い学び」が実現できているか。

(中央教育審議会，2016)

　まずは，「『見方・考え方』を働かせ」ということが前提となっていることがポイントである。学習者が意図して，「見方・考え方」を用いているのである。次に，深い学びが読み取れる状況として4つほどの例があげられている。

(1)　知識を相互に関連付けてより深く理解すること

(2)　情報を精査して考えを形成すること

(3)　問題を見出して解決策を考えること

(4)　思いや考えをもとに創造すること

　たとえば，この4つの状況が学習者から読み取れれば，深い学びが起こっていると考えてよいだろう。以下，粒子の柱を例にして「『見方』の働かせ方」をみてみよう。

②　【例】粒子の柱での「見方」の働かせ方

　第3学年の「物と重さ」の学習で，児童は粘土などを使って，粘土を変形したり，ちぎったりくっつけたりする。こうすることで，物には重さがあり，変形しても重さが変わらないこと，バラバラにしてもちゃんと集めれば重さが変わらないことなどを学ぶ。では，中央教育審議会(2016)で示された「実体的」把握の仕方についてみてみよう。ここでは物が存在しているときには重さや体積があるということを学んでいると考えられる。また，物の種類が粘土ではなく，鉄の玉やビー玉，木の玉，ピンポン玉のように異なれば，体積が同じ

でも重さが異なることも体感している。

　第4学年の「空気と水の性質」では，空気は目には見えないが，ポリスチレンの袋に空気を入れて閉じ込めれば，体積があることを感じられる。また，注射筒に空気を入れれば，押し込むことができるが押し込んでも元通りの体積に戻るし，押し込むことに限界があり，最後までは押し込めないことを体験する。こうして，空気は目には見えなくても，実体があるものがあることに気付く。第3学年で体感している「物があるときには体積がある」という見方をここで生かすことができる。また，学習指導要領上では取り上げる必要がない学習であるが，同じ体積の水をいろいろな形の容器に入れると児童にとっては量が多く見えたり少なく見えたりする。しかし，体積を量れば変化していないという学習を追加する。あるいは，タイヤに空気をたくさん詰め込んだり，空気を抜いたりすることで，質量に差がでることから空気に重さがあることを示す学習を追加したりすることもできる。このような学習を加えることで，「実体的」という視点が広がったり，強化されたりすることにつながる。

　第5学年では，「物の溶け方」の学習において，水に塩（塩化ナトリウム）を溶かしても溶かす前後で，水と塩を合わせた重さは変わらないという学習を行う。児童の中には，塩が水に溶けて見えなくなったのだから，なくなってしまったと思う者もいる。しかしながら，日常生活の中で塩水をなめれば塩辛いことは知っていることから，溶けてなくなったように見えても，ただの水とは異なることについては認識していると思われる。となれば，なくなったように見えても存在を確かめる方法がないかを考えることになる。このときに，これまで学んだ実体的（「物には体積がある。物には重さがある」）という見方を用いることができる。水の重さと塩の重さを量り，水に塩を加えると，重さは減ることなく，水の重さと塩の重さを足したものとなる。このことから「物は見えなくなっても，存在している」という実体的な見方が形成される。さらに，塩がなくなっているわけではないとわかれば，水をなくせば（蒸発させれば）再び塩を取り出すことができるという考え方につながる。実際に蒸発させて，塩の結晶を得ることができることで，この見方はさらに強固なものとなっていく。

　この後，中学校や高等学校の学習を経て，実体的な見方は「物質は粒子から
できていて，化学反応も粒子の振る舞いによって説明できる」というような見
方に次第に置き換わっていく。既習の知識や体験などを通じて，理科の見方は
変化し，より適応性の広い強固なものに変化していく。

③　【例】「考え方」の働かせ方

　一方，理科の「考え方」についてであるが，具体的な探究の過程において
「考え方」を実際に使ってみるという体験が重要である。考え方というのは，
問題解決の過程において，どのような考え方で思考していくかということで，
これまで学年ごとに目指してきた問題解決の能力に相当する「比較する」とか
「関連付ける」とか「条件を整理する」とか「多面的に考える」などが考え方
に相当する。このことについてはこれまでも重視して指導してきたといえる。
ただし，従来はどちらかといえば，教師が「比較してごらん」とか「そろえる
べき条件は何？」といったように，ヒントを出すようなことが多かったと思わ
れる。これから求められているのは，児童が自ら「比較したらどうだろう」と
か「関係付ければいいんではないか」と考えるようにするという点である。
いってみれば，児童の自立を目指しているところが，これまでと大きく異なる
点である。

　そのため，これまで以上にそれぞれの児童が，過去に探究の過程についてど
の程度経験してきているかの実態の把握が大切である。たとえば，「比較」や
「関連付け」などは第3学年から多くの経験をしてきているはずである。昆虫
（足は6本で，頭部・胸部・腹部の3つの部分からなる）を理解する際に，いくつか
の昆虫を「比較」観察して，形態はかなり異なってもやはり足は6本，頭部と
胸部と腹部からなっていることを把握する。この昆虫の概念ができあがれば，
足が8本のクモは昆虫ではないことがいい切れる。児童が「比較」することや
「関係付け」ることの有効性を感じていてもおかしくない。第3学年には，昆
虫の単元以外にも「比較」する単元は多いので，児童にも問題解決をする際に
は，「比較」することを行うとよいらしいと実感するようになってくるはずで
ある。このような単元をいくつか経験すれば，新しい単元での問題解決の過程

の中で，児童の方から「ここでも比較してみるといいのではないか」という発言が出てくるようになるだろう。このように，物事を探究・追究していく際には，どうやら「比較」や「関係付け」を行うとよいらしいと実感させて，それらを自らの道具・技術の一部として使いこなせるようにしていくことが求められているのである。繰り返しになるが「考え方」については，自転車の乗り方や水泳と同様，実際に使って体に覚えさせていくことが大切である。

（4）探究の過程と資質・能力

　理科においては，課題の把握（発見），課題の探究（追究），課題の解決という探究の過程を通じた学習活動を行い，それぞれの過程において，資質・能力が育成されるよう指導の改善を図ることが必要である。

　探究の過程としては，中央教育審議会（2016）の別添資料「別添 5 - 4 」（37頁）のように例示されている（図1 - 3）。この別添資料には，7 つほど脚注がついているが，実はここにも大切なことが書かれている。たとえば最初の注（＊1）には，「探究の過程は，必ずしも一方向の流れではない。また，授業では，その過程の一部を扱ってもよい」と記されている。

　そもそも，探究の過程は，いわば理想的なモデルである。したがって，このとおりに探究や授業が進むわけではない。自然事象を見ていて疑問が生じて，仮に「飛翔と歩行どちらの価値が高いか」という課題を設定しても，このような価値観に関する課題は理科で扱うことは難しい。となれば，課題を設定し直す必要が出てくる。また，仮説を設定できたとしても，それを検証する方法が思いつかなければ，仮説そのものを再設定する必要がある。このように行きつ戻りつしながら探究は進んでいくもので，一方向に進むわけではない。

　また，小学校だと45分間の授業の中にこれらの探究の過程のすべての要素を入れ込まないといけないと考えている教員がいることもある。「授業では，その過程の一部を扱ってもよい」とあるように，探究の過程を経験させるのに，2 時間連続の時間をつかったり，単元全体をとおして行ったりすることがあってもよい。さらにいえば，単元によっては因果関係が明確でなく，仮説の設定

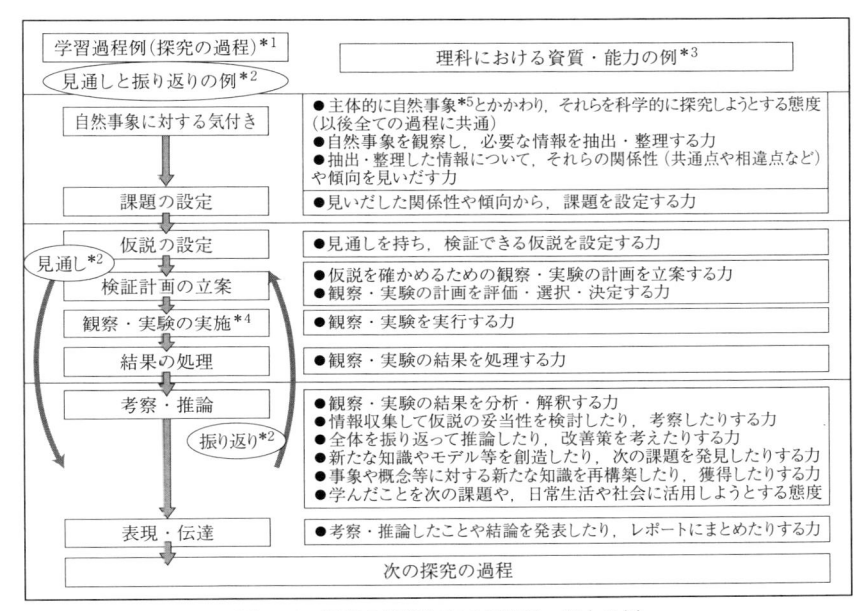

図1-3　探究の過程と育てる資質・能力の例

注：一部の注を省略し，抜粋して掲載する。
　　＊1　探究の過程は，必ずしも一方向の流れではない。また，授業では，その過程の一部を扱っても
　　　　よい。
　　＊2　「見通し」と「振り返り」は，学習過程全体を通してのみならず，必要に応じて，それぞれの
　　　　学習過程で行うことも重要である。
　　＊3　全ての学習過程において，今までに身に付けた資質・能力や既習の知識・技能を活用する力が
　　　　求められる。
　　＊4　単元内容や題材の関係で観察・実験が扱えない場合も，調査して論理的に検討を行うなど，探
　　　　究の過程を経ることが重要である。
　　＊5　自然事象には，日常生活に見られる事象も含まれる。
　出典：中央教育審議会，2016，「別添5-4」から抜粋。

　をすることが難しいものもある。こういった検証実験の設定が難しい単元では，
観察を中心として，観察から問題を見出させることを中心に行うなど，探究の
過程の一部を扱うことも考えられる。

　学習活動においては，授業の流れを探究の過程に合わせようと意識するとい
うよりも，児童の思考が探究の過程に沿って行われるように支援するのが教師
の役割である。そして，児童が自らの探究を進めていく中で，学習内容だけで
なく，図1-3の「理科における資質・能力の例」に示されている力を育むよ
うにしていくことが求められている。

引用文献

中央教育審議会（2016）「幼稚園，小学校，中学校，高等学校及び特別支援学校の学習指導要領等の改善及び必要な方策等について（答申）」（第197号）12月21日。
文部科学省（2017）「小学校学習指導要領解説理科編」。

─ 学習の課題 ─

(1)　理科における「見方・考え方」として答申（第197号）にはどのような例があげられていただろうか。また，あなただったらどのようなものを理科における「見方・考え方」として児童に伝えたいかを考えてみよう。

(2)　理科における「深い学び」が起こった姿とは具体的にはどのような姿だろうか。「深い学び」が生じていると考えられる児童のサイン（兆候）や作品などの特徴を考えてみよう。

【さらに学びたい人のための図書】

奈須正裕（2017）『「資質・能力」と学びのメカニズム』東洋館出版社。
　　⇨2017年版学習指導要領の趣旨が，主として答申を踏まえてわかりやすく解説されている。
ファデル，C. ほか著，岸学監訳，関口貴裕・細川太輔編訳（2016）『21世紀の学習者と教育の４つの次元』北大路書房。
　　⇨21世紀という時代に子どもたちは何を学ぶべきなのかを考える際に参考になる。

（田代直幸）

第2章　理科教育はいつ始まったか

この章で学ぶこと

　日本の理科教育の特色は，「問題解決能力」の育成と「自然を愛する心情」の涵養にある。この2つは時代がどのように変わろうとも今日まで脈々と受け継がれてきた日本の理科教育の柱ともいえる。この2つの精神はいつ形づくられたのか。そしてまた，どのような変遷を経て今日に至っているのかを概観する。すなわち，以下の3つの問い

　Q1　日本の理科教育はいつ誕生したか

　Q2　日本の理科教育のねらい，特徴は何か

　Q3　日本の理科教育，過去から現在，変化したものは何か

に答えようとするものである。本章では，明治期の教育の推移を背景として概観する。

1　教科「理科」の誕生をめぐって

（1）学制，それはわが国の教育の理念

　「日本の理科教育はいつ誕生したか」という Q1 に答えるのが本節の目的である。それは黒船来航で西洋文明に目覚め始めた江戸末期か，それとも戦後，民主主義のスタートを切った昭和20年代か。ここでまず，明治期の教育に関わる事項を年表で確認しておこう。なお，表2-1には就学率も示してある。

　1872（明治5）年の学制，またそのもとでの小学教則は，近代的な学校教育制度ではあったが，地方の実情にマッチしたものではなく，文明開化・富国強兵をスローガンとした新時代への青写真という位置づけであった。

　全国を8つの地域（大学区）に分け，さらに一大学区当たり32の中学区を設け，各中学区のもとには210の小学区を置き，全国に5万3760校もの小学校を

表 2-1　明治期の教育の推移

年	事　項	就学率(%)
1871（明治 4 ）年	文部省創設「全国の人民を教育しその道を得せしめ」	
1872（明治 5 ）年	学制頒布，小学教則制定（文部省版，師範学校版）	28.1
1879（明治12）年	教育令（自由教育令）の公布	41.2
1880（明治13）年	改正教育令の公布（1881（明治14）年：小学校教則綱領制定）	41.1
1886（明治19）年	小学校令公布，小学校の学科及びその程度の制定	46.3
1890（明治23）年	小学校令改正（1891（明治24）年：小学校教則大綱制定）	48.9
1900（明治33）年	小学校令改正，小学校令施行規則制定	81.5
1903（明治36）年	小学校令改正，小学校令施行規則改正	93.2
1907（明治40）年	小学校令改正，小学校令施行規則改正	97.4

出典：筆者作成。

設置する。児童100人につき 1 校設置という計画であった。

　これは，2015（平成27）年現在の小学校数 2 万101校と比べてもその壮大さが
わかる。なお，学制の発布に先立つこと 3 年，1869（明治 2 ）年には京都にお
いて全国初の学区制による小学校64校が開設されていたことは注目に値する。

　その輝かしい理想にもかかわらず，その施策は当時の社会事情とはかけ離れ
ており，明治10年代には早くも教育令，改正教育令が公布されるなど制度上の
修正を余儀なくされた。しかし，この間の文教政策の推移は，単に学制の修正
に留まらず，わが国における教育の理念や内容，また今後の進むべき方向をあ
らためて問い直すという，理科教育を考える上で今日でも参考とすべき意義あ
るものであった。

（2）理科教育の実態──何が，どのように教えられたか

　では，この間の理科教育についてみてみよう。表 2-2 は，1872年の弘前藩
の藩校の流れを汲む東奥義塾で行われていた教育課業表（教科カリキュラム）で
ある。小学教則では，尋常小学は下等と上等（ともに 4 年 8 級）に分かれており，
6 歳児は下等小学 8 級から入り，順次進級試験を受けながらより上位の級に進
むことになる。しかし，現状は原級留置者が多く 8 級，7 級（いわゆる 1 年生）
に全児童の90％がひしめくというありようであった。ちなみに，現在の中学 2
年生にあたる上等小学最上級生の児童数は，下等小学 8 級の90万人に対して

表2-2　東奥義塾の教育課業表

		第6級	第5級	第4級	第3級	第2級	第1級
下等小学	習　字	平仮名, 片仮名 數字 西洋数字	漢字楷書 啓蒙手習の文 三ヶ月帖	行書, 草書 公私用文 字形稍小	片仮名交じり文 行草平仮名交じり文	細字習字 洋字大字	細字速写 洋字中字
	読み方	単語編 知恵の環(初) 賣往来農工往来 窮理問答	知恵の環 天変地異 部世界商 世界図史略	知恵の環 地学始 窮理図解 西洋事情	國史略 地球説略	日本外史 博物新編 気海観測 サーモント氏第1リードル	日本外史 博物新編 第2リードル
	輪　講					…誌略 …経済論 …立志編	気海観測広義 博物新編 和解国史略
	暗　誦			知恵の環		…シコ氏単語編	ベルリンシコ氏単語編
	書　取			全話書取 四季時候			御布告書 日誌雑誌等
	作　文					公私用文	雑文
	講　義			勧善訓蒙	…草	…の理 …学	
	算　術	暗算九日数目 命位諸数 文字用法	加減乗除法 各種数目	最大等数 最小公倍数 約分通分	修数加減乗除 少数加減乗除 保少数環原法	諸比例法	比例雑題 分数雑題

		第6級	第5級	第4級	第3級	第2級	第1級
上等小学	習　字	細字	細字其他				
	綴　字	三級以上	諸式ノ綴				
	読　方	第3リードル	第4リードル		第5リ…		第6リードル
	暗　誦	単句	単句		詩		詩文
	会　話	ヘンリュシ氏会話編	ヘンリュシ氏…				
	書　取		正誤		正誤		
	文　法		ヒネオ氏文…		同書…		
	作　文		短句	雑語応用	国文ヲ訳…		雑文
	地　学				ミッチェル…		ミッチェル氏地理書
	修　身						ウェランド氏修身論
	史　学					万国史	万国史
	窮　理						カフケンバス氏窮理書
	化　学						
	算　術 幾　何	開平開立求積 最初の部	利息算並商業算 最初ノ部	利息算ノ積 円の部	対角用法 諸比例法 画積算法	平面及其角度ノ論	平面ノ三角 三角法ノ部 対数ノ部

注：訓蒙窮理図解は，江戸末期に福沢諭吉が民衆のために図解をもとに身近な自然現象を平易に解説した物理書である。日本最初の科学入門書でもあった。
出典：東奥義塾，1992。

150人であった。

　小学教則（文部省版）にみる理科関係の科目には，下等小学では養生口授（ようじょうこうじゅ）（健康法），究理学輪講（きゅうりがくりんこう）（物理），また上等小学では博物，化学，生理で，算術とあわせると全授業時間数の約40％が自然科学関係科目で占められていた。世界で最も自然科学が重視されたカリキュラムでもあったといえよう。

　表2-2には教科書名が見えるが，小学教則には具体的な教授内容の記載はなく，標準教科書を示すことで代用されていた。西洋事情や天変地異，また窮理図解（きゅうりずかい）（表2-2注参照）や博物新編（はくぶつしんぺん）などが用いられたが，ただ読み方を教え，わけを説くだけであった。なお教科書は学校備え付けであり，児童は借り受けて使用した。

　当時の特色としては，カッケンボンスの究理書（Natural Philosophy）などの翻訳物が使われるなど，「知育の偏重，バランスの欠いた構成」「あまりにも高度な内容，学習困難な教科書」，そして「教科という概念なし」があげられる。

　ちなみに1874（明治7）年に文部省（現・文部科学省）から発行された『小学化学書』の序文には，「この書は化学の原理を説き，童蒙をして其大意を知らしむるものなり。但し其主意たるや，徒に事物の理を論じ生徒をして之を暗記せしめんと欲するに非ず。其要する所は生徒を誘導し，直に造化に接して自其の妙理を悟らしむるにあり，是が為に許多の試験（実験のこと）を設け，各事専ら実地に就て其真理を証するを旨とする」（下線：筆者）とあるように，小学校でも物理学や化学という学問の初歩を教えようと意図されていたことがわかる。

　1879（明治12）年の教育行政を地方に移譲した，いわば自由放任主義の教育令を経て，翌年の改正教育令で学事統制の強化が図られる。尋常小学は初等科，中等科（各3年），そして高等科（2年）に改組され，自然科学関係は初等科には含まれず，中等科で博物，物理，高等科で物理，化学，博物，生理が教えられた。その配当時間の割合は全授業時間数の7.6％と学制時の半減となる。

　さらに，1881（明治14）年の小学校教則綱領には，各科目について教授要旨・程度，そして時間数のみが示され教科書名の記載はなくなった。これ以降，

教科書はようやく綱領にしたがってつくられるようになる。

2 小学校令は「理科」誕生の原点——理科の原点を探る

（1）1886年小学校令公布——それは学制以来の根本的改革

　1886（明治19）年内閣制度が導入され，学校教育においても学制以来根本的な改革が断行された。教科書の届け出制度（1880（明治13）年）から検定制度，そして国定制度の導入など国家的指導の強化である。表 2 - 1 のように，1886年以降，小学校令は幾度となく改正されるが，1941（昭和16）年の国民学校令がひかれるまでの約60年間，わが国の学校教育の指導理念は変わることはなかった。では，小学校令における代表的な改革をみてみよう。教科書検定制度の導入（第13条），尋常小学を尋常小学校，高等小学校（各 4 年）と改組し，尋常小学校を義務とした義務教育制度の導入（第 1，3 条），さらには1886年に制定された**小学校の学科及びその程度**には各学科の程度（第10条）として，高等小学校の配当科目に「理科」という名前が用いられ，教科「理科」が誕生した。しかし，その配当時間の割合は全授業時間数の3.4%（週 2 時間）とさらに減少することになる。

　学制期のあまりにも高度な内容から，児童の心理的発達に配慮し「理科は，果実，穀物，茎蔬（さいそ），草木，人体，禽獣（きんじゅう），……等，人生に最も緊切の関係あるもの，日月，星，空気，温度……天秤，磁石，電信等，日常児童の目撃しうるところのものを教く」とされた。学制期から改正教育令までの「諸科学の大意（体系的な学び）」を授けるという位置づけから，子どもの身の回りの事物・事象を扱ってはいるものの自然現象や人工物をただ羅列的に教えるだけの「理科」教育が，ここに始まったのである。当初，理科は博物，物理，化学などで扱う事物・事象を寄せ集めたものとして理解されていたが，1890（明治23）年の小学校令（改正）時の教則「**小学校教則大綱**」で，理科は何を教える教科かという「理科の要旨」が示されることになる。

　なお，小学校令の影響は大きく，全国の小学校教育の画一化は大いに進んだ。

小学校では独自の小学校則が作成されたり，また授業予定書（いまでいう学習指導案）を用いて授業を行うことが競って行われたのも，このころである。

（2）現場教師を魅了した近代的な教育原則——ペスタロッチの開発主義に学ぶ

　1886年，それまでの形のみにこだわり，形骸化していた教育に対して，ペスタロッチの実物主義に感化された当時の教師たちによって「開発主義教育」が唱えられた。その中から，子どもを伸ばす9つの教育原理を示しておこう。

---

1. 活発は児童の天性なり。動作に慣れしめよ。手を修練せしめよ。
2. 自然の順序に従いて諸心力を開発すべし。最初心を作り後に之を給せよ。
3. 五感より始めよ。児童の発見しうる所のものは決して之を説明すべからず。
4. 諸教科はその元基より教ふべし。一時一事。
5. 一歩一歩にすすめ。全く貫通すべし。授業の目的は教師の教え能ふ所のものにあらず。生徒の学び能ふ所のものなり。
6. 直接なると間接なるとを問わず，各課必ず要点なかるべからず。
7. 観念を先にし，表出を後にすべし。
8. 既知より未知に進め。一物より一般に及べ。有形より無形に進め。易より難に及べ。近より遠に及べ。簡より繁に進め。
9. 先ず総合し，後分解すべし。

　児童の心の能力（知覚力，創造力，推論力，比較力など）をいかに伸ばすかに奔走していた当時の教師たちの姿が目に浮かぶ。これら9つの原理の中には，現代の私たちにも参考にすべき多くのものが含まれている。この児童の発達段階に配慮し，小学校教育の目的を教科全般にわたって担う教育課程の近代化は，続く1890年の教育令で実現されることになる。

（3）1890年小学校令（改正）公布——教科「理科」の誕生

　1890（明治23）年小学校令が改正された。ここで特筆すべきことは，小学校の目的（第1条）が「小学校は児童の身体の発達に留意して道徳教育，および国民教育の基礎，また生活に必須な普通の知識・技能を授けること」と示され

たことである。この小学校の目的は，その後の度重なる小学校令の改正においても変わることはなかった。また，それまで学科と呼ばれていたものが「教科目」と命名されることになった。この教科，また教科目という呼称は，その後長く使用されることになる。

　1891（明治24）年の**小学校教則大綱**（第1条）には，小学校令で規定された小学校の目的を受け，すべての教科をとおして道徳教育と国民教育を教授すべきとされ，さらに，第2条以下で各教科目の教授要旨，内容，そして方法が詳細に述べられた。理科の要旨（第8条）もまた以下のように明文化された。

　　「理科は，通常の天然物，および現象の観察を精密にし，その相互及び
　　人生に対する関係の大要を理解せしめ，兼ねて天然物を愛するの心を養う
　　を以て要旨とす」

　要旨に続き，理科で扱うべき内容としては，「児童の目撃しうる事実を授け，通常の物理上化学上の現象，通常児童の目撃しうる機械の構造，使用等，兼ねて人身の生理および衛生の大要」と児童にとって生活上必要な知識教育が重視された。さらに，理科特有の方法としては「理科を授けるには，実地の観察に基づき，もしくは標本・模型・図画等を示し，または簡単なる試験（実験のこと）を施し，明瞭に理解せしめんことを要す」，このように理科では実験・観察が重視されるようになる。

　いま一つの特徴は，児童の心身の発達に考慮して週当たりの授業時間数について，尋常小学校は18時間から30時間，また高等小学校は24時間から36時間とゆとりをもたせた点である。1886年と比較すれば，標準時間としては週当たり約0.5時間減少したことになる。このように学び手への配慮が感じられる点に注意した

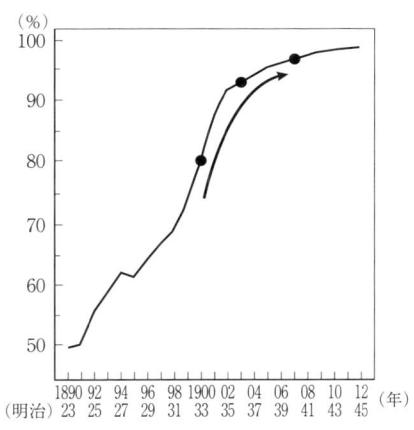

図2-1　明治期の就学率

出典：内田ほか，1961。

表 2 - 3　小学校令改正の内容

小学校令の改正	主な改正	教科（理科）に関わっての事項
1900（明治33）年〈実質的な改正〉	・授業料の廃止 ・試験制度の廃止 ・尋常小学校 4 年に統一	・国語科の新設（漢字表の規定） ・高等小学校の教授の程度，時間数の制定 　（表 2 - 4 参照）
1903（明治36）年〈一部改正〉	・教科書の国定制度	・理科は児童用教科書の使用禁止
1907（明治40）年〈一部改正〉	・義務教育 6 年に延長 ・高等小学校 2 年に統一	・義務教育として理科が教えられる ・尋常小学理科書（教師用）作成
1911（明治44）年〈一部改正〉	（1910（明治43）年小学校施行規則の改正）	・尋常小学理科書（児童用）の使用 ・理科の教科書の国定化

出典：筆者作成。

い。さらに，学級編制等に関する規則によって，同一学年で学級が編制されるようになったのも1890年の改正小学校令からである。

　その後，1900（明治33）年，1903（明治36）年，そして1907（明治40）年と小学校令が改正される。就学率については，図 2 - 1 のように1890年では50％に満たない状況であったが，1900年には80％を超え，1903年には93.2％，1907年には97.4％と急激に伸びたわけだが，以下，そのときの施策（小学校令の実態）についてみてみよう（表 2 - 3 参照）。

（4）1900〜1907年小学校令（改正）の特徴

　小学校令は1900（明治33）年に 2 回目の改正が行われた。この**再改正小学校令**はいわば具体的な内容を示すという実質にわたっての改正であった。

　その骨子は，①義務教育を一斉に 4 年間とする，②授業料の廃止，③進級・卒業のための試験制度の廃止をはじめ，教科に関わっては，④国語科の新設と漢字仮名遣いの改良があげられる。ちなみに漢字仮名遣いに関わる改革によって，それまで「書き言葉」と「話し言葉」との違いが児童を苦しめていたが，生活に役立つ「話し言葉」で教科書の記述が統一されることになった。また，理科については，表 2 - 4 のように，各学年の授業の程度および毎週の時間数が定められ，内容に関しても学年指定が導入された。

表 2 - 4 理科の時間数と内容

高等小学 1 年	高等小学 2 年	高等小学 3 年	高等小学 4 年
（週 2 時間） 植物・動物・鉱物および自然の現象	（週 2 時間） 植物・動物・鉱物および自然の現象	（週 2 時間） ・通常の物理化学上の現象 ・元素および化合物 ・簡単なる機械の構造作用 ・人身生理衛生の大要	（週 2 時間） ・通常の物理化学上の現象 ・元素および化合物 ・簡単なる機械の構造作用 ・人身生理衛生の大要 ・植物・動物・鉱物の相互および人生に対する関係

出典：筆者作成。

　1903（明治36）**年の小学校令の改正**は，教科書採択に関わっての大規模な増収賄事件「教科書事件」に端を発した小学校令の一部改正，すなわち「教科書の国定制度」の導入であった。しかし，理科に関しては，体操や裁縫などとともに児童用の教科書の使用が禁止された。その背景には，「理科は本を読むことに終始するのではなく，自然の事物に直接触れることによって学ぶものである」という教育観があった。しかし，教科書の撤廃は現場に混乱を招き，民間発行の「生徒筆記代用」や「理科筆記帳」などが使用された。このため，**1911（明治44）年の小学校令の一部改正**では，国定の児童用理科教科書「尋常・高等小学理科書」が使用されることになる。この教科書の特徴としては，日清・日露戦争の影響を受け，これまでの博物から物理・化学が重視されるようになり，これ以降の理科教科書の原型となったことがあげられる。

　1907（明治40）**年の改正**では，義務教育が 6 年に延長され，その結果，それまで高等小学校で教えられていた理科が再び義務教育段階（尋常小学校 5・6 年生）で扱われるようになる。児童用理科教科書の使用は1911年まで待たなければならないが，1907年には先だって第 5・6 学年担当教師用の「尋常小学理科書」が発行された。図 2 - 2 には 1 月から 3 月にかけて扱うべき単元名が掲載されており，第 6 学年（下段）では，1 月「磁石（ 2 ），電気（ 2 ），電流（ 1 ）」，2 月「電信機（ 2 ），人体の構造（ 2 ），血液循環（ 1 ），食物（ 2 ），消

第五學年

時期	課名	教授時數
一月	空氣の性質	二
一月	水の性質及び物體の三態	二
一月	熱	一
一月	熱による膨張	二
二月	水の三態の變化	
二月	寒暖計	
二月	火	二
二月	酸素	
二月	水素	
二月	水の成分	
三月	空氣の成分	
三月	炭酸ガス	一
三月	燃燒によりて生ずる物	二
三月	春分・秋分	一

第六學年

時期	課名	教授時數
一月	磁石	一
一月	電氣	二
一月	電流	二
二月	電信機	
二月	人體の構造	二
二月	血液循環	
二月	食物	
二月	消化	一
三月	呼吸	二
三月	排泄・皮膚	
三月	神經系・感覺器	
三月	衛生	一

図2-2　「尋常小学理科書」（教師用）

化（1）」，3月「呼吸（2），排泄・皮膚（1），神経系・感覚器（1），衛生（1）」で構成されている。なお，括弧内の数字は教授時数である。

　ちなみに電気の単元についてみると，要旨，教授項目，概括，および注意からなり，たとえば要旨については，「電気の起こること，電気には2種類あること，及び電気の導体・不導体について教える」とし，教授項目では，それぞれの項目について実験を指定し，最後に概括でまとめるという構成である。なお，小学校理科書編纂委員には，桜井錠二を会長として長岡半太郎，中村清二，池田菊苗など第一線で活躍する科学者が参画したことは特筆に値する。

　その後，1941（昭和16）年の国民学校令公布まで幾度となく小学校令は改正されるが，1919（大正8）年の理科の開始時期を第4学年に繰り上げたこと以外，目立った改正はなされなかった。なお，このことが引き金になり，教員同士の情報交換の場でもある**理科教育研究会**が1918（大正7）年に組織され，その第1回研究大会では，小学校初年次からの自然科の設置や理科実験での筆記帳の使用などが議論された。

　大正時代から昭和初期にかけて，成城小学校や玉川小学校など私立の小学校で**児童中心主義**による教育課程が登場した。たとえば，成城小学校では，入学児童の語彙の調査をもとに，理科を第1学年から課したり，国際性を考慮し英語もまた第1学年から導入された。

引用文献

内田克己ほか（1961）『近世日本教育文化史』学芸図書。
東奥義塾（1992）「東奥義塾120年」。

　なお，第2章と第3章は理科教育の通史という位置づけであるため，本章の学習課題については，第3章で一括して扱う。

【さらに学びたい人のための図書】

千葉寿雄（1987）『明治の学校』津軽書房。
　　⇨国の様々な施策に対して学校教育現場ではどのように対処していったかを物語る臨場感あふれた資料である。是非一読を勧めたい。
海後宗臣・仲新・寺﨑昌男（1999）『近現代日本の教育』東京書籍。
　　⇨教科書の変遷から，当時の教育を振り返るという面白い展開である。平易な文章で書かれており，一読に値する。
板倉聖宣（1981）『日本理科教育史』第一法規出版。
　　⇨次の理科教育史資料とあわせて，日本の理科教育を振り返るにはなくてはならない資料である。平成期以降についての記載はないので別資料であたる必要がある。
板倉聖宣（1986）『理科教科書史』（『理科教育史資料　第2巻』）東京法令。
　　⇨科学教育論，理科教育課程，理科教科書史，理科教授法・実践史，理科教材史，科学読み物からなる全6巻の資料集。
森一夫（2000）『最新の理科教育』学文社。
　　⇨理科教育法関係のテキストにも理科教育史の紹介があるが，それらの中でこの1冊をあげておく。事実の羅列ではなく筆者の独自の視点が展開されており，ユニークな内容になっている。

（山下芳樹）

■ コラム 1 ■

福沢諭吉の目指したもの

　「一身独立して一国独立する」，福沢の生涯をとおしての課題でした。旧来の「実学（漢学）」に代えて，西洋智学としての「文明の実学」を国民全体に対する教育内容として奨めた学問奨励。西洋智学は，まさに物理学の根本によるかどうかでした。物理学は，「宇宙自然の真理原則に基づき，物の数と形の性質とを詳にし，その働きを知り遂にその物を将て，人事に利用する」，この物理学をもって「諸科学の予備たらしめ，これをあらゆる学科の基礎にせん」としたのです。福沢にとって実学の核心が物理学であり，実学，また実学に基づいた思想は，実学＝サイエンス，実学思想＝サイエンティフィック・アイデアであったのです。

　福沢諭吉は，ファラデーの電磁誘導に文明開化の原理をみたといいます。福沢諭吉と電磁誘導，奇妙な取り合わせのような感じがしないでもありませんが，福沢諭吉と物理学，物理学に託した彼の想いを探ってみましょう。

　日本最初の科学読み物として，福沢諭吉は1868年「訓蒙 窮 理図解」を著します。「窮理」とは，広い意味での物理学という意味です。ここには，数多くの挿し絵が用いられており，自然現象の原理が巧みに説明されています。では，この書物によって，福沢は何を目指そうとしたのでしょうか。

　「自然現象の原因と結果には，論理的なつながりがあること」をとおして，日本人に「論理性」の重要性を示そうとしたのであり，そこには，物理の論理を理解することにより日本の非科学的な思考法からの脱皮が意図されていました。

　物理学を学ぶ意義について述べた箇所を，『福翁百余話』から引用しておきましょう。

　　「人間はすべて，経営の大本は自然の真理原則にあり，物理学はこの真理原則を教えるものである。…（中略）…政治法律，商売工業のどの分野に進むにしても，学生は大本の物理学の勉強を忘れてはならない。」

　すなわち，原因と結果とを結ぶ論理性の重視，これが最も自然な形で現れているものが物理学であり，この論理性の習熟こそが文明開化の最も根本をなすものでした。

（山下芳樹）

第3章 戦後の理科教育の推移
——2017年版学習指導要領を読み解くために

この章で学ぶこと

第2章では日本の理科教育の原点を1886（明治19）年の小学校令に求め、学校制度の中に位置づけながらも、その後の推移について概観した。本章では、戦後の理科教育の流れについて学ぶ。理科教育をはじめとして戦後の学校教育は学習指導要領によって規定される。1947（昭和22）年の学習指導要領（試案）から2020年に完全実施を迎える新学習指導要領、その間に一部修正を含めて都合9回の改訂を数える。そこには、時代の社会状況を反映し経験主義（子どもの学び中心）と系統主義（教科中心）という大きな流れがある。この流れの上に立ってこそ、今後の理科教育の進むべき方向がみえる。

1 平和的で民主的な市民の育成を目指して

（1）1947年、試案としての学習指導要領がスタートする

1947（昭和22）年は戦後学校教育にとって画期的であった。すなわち日本国憲法の制定、教育基本法や学校教育法の公布である。教育基本法に示された平和的で民主的な市民の育成を目指して、戦後の教育はスタートした。戦後の教育を特徴づけるもの、それが学習指導要領である。表3-1には1947年の試案から2017（平成29）年までの学習指導要領の変遷が示してある。

1947年の学習指導要領は試案という位置づけであり、法的拘束性はなかった。しかし1958（昭和33）年からは官報に公示され法的拘束性をもつようになる。また、その変遷は、子どもの学びに軸足を置いた「経験主義」と教科の系統性を重視した「系統主義」とに大別され、当時の社会的要請を受けながら、この両主義の間を揺れ動くことになる。

表3-1　学習指導要領の変遷（1947〜2017年，経験主義と系統主義にゆれる学習指導要領）

年代区分	ねらいと特色	時代背景	
昭和20年代 • 試案　　　（1947(昭和22)年） • 試案改訂（1952(昭和27)年）	• 平和教育，民主主義教育 • **生活単元，問題解決学習** • 小学校学習指導要領理科編（試案）	• 戦後教育改革期 • 新憲法，教育基本法，学校教育法の発布	経験重視
【這い回る理科（基礎学力の低下）】			
昭和30年代 • 官報公示（1958(昭和33)年）	• **教育課程の基準（法的拘束性あり）** • 基礎学力の重視（国語・算数） • **系統性重視（系統理科）**	• 高度経済成長 • 試案から国家基準へ	系統的な学習
【スプートニクショック（昭和32年）】			
昭和40年代 • 官報公示（1968(昭和43)年）	• 教科，特別活動，道徳の3領域 • **理数教育の現代化（高度な内容）** • 系統理科の完成期	• 高度経済成長（公害，環境破壊の表面化） • 受験激化，偏差値導入	
【自然離れ・理科離れ，落ちこぼれ】			
昭和150年代 • 官報公示（1977(昭和52)年）	• **ゆとりと充実**（学校裁量新設） • 基礎基本の充実（薄い教科書・楽しい学校） • 個性，能力に応じた教育	• 経済安定成長期（バブル崩壊の兆し） • 人間性の回復	ゆとりと充実
【校内暴力・いじめ・不登校激化】			
平成期 • 官報公示（1989(平成元)年）	• **新しい学力観，個性重視** • 生活科の新設 • 低学年理科の廃止	• 日本経済の陰り	
平成10年代 • 官報公示（1998(平成10)年）	• **生きる力（心の教育）の育成** • 学校完全週5日制，学習内容3割削減，総合的な学習の時間 • 新しい科学観	• 低経済成長時代	
• 官報公示（2003(平成15)年） 　　　　　　　一部改訂	• 学習指導要領は最低基準 • 発展的な学習の導入	• 低経済成長時代 • 個に応じた指導	学力重視の時代へ
【教育基本法の改正・PISAショック】			
平成20年代 • 官報公示（2008(平成20)年）	• 基礎学力の重視 • **理数教育の充実（時間数増加）** • **系統性の重視**	• 低経済成長時代（一億総活躍時代） • 外国語活動の導入	
平成30年代 • 官報公示（2017(平成29)年）	• 学びに向かう力，人間性の涵養 • 社会に開かれた教育課程 • 主体的・対話的で深い学び	• 低経済成長時代	

出典：筆者作成。

　1947年の小学校・中学校学習指導要領理科編（試案）によって，戦後の理科教育の新しい方向性が示された。すなわち，すべての人が合理的な生活を営み，よりよい生活ができるように，「物ごとを科学的に見たり，考えたり，取り扱ったりする能力」「科学の原理と応用に関する知識」，さらに「真理を見いだし，進んで新しいものを作り出す態度」が身に付くよう，児童生徒の身のまわりにある現象・事物に単元を求めるという経験主義的な問題解決型の学習がスタートしたのである。さらに1952（昭和27）年の試案改訂時には，次の7点が小学校理科の具体的目標として示された。すなわち，

　①自然の環境について興味を広げる

　②科学的合理的なしかたで，日常生活の責任や仕事を処理することができる

　③生命を尊重し，健康で安全な生活を行う

　④自然科学の近代生活に対する貢献や使命を理解する

　⑤自然の美しさ，調和や恩恵を知る

　⑥科学的恩恵を会得して，それを自然の環境に起こる問題を解決するのに役立たせる

　⑦基礎になる科学の理法を見出し，これをわきまえて，新しく当面したことを理解したり，新しいものを作り出したりすることができる

である。さらにまた，実験設備等の充実のため，1953（昭和28）年には理科教育振興法，続く1954（昭和29）年には同施行令が制定された。

　1948（昭和23）年には児童用教科書「小学生の科学」が文部省主導で刊行された。いわゆる児童の生活に単元を求めた**生活単元学習**である。第4学年から第6学年まで各5冊の計15冊。さらに観察と実験の報告（実験記録学習帳）が各1冊の都合18冊から構成されている。その単元名を以下に示しておこう。

【第4学年用（合本2冊）週3時間】

　1．私たちのまわりにはどんな生物がいるか

　2．生物はどのように育つか

　3．空には何が見えるか（3，4は合本）

　4．地面はどのようになっているか

　　5．**湯はどのようにしてわくか**（5，6は合本）

　　6．**かん電池でどんなことができるか**（図3−1）

　　7．どうしたらじょうぶなからだがつくれるか

【第5学年用（合本5冊）週3〜4時間】

　　8．生物はどのようにして生きているか（8，9は合本）

　　9．生物はどのようなつながりをもっているか

　10．天気はどのように変わるか（10，11は合本）

　11．こよみはどのようにして作られたか

　12．音はどうして出るか（12，13は合本）

　13．物はどのようにして見えるか

　14．**電じしゃくはどのように使われているか**（14，15
　　は合本）

　15．**機械や道具を使うとどんなに便利か**（図3−2）

　16．よい食べ物をとるにはどんなくふうをすればよい
　　か（16，17は合本）

　17．すまいやきものは健康とどんな関係があるか

【第6学年用（合本4冊）週3〜4時間】

　18．生物はどのように変わってきたか（18，19は合本）

　19．生物をどのように利用しているか

　20．地球にはどんな変化があるか（20，21は合本）

　21．宇宙はどんなになっているか

　22．物の質はどのように変わるか（22，23は合本）

　23．電気を使うとどんなに便利か

　24．交通機関はどのようにして動くか

　25．からだはどのようにはたらいているか（25，26は合本）

　26．伝せん病や寄生虫はどうしたら防げるか

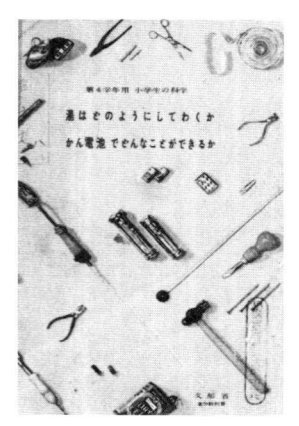

図3−1　第4学年用教科書

図3−2　第5学年用教科書

　また，第4学年の教科書には教師のためのページが設けられ，生活単元学習
の趣旨とともに児童に付けさせたい能力や態度が明らかにされた。「湯はどの

ようにしてわくか」に示された「考える能力」「技術的能力」そして「科学的
態度」を紹介しよう。

考える能力：普遍化する能力，関係的にみる能力，推論する能力，数量的に
　みる能力，予想する能力，企画する能力，筋道の通った考えをする能力，
　原理を応用する能力

技術的能力：材料を使う能力，記録する能力，工作する能力，機械器具を使
　う能力，危険から身を守る能力

科学的態度：事実を尊重する態度，科学を尊重する態度，慎重に行動する態
　度，道理にしたがう態度，注意深く正確に行動する態度

「教科書を教えるのではなく，教科書で教える」という視点に立ったとき，
いまに通じる能力の育成が図られていたことがわかる。

（2）生活単元学習への批判

　経験主義による民主主義への志向という目的を掲げながらも，児童の生活に
あまりにも密着しすぎたため，たとえば自転車の細部にわたる名称まで扱うな
ど「雑多理科」という印象が強く，これらの現象・事物から一般化される科学的
な知識や概念などへの深まりがなく，基礎学力の低下が懸念された。次の真船和
夫の指摘のように，生活単元を建前とした理科は，自然科学を体系的に学ばせる
ことを目的とはしておらず，その意味では科学の学習を否定するものであった。

　　　「生活単元学習は"実際生活"というものに学習を埋没させ，自然科学
　　の方法や論理を無視していた。また，問題解決の学習は，極端に言えば子
　　どもたちを原始の時代に引き戻し，自然に取り組んでいく何らかの武器
　　（知識）も与えないで，素手で自然に立ち向かわせ，問題を解決させよう
　　とするものであった」（真船，1963，27頁）。

　折しも高度経済成長のもと，科学技術を担う人材の要求という社会的背景も
あり，昭和30年代，そして40年代は系統性重視へと移っていくことになる。さ
らに特筆すべきことは，昭和20年代は「試案」という位置づけであった学習指
導要領が昭和30年代以降は法的拘束性をもつようになったことである。

2　経験主義から系統主義への移行——昭和30年代から40年代

1958（昭和33）年の学習指導要領の改訂では，批判の多かった生活単元学習をあらため，科学の体系やその基本概念が重視されるようになる。学年の進行に伴い学習が深まるよう教育内容の系統性が図られるようになった。「系統理科」といわれる所以である。

1968（昭和43）年版学習指導要領では，この系統的な学びはさらに推し進められ，種々雑多な経験や知識よりも，**探究の過程**に代表される問題解決の過程をとおして自然を知ること自体が理科の目的となった。具体的には，探究の過程をとおして自然科学の基本概念が習得できるよう，児童の学びの適時性をも考慮しつつ，教材を系統的，また構造的に配列したことがあげられる。理科の内容が「生物とその環境」「物質とエネルギー」，そして「地球と宇宙」という３領域にまとめられた。この時代のキャッチフレーズは，現代における自然科学の発展をも教育に取り入れるという「**教育の現代化**」である。

理科ではないが，わが国の教育の現代化への取組みの中で注目に値するものとして，遠山啓に代表される水道方式[*]がある。これは，数学の系統性を十分に活かしながら，タイルや水槽等の教具を駆使して計算指導の体系を再編成したものである。この方式に従えば，園児であっても算数を相当程度に習得させることが可能になるという。なお，1968年版小学校学習指導要領理科の目標は以下のとおりである。

> 　自然に親しみ，自然の事物・現象を観察実験などによって，論理的，客観的にとらえ，自然の認識を深めるとともに，科学的な態度を育てる。このため，
> 　1．生物と生命現象の理解を深め，生命を尊重する態度を養う。
> 　2．自然の事物・現象を互いに関連づけて考察し，物質の性質とその変化に伴う現象やはたらきを理解させる。
> 　3．自然の事物・現象についての原因・結果の関係的な見方・考え方や定性的，定量的な処理の能力を育てるとともに，自然を一体として考察する態度を養う。

　しかし，児童の日常生活とはあまりにもかけ離れた多くの内容が盛り込まれたため，理科嫌い・理科離れを招く結果となった。さらに，児童の問題行動も社会問題化し，人間性の尊重やゆとりが叫ばれるようになる。

> ＊　水道方式は，「それぞれの計算分野における一般的な原理をふくんだ典型的な複合過程を『水源地』として早期に導入して，これをしっかりと習得させたうえで，他の特殊なものへすすめば，全体の構造づけが子どもにもしやすくなり，計算規則がより確実に習得される」（柴田，2010，75頁）という考えに基づいている。

［ 3 ］　系統主義から再度経験主義へ──平成時代の理科教育

　昭和50年代，高度経済成長は終わりを告げ，社会は物質よりも精神，また経済優先から健康・福祉優先へと向かい始めた。「人間性の回復」「ゆとりと充実」をキャッチフレーズに**1977（昭和52）年に学習指導要領**の改訂が行われた。もう一度子どもの学び中心へと舵を大きく切ったのである。

　小学校学習指導要領理科の目標もまた，以下に示すよう非常にシンプルなものになった。

> 　観察・実験などを通して，自然を調べる能力と態度を育てるとともに，自然の事物・現象についての理解を図り，自然を愛する心情を培う。

　ゆとりは，理科などの授業時間数の減少（教科の総授業時間数は週34時間から30時間へ，理科は5・6年で週4時間から3時間と1時間減少）や教科内容の削減として現れることになる。

　その後，1989（平成元）年，1998（平成10）年，2008（平成20）年と学習指導要領は改訂されるが，その基本的な方向は1977年のものと変わりはない。

　1989（平成元）年版学習指導要領では，それまでの学力が知識や技能の修得に偏りすぎていたとして，自ら学ぶ意欲や思考力・判断力，表現力などを基本とする「新しい学力」が提唱された。社会の変化にも対応できる自己教育力を獲得する学力観だといえる。これを受け，評価もまた観点別評価が導入された

り，小学校低学年では理科・社会が廃止され，新しく生活科が設けられた。また，小学校理科の目標にも「問題解決の能力を育てる」や「科学的な見方や考え方を養う」という言葉が入る。

　1998（平成10）年の改訂では，この流れはさらに推し進められ，「生きる力」の育成が教育の目的として加えられた。総合的な学習の時間が創設されたり，また2002（平成14）年から実施される完全学校週5日制の導入によって授業時間数は激減し，理科でも学習内容のおよそ3割が中学校へと移った。この影響は，基礎・基本の不理解や学力の低下となって現れる。この基礎学力の低下への対応策として，**2003（平成15）年版学習指導要領に一部改訂**が加えられた。それは，学習指導要領は最低基準を示したものであり，児童の実態にあわせて発展的課題を扱ってもよいというものであった。以下，1989年，1998年版小学校学習指導要領理科の目標をみてみよう。なお，1998年版学習指導要領は1989年版のものに比して括弧内の文言が加えられただけである。

> 　自然に親しみ，（見通しをもって）観察・実験などを行い，問題解決の能力と自然を愛する心情を育てるとともに自然の事物・現象についての理解を図り，科学的な見方や考え方を養う。

　2008（平成20）年版学習指導要領では，この基礎学力の重視（時間と内容の充実，理数の充実）がキーワードになる。小中高等学校の系統的な学びに重きが置かれ，小学校理科はそれまでの3領域制（生物とその環境，物質とエネルギー，地球と宇宙）から2領域制（物質とエネルギー，生命と地球）に移った。また，エネルギー，粒子，生命，地球という4つの概念を柱として，学習者の発達段階を踏まえ小中高等学校の学習内容の構造化が図られた。さらに，これらの学習を可能にするため，理科ではようやく350時間から405時間と55時間の時間数の増加がみられた。ちなみに1958年の学習指導要領では理科の総時間数は626時間となっている。

　理科の目標としては，1998年版の目標と概ね同じだが，「自然の事物・現象についての実感を伴った理解を図り」のように「実感を伴う」という文言が加

えられた。このように，わが国の理科教育は系統学習と経験学習の2つの間を振り子のおもりのようにゆれ動いている。

　下記に示した中央教育審議会答申（2016）を背景に，児童につけさせたい3つの資質や能力として編まれた**2017（平成29）年版（2020年完全実施）学習指導要領**が，これまでの流れのどこに位置するかを見極めながらしっかりと読み解くことが求められている。

○何を理解し，何ができるか
　　→生きて働く知識・技能の習得
○理解していることやできることをどう使うか
　　→未知の状況にも対応できる思考力や判断力，表現の獲得
○どのように社会や世界と関わり，よりよい人生を送るか
　　→人生や社会に活かそうとする学びに向かう力や，また人間性の育成

　なお，小学校理科の特色としては，第3学年では「差異点や共通点を基に，問題を見いだす力」，第4学年では「既習の内容や生活経験を基に，根拠のある予想や仮説を発想する力」，第5学年では「予想や仮説を基に，解決の方法を発想する力」，そして第6学年では「妥当な考えをつくりだす力」が上記の3つの特色を反映する問題解決の力として示された。この新しい学習指導要領のねらい等は第1章に，また各学年・各単元の具体的内容，また指導上の特色については第4章に詳しく説明されているので参照されたい。

引用文献

柴田義松（2010）『教科教育論』（『教育著作集4』）学文社。
中央教育審議会（2016）「幼稚園，小学校，中学校，高等学校及び特別支援学校の学習指導要領等の改善及び必要な方策等について（答申）」12月21日。
真船和夫（1953）『理科教育法』（新・教職教養シリーズ）誠文堂新光社。

学習の課題

⑴　戦前から戦後，今日に至るまで日本の理科教育のねらいを特徴づける２つの柱とは何だろうか。

⑵　日本の理科教育の推移について，次の語群で与えられた語句をもちいて説明してみよう。

　　語群：ア. 学習指導要領　イ. 理科による人間形成　ウ. 生活単元学習　エ. 系統学習　オ. ゆとりと充実　カ. 1886（明治19）年　キ. 1947（昭和22）年　ク. 教育の現代化　ケ. 試案　コ. 法的拘束性

【さらに学びたい人のための図書】

大髙泉編著（2013）『新しい学びを拓く　理科授業の理論と実践〔中学・高等学校編〕』ミネルヴァ書房。
　　⇨本書の第１章には，どのような社会状況が学習指導要領の改訂を促したかの詳細な解説がなされている。一読に値する。また補遺として掲載された「戦後理科教育の変遷とその背景」の表も参考となる。

左巻健男・山下芳樹・石渡正志編（2018）『授業をつくる！最新小学校理科教育法』学文社。
　　⇨付録に戦後小学校理科教育の歴史が簡潔にまとめてある。

ブルーナー，J.S. 著，鈴木祥蔵・佐藤三郎訳（1986）『教育の過程』岩波書店。
　　⇨教育の現代化の意義について述べた佐藤三郎による解説は参考になろう。

柴田義松（2006）『ヴィゴツキー入門』子どもの未来社。
　　⇨教育は発達を後ろに従えるとして教育の優位性を示したヴィゴツキーについては，本書などが参考になる。

（山下芳樹）

第4章 理科は何を教える教科か

この章で学ぶこと

2017（平成29）年版小学校学習指導要領で示された事柄を踏まえて，小学校理科の内容構成について述べる。まず，「主体的・対話的で深い学びの実現」「問題解決の力の育成」に向けて，指導計画の作成の上で留意すべきことを記す。次いで「言語活動の充実」「体験的な学習活動の充実」「自然災害への対応」の観点から，各学年の内容が達成できるように配慮すべきことについて述べる。さらに，小学校第3学年から第6学年までの内容構成，また各単元の内容について，とくに単元のねらいから指導の重点を説明する。

1 小学校理科の授業構成

（1）指導計画の作成

　指導計画の作成にあたっては，「理科の目標」や「学年の目標及び内容」に照らして，各学年の目標や内容のねらいが十分達成できるよう「①主体的・対話的で深い学びの実現」「②問題解決の力の育成」に配慮するよう示されている。以下，①，②について説明する。

① 主体的・対話的で深い学びを実現するために

　理科の指導にあたっては，(1)「知識及び技能」が習得されること，(2)「思考力，判断力，表現力等」を育成すること，(3)「学びに向かう力，人間性等」を涵養することが偏りなく実現されるよう，単元など内容や時間のまとまりを見通しながら，主体的・対話的で深い学びの実現に向けた授業改善を行うことが重要である。

　ここで「主体的な学び」については，たとえば，自然の事物・現象から問題

を見出し，見通しをもって観察，実験などを行っているか，観察，実験の結果をもとに考察を行い，より妥当な考えをつくりだしているか，自らの学習活動を振り返って意味づけたり，得られた知識や技能をもとに，次の問題を発見したり，新たな視点で自然の事物・現象を捉えようとしたりしているかなどの視点から，授業改善を図ることが大切である。

　また「対話的な学び」については，たとえば，問題の設定や検証計画の立案，観察，実験の結果の処理，考察の場面などでは，あらかじめ個人で考え，その後，意見交換したり，根拠をもとにして議論したりして，自分の考えをより妥当なものにする学習となっているかなどの視点から，授業改善を図ることが重要である。

　さらに「深い学び」については，たとえば，「理科の見方・考え方」を働かせながら問題解決の過程をとおして学ぶことにより，理科で育成を目指す資質・能力を獲得するようになっているか，様々な知識がつながって，より科学的な概念を形成することに向かっているか，さらに，新たに獲得した資質・能力に基づいた「理科の見方・考え方」を，次の学習や日常生活などにおける問題発見・解決の場面で働かせているかなどの視点から，授業改善を図ることが大切である。

② 　問題解決の力を育成するために

　児童が自然の事物・現象に親しむ中で興味・関心をもち，そこから問題を見出し，予想や仮説をもとに観察，実験などを行い，結果を整理し，その結果をもとに結論を導きだすといった問題解決の過程の中で，問題解決の力が育成される。小学校では，学年をとおして育成を目指す問題解決の力が示されている。

　とくに小学校理科では，第3学年では，主に差異点や共通点をもとに，問題を見出す力が，第4学年では，主に既習の内容や生活経験をもとに，根拠のある予想や仮説を発想する力が，第5学年では，主に予想や仮説をもとに，解決の方法を発想する力が，そして第6学年では，主により妥当な考えをつくりだす力が問題解決の力として示されている。ここで示された各学年で培いたい問題解決の力は，第4学年では第3学年で扱う差異点や共通点をもとに考えては

ならないなどと，固定的なものと捉えてはならない。各学年で示された特徴的な視点を重視しつつも柔軟な対応が望まれる。

（2）内容の取扱い

　内容の指導にあたっては，各学年の目標や内容のねらいが十分達成できるように配慮することが示されている。言語活動や体験的な学習活動の充実，また自然災害への対応については，学習指導要領でとくに重視された点である。

① 　言語活動の充実

　理科の学習においては，問題を見出し，予想や仮説，観察，実験などの方法について考えたり説明したりする学習活動，観察，実験の結果を整理し考察する学習活動，科学的な言葉や概念を使用して考えたり説明したりする学習活動などを充実させることにより，思考力，判断力，表現力等の育成を図ることが大切である。自然の事物・現象から問題を見出し，根拠のある予想や仮説を発想したり，その予想や仮説をもとに，解決の方法を考えたりすることにより見通しをもった問題解決の活動が充実する。

② 　体験的な学習活動の充実

　理科の学習においては，自然に直接関わることが重要である。こうした直接体験を充実するために，それぞれの地域で自然の事物・現象を教材化し，これらの積極的な活用を図ることが求められる。なかでも，生物，天気，川，土地，天体などの学習においては，学習の対象とする教材に地域差があることを考慮し，その地域の実情に応じて適切に教材を選び，児童が主体的な問題解決の活動ができるように指導の工夫改善を図ることが重要である。

③ 　自然災害への対応

　自然の事物・現象の働きなどが，短い期間や限られた空間で起こると，異常な自然現象が発生することがある。このことが原因となって，人間との関係で大きな被害をもたらしてしまうことがあり，これが自然災害となる。理科においては，自然の事物・現象の働きや規則性などを理解することが大切であり，そのことが自然災害に適切に対応することにつながる。

2　小学校理科の内容構成

（1）学習指導要領で示されている基本的な考え方

　第1章でも触れたように，2017年版小学校学習指導要領では，理科における見方・考え方を働かせて求められる資質・能力を育成することや，主体的・対話的で深い学びを実現することなど，これからの時代を見据えた教育の方向が示された。自然災害についての事項もまた含まれている。

① 資質・能力の育成

　2017年版小学校学習指導要領では，育成を目指す資質・能力として，「知識及び技能」「思考力，判断力，表現力等」「学びに向かう力，人間性等」の3つが示された。これら3つの資質・能力は，各教科でそれぞれ明確にされており，小学校理科では，教科の目標として次のように示されている。

　自然に親しみ，理科の見方・考え方を働かせ，見通しをもって観察，実験を行うことなどを通して，自然の事物・現象についての問題を科学的に解決するために必要な資質・能力を次のとおり育成することを目指す。

(1)　自然の事物・現象についての理解を図り，観察，実験などに関する基本的な技能を身に付けるようにする。

(2)　観察，実験などを行い，問題解決の力を養う。

(3)　自然を愛する心情や主体的に問題解決しようとする態度を養う。

（文部科学省（2017）「小学校学習指導要領」94頁）

　学習の過程をとおして育成する資質・能力のうち，(1)は「知識及び技能」，(2)は「思考力，判断力，表現力等」，(3)は「学びに向かう力，人間性等」にそれぞれ対応している。

　まず「知識及び技能」としては，自然の事物・現象に対する基本的な概念や性質・規則性を理解すること，観察・実験器具を安全かつ適切に操作したり，結果を的確に記録したりすることなどが求められる。

　次に「思考力，判断力，表現力等」を養う学習過程としては，次のような問

題解決の過程が考えられる。

　　　自然事象への気づき→問題発見→予想・仮説の設定→検証への実験計画→
　　　観察・実験の実施→結果のまとめ→考察および結論

　これら一連の過程において，各学年で求められる主な力としては，次のように示された。すなわち，

　　　第3学年：主に差異点や共通点をもとに，問題を見出す力
　　　第4学年：主に既習の内容や生活経験をもとに，根拠のある予想や仮説を
　　　　　　　　発想する力
　　　第5学年：主に予想や仮説をもとに，解決の方法を発想する力
　　　第6学年：主により妥当な考えをつくりだす力

　これらの力は学年ごとに示されてはいるが，実際の指導では，ほかの学年で培うべきとされている力の育成について，児童の発達段階を考慮して対応する必要がある。さらに「学びに向かう力，人間性等」としては，主体的に自然の事物・現象に関わろうとする態度や，失敗してもくじけずに挑戦する態度，観察・実験の方法や結果を謙虚な姿勢で見つめ，その妥当性を吟味する態度などが求められる。これらは，理科の学習全体を通じて培うものである。

② 　理科の見方・考え方

　2017年版小学校学習指導要領では，資質・能力をより具体的なものとして示し，「見方・考え方」は資質・能力を育成する過程で児童が働かせる「物事を捉える視点や考え方」であること，さらには国語や算数をはじめ教科ごとに特徴があり，各教科等を学ぶ本質的な意義や核心をなすものとして全教科等をとおして表現されている。理科ではその特質に応じた「理科の見方・考え方」があり，したがって，「理科の見方・考え方」を働かせて理科の目標の(1)～(3)で明らかにされた資質・能力を育成するという視点を踏まえ，理科学習について考えていく必要がある。

　問題解決の過程で，自然の事物・現象をどのような視点で捉えるかという「見方」は，領域ごとの特徴から，次のとおりである。「エネルギー」を柱とする領域では，主として「量的・関係的な視点」から，「粒子」を柱とする領域

表 4-1　小学校で身に付けたい思考力，判断力，表現力等

学　　年	考　え　方
第3学年	（比較しながら調べる活動を通して）自然の事物・現象について追究する中で，差異点や共通点を基に，問題点を見いだし，表現すること。
第4学年	（関係付けて調べる活動を通して）自然の事物・現象について追究する中で，既習の内容や生活経験を基に，根拠のある予想や仮説を発想し，表現すること。
第5学年	（条件を制御しながら調べる活動を通して）自然の事物・現象について追究する中で，予想や仮説を基に，解決の方法を発想し，表現すること。
第6学年	（多面的に調べる活動を通して）自然の事物・現象について追究する中で，より妥当な考えをつくりだし，表現すること。

注：下線は筆者。
出典：文部科学省，2018，26頁。

では，主として「質的・実体的な視点」から，「生命」を柱とする領域では，主として「多様性と共通性の視点」から，そして「地球」を柱とする領域では，主として「時間的・空間的な視点」から自然の事物・現象を捉えるのである。

　問題解決の過程において，どのような考え方で思考していくかという「考え方」については，これまで理科で育成を目指してきた問題解決の能力が踏襲された。児童が問題解決の過程の中で用いる比較，関係付け，条件制御，多面的に考えるなどを踏まえて，学年ごとの資質・能力の中で，思考力，判断力，表現力等については，表 4-1 のように示されている（下線：筆者，以下同）。

　表中の下線を付した箇所について，以下，具体的にみていくことにしよう。

　第3学年の「比較する」とは，自然の事物・現象を対応させて比べることである。同時に自然の事物・現象を比べたり，ある自然の事物・現象の変化を時間的な前後の関係で比べたりする。具体的には，問題を見出す際に，自然の事物・現象を比較し，差異点や共通点を明らかにすることが考えられる。

　第4学年の「関係付ける」とは，自然の事物・現象について，変化とそれに関わる要因を結び付けたり，既習の内容や生活経験と結び付けたりすることである。

　第5学年の「条件を制御する」とは，自然の事物・現象の変化について，変化させる要因と変化させない要因を区別するということである。解決したい問題について，解決の方法を発想する際に，制御すべき要因と制御しない要因を

区別しながら，計画的に観察，実験を行う。

　第6学年の「多面的に考える」とは，自然の事物・現象を複数の方向から考えることである。問題解決を行う際に，解決したい問題について児童が互いの予想や仮説を尊重しながら追究し，観察，実験の結果をもとに，予想や仮説，観察，実験などの方法を振り返り，再検討し，複数の観察，実験などから得た結果をもとに考察する。

　「理科の見方・考え方」を身に付けて，自然の事物・現象から問題を見出し，予想や仮説をもち，その解決方法を考えたり，知識を関連付けてより深く理解したりすることは，主体的・対話的で深い学びを実現することにつながる。

（2）「A　物質・エネルギー」の内容構成

　小学校理科の内容は，「A　物質・エネルギー」「B　生命・地球」という2つに区分整理されている。また各区分は，内容の系統性を考慮し，「エネルギー」「粒子」「生命」「地球」という，科学の基本的な概念の柱に沿って構成されている。さらに，この概念の柱は，たとえば「エネルギー」を柱とする領域の場合，「エネルギーの捉え方」「エネルギーの変換と保存」「エネルギー資源の有効利用」に細分化され，また「粒子」を柱とする領域の場合，「粒子の存在」「粒子の結合」「粒子の保存性」「粒子のもつエネルギー」に細分化されている。このような内容の構成は，育成を目指す資質・能力や内容の系統性を考慮したものであり，したがって授業の準備を行うときには，このことを踏まえた上で，「どのような見方・考え方を働かせ，どのように資質・能力を身に付けさせるのか」という観点から，指導内容がどの区分に配置され，どういった概念の柱があるのかを理解することが重要になる。

　2017年版小学校学習指導要領の「内容の取扱い」には，次のように示されている。

　第3学年：(2)内容の「A物質・エネルギー」の(4)のアの(ア)については，磁石が物を引き付ける力は，磁石と物の距離によって変わることにも触れること。

> 第4学年：(2)内容の「A物質・エネルギー」の指導に当たっては，2種類以上のものづくりを行うものとする。
>
> 第5学年：(2)内容の「A物質・エネルギー」の(1)については，水溶液の中では，溶けている物が均一に広がることにも触れること。
>
> 第6学年：(2)内容の「A物質・エネルギー」の(4)のアの(ア)については，電気をつくりだす道具として，手回し発電機，光電池などを扱うものとする。

　これらについては，各学年での留意事項として，第3学年「磁石の性質」の内容においては，「ア(ア)磁石に引き付けられる物と引き付けられない物があること。また，磁石に近付けると磁石になる物があること」に関して指導する際，磁石の働きはいつでも同じではなく，磁石と物の距離によって変わることにも触れるように示されている。たとえば磁石と物の距離を次第に広げていき，手ごたえや方位磁針により，そのときの力の変化を捉えさせることなどがあげられる。

　第4学年「空気と水の性質」の内容において，風やゴムの力の働きを活用したものづくりとしては，風やゴムの力を動力に変換するという観点から，たとえば，物を動かすことを目的とした，風やゴムの力で動く自動車や風車などがあげられる。また「電流の働き」の内容においては，回路ができると電気が通るという観点から，たとえば，回路につないだ豆電球などを動作させたり止めたりすることを目的としたスイッチ，電気を通す物であるかどうかを調べることを目的としたテスターなどがある。

　第5学年「物の溶け方」の内容においては，指導の際，物には水に溶ける物と溶けずに混ざる物があるとともに，水に溶けた物は均一に広がることにも触れるように示されている。従前の学習指導要領では中学校で扱っていた溶質の均一性が第5学年に移行したものである。ここで留意すべきは，小学校では，あくまでも水溶液の中では溶けた物が均一に広がっているということに触れるに留める点である。粒子モデルを用いて溶質の均一性を思考・表現することは，中学校の学習範囲となる。ただし，児童が思考・表現する手段として粒子を用いることは可能である。

　第6学年「電気の利用」の内容においては，「ア(ア)電気は，つくりだしたり

蓄えたりすることができること」に関して指導する際，手回し発電機や光電池を取り扱うように示されている。従前の学習指導要領では第4学年で扱っていた光電池が第6学年に移行したものである。光電池を乾電池の代替として扱うだけでなく，発電や変換の機器としても位置付けている点に留意し，授業で扱う必要がある。

（3）「B　生命・地球」の内容構成

　「B　生命・地球」の中で，「生命」を柱とする領域では，主として多様性と共通性の視点で，「地球」を柱とする領域では，主として時間的・空間的な視点で自然の事物・現象を捉えることとしている。これらの特徴的な視点は領域固有のものではなく，ほかの領域においても用いられる視点であることや，原因と結果，全体と部分，定性と定量などといった視点もあることに留意しておく必要がある。また，すでに触れたが，問題解決の過程の中で用いる比較，関係付け，条件制御，多面的に考えるなどは理科に特有の「考え方」である点にも留意したい。

　児童が「理科の見方・考え方」を自在に働かせ，自然の事物・現象に関わるということは，どのような視点で自然の事物・現象を捉え，どのような考え方で思考すればよいのかを自覚しながら，自然の事物・現象に関わるということである。この過程をとおして，児童の主体的な問題解決が図られていくことになる。

　「生命」を柱とする領域では，2017年版小学校学習指導要領で整理され，「生物の構造と機能」「生命の連続性」「生物と環境の関わり」の3つに分けられた。「地球」を柱とする領域では「地球の内部と地表面の変動」「地球の大気と水の循環」「地球と天体の運動」と示されている。これらの内容の構成は，育成を目指す資質・能力と内容の系統性を踏まえて示されたものである。

　2017年版小学校学習指導要領の「指導計画の作成と内容の取扱い」には，「(4)天気，川，土地などの指導に当たっては，災害に関する基礎的な理解が図られるようにすること」と示されている。自然の事物・現象の働きなどが，短い期間や限られた空間で起こると，極端な自然現象が発生することがある。こ

のことが原因で人々の暮らしに大きな被害をもたらすと自然災害となる。理科においては，自然の事物・現象の働きや規則性などを理解することにより，自然災害に適切に対応する力を育むことができる。

　自然災害の扱いについては，第5学年「B(3)流れる水の働きと土地の変化」「B(4)天気の変化」，第6学年「B(4)土地のつくりと変化」の各単元において，「内容の取扱い」として，「自然災害についても触れること」が示された。また，第4学年「B(3)雨水の行方と地面の様子」でも，自然災害との関連を図ることが考えられる。具体的には，たとえば第5学年「流れる水の働きと土地の変化」では，「(ウ)雨の降り方によって，流れる水の速さや量は変わり，増水により土地の様子が大きく変化する場合があること」において，集中豪雨や長雨がもたらす川の増水による自然災害などに触れる。「天気の変化」では，「(イ)天気の変化は，映像などの気象情報を用いて予想できること」において，台風の進路による天気の変化や降雨との関係だけでなく，それに伴う自然災害についても触れる。また，第6学年「土地のつくりと変化」では，「(ウ)土地は，火山の噴火や地震によって変化すること」において，火山の噴火や地震がもたらす自然災害などに触れることなどがあげられる。

引用文献
文部科学省（2018）「小学校学習指導要領解説理科編」。

（学習の課題）

(1)　「主体的・対話的で深い学びの実現」に向けた授業改善を行うにあたり，重要な事項をあげてみよう。
(2)　小学校理科第3学年から第6学年までの内容構成についてまとめてみよう。

【さらに学びたい人のための図書】
秋吉博之編（2018）『理科教育法［第3版］』大学教育出版。
　　⇨学習指導要領に対応した理科教育の解説書。理科学習の理論を踏まえて，理科の授業実践についてわかりやすく学ぶことができる。

（秋吉博之）

第5章 | 理科の教え方・学び方（指導論，学習論）

この章で学ぶこと

この章の目的は，これからの理科教育のあり方を展望するために，これまでの教えや学びの特徴をつかむことにある。そのためのベースとなる学習論を概観し，とくに中心的な存在となる「構成主義」にまつわる内容にふれる。また，理科特有の指導の工夫についても代表的な例を概説する。

1 学習論の概観——行動主義から状況主義まで

およそ1世紀にわたって外観すれば，学習論は，いくつかの特徴にまとめられる。20世紀の初期では，行動主義的学習論がみられる。これは，心理学者ワトソンが1913年に行った行動分析に端を発するとされている。すべての刺激（S：Stimulus）は，ある一定の反応（R：Reaction）を引き起こすというもので，犬の唾液分泌実験といったパブロフの条件付けなどが有名である。また，多くの試行錯誤を繰り返すうちに，徐々に正確な問題解決行動ができるという試行錯誤学習（ソーンダイク）もあてはまる。さらにスキナーのオペラント条件付けもそうである。与えられた刺激によって誘発される行動ではなく，「ネズミが食物を得るにはバーをおさねばならない」といった学習による行動の成立であり，自動車の運転技術の習得などもこの例として考えられる。

これらの元になる考えは，知識を刺激に対する反応の集まりとするというものである。一方，刺激—反応型でない立場を主張するのが，認知主義的学習論である。そこでは，知識は，構造をもった外部的な情報であり，そうした知識を獲得するものであると考えている。また，それらに対して異なる立場を唱えるのが，20世紀後半に現れた構成主義的学習論である。「構成」という言葉が

用いられるように，いわゆる学習者の主体的な働きかけによって，知識が学習者の中に構成されていくとする主張である。これまでの学習論では十分に考慮されていなかった学習前の学習者の状態（それまでに持ち合わせている知識等）にも着目する点がユニークである。つまり，からっぽのバケツの中に，知識を獲得し，貯めるというのではないという考えである。

　この考え方を踏まえながらもさらに進めたものとして，状況主義的学習論がある。それは，個人のみの頭の中のできごととして知識構成がなされるとせず，あくまでも周りの状況も関わって知識が変化・変容するという立場である。つまり，外部の人や物との関わり，コミュニティなどで生成される知識の共同が個人の知識を支えているのである。

　このように知識をどのように捉えるかによって，学習論の変化がみてとれる。とくに構成主義的学習論は，「対象世界がそれ自体で存在するのではなく，主体が自己の生活や機能との関わりにおいて，意味付けて構成することによって存在している」という立場に依拠している。それ以前の行動主義的学習論等と対比しやすい立場にあると同時に，状況主義的学習論へ移行するベースにもなっている。したがって，最近の学習論を語ろうとする場合，構成主義的学習論は，紛れもなく中心的な存在となる。

［ 2 ］　構成主義的学習論

　そこで，まず，構成主義的学習論のエキスを捉えておこう。構成主義的学習論の一つとして提唱されたモデルは，子どもの考えを捉え（予備），学習課題を明確にし（焦点化），各自の考えの交換および洗練を行い（挑戦），新しく構成した考えを日常的場面へ適応する（応用）といった局面からなる。この学習論は，学習する前の児童のもっている考えに着目している点が特徴的である。その世界を表す用語として，「子どもたちの科学」「オルタナティブ・フレームワーク」「ミスコンセプション」「プリコンセプション」等，様々な表現がなされているが，本章では「素朴概念」という用語を使用する。

　素朴概念とは，たとえば，乾電池で豆電球が点灯する現象について，「＋極と－極の双方から電流が流れ，豆電球の中でぶつかって光る」という考えなどがあてはまる。あるいは，「ブランコに人が乗って１往復する時間は，体重の重い人の方が体重の軽い人よりも短くなる」という考え方もそうである。

（1）知識の形

　では，児童のもっている素朴概念につながる知識（科学的な概念や法則，理論）は，どのような姿をしているのだろうか。いわゆる記憶要素の種類として，次のように説明することができる。すなわち，「普遍的な意味」と「特殊的・体験的意味」といった２種類の記憶のタイプに分けて考えることができる。前者には，ストリング（まとまった形で記憶されている記号・言葉等），命題，知的技能が含まれ，後者には，エピソード，イメージ，運動技能（パフォーマンス）があてはまる。

　たとえば，「どんぐりは木の実である」（命題），「煎餅にして食べた」や「コマをつくった」といったエピソードも加わったりして「どんぐり」に対する素朴概念が形づくられているのである。また，「密度概念」も「$d=m/V$」（ストリング），「物質の単位体積あたりの質量」（命題）に加え，「発泡スチロールの箱は軽かった」（エピソード），「浮いたり沈んだりする」（イメージ）などがつながり，保有されている。「てこ」を事例とすれば，「支点，力点，作用点」（ストリング），「つりあいは，左右の（支点からの距離）×（力の大きさ）で決まる」（命題），「てこ実験器を用いてつりあいをみつけることができる」（知的技能），「てこの計算問題が解ける」（知的技能），「はさみ，栓抜きなどのてこのきまりを調べた」（エピソード），「てこは便利で，力を得する」（イメージ），「長い棒を差し込んで重いものを動かすことができた」（運動技能）といったことがあてはまるだろう。

（2）児童の考えを捉える方法

　構成主義的学習論では，学習の始めに児童の素朴概念を捉えておくことは大

変重要である。ここでは，その方法論をいくつか紹介しておこう。

① 概念地図法

　事物と事物などの間に成り立つ関係について理解を探る方法である。たとえば，「動物」「生き物」「植物」「馬」「タンポポ」のラベルに対して，それぞれに関係するもの同士を線でつなぎ，さらにラベル間の説明を書く（図5-1）。場合によっては，線の太さを変えたり，矢印を付けたりすることで，よ

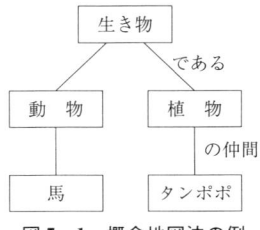

図5-1　概念地図法の例

り細かなラベル間の関係性を示す地図に仕上げることもある。最近流行っているイメージマップやマインドマップ，ウェビングマップといった思考ツールもこれに近い。

② 事例（象）面接法

　たとえば，「大根」「さくらの木」「朝顔の種」「タンポポのわた毛」などいくつかの絵カードを見せて，「これは植物ですか」と尋ねたり，「子どもが滑り台を滑って降りてくる」場面の絵を見せて，「摩擦」のある・なしを問うたりする方法である。

③ 描画法

　事象についての説明を簡単な絵を用いて表現する方法である。たとえば，実際の「チョウ」を見る前に，「チョウ」を絵で表現してみる（図5-2）。児童自身がこれまでもっている「チョウ」の姿（素朴概念）が現れる。体は，頭と腹の2つだけだったり，触覚がなかったり，足が4本であったりする。羽の形や付いているところもまちまちであったりする。また「ガスバーナーで温めているフラスコ

図5-2　児童のチョウの描画例

内の水中の様子」など，目には見えにくいものを表現させる場合も有効である。

④ 関連図法

　閉じた図形を描くことによって事象間の関係を示す方法である。たとえば，「動物」のタイトルをつけた大きな四角を描き，その中に「海に住む動物」「陸

に住む動物」「卵を産む動物」のタイトルの四角を
書き込むことによって，それらの包含関係を表す
（図 5 - 3）。ベン図もこれに属する。

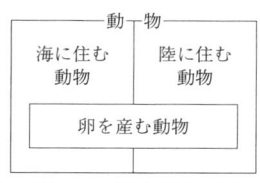

図 5 - 3　関連図法の例

⑤　予測・観察・説明法

　たとえば，滑車を用いてつり合いの取れたおもり
を同じ高さにしておき，片方におもりを加えると，どうなるかを予想させる
（「同じ高さではなく，おもりを加えた方が少し下がって止まる」と言うかもしれない）。
予測後，実際に実験をして観察したことを記述させ，予測と観察したことを比
べ，説明させる方法である。

⑥　言語表現

　他の方法とも深く関連しているが，とくに言葉のみによる表現方法として
「～のようなもの」や「まるで～だ」など比喩表現，類推表現がある。比喩表
現は，メタファーと称され，たとえば「この電球は太陽のように明るい」など
があてはまる。類推表現は，アナロジーと呼ばれ，メタファー同様にたとえの
一種で推論の一つであり，「電池が心臓で，電流が血液，導線は血管」といっ
たように，電流回路を血液循環システムになぞらえて表現しようとして用いら
れる場合などがそうである。また，命名する表現方法も考えられる。命名
（ネーミング）とは，いわゆる事物や概念に名前をつけることであり，他と区別
し，意味をもたせた記号（言葉，文字）を与えることである。表現方法は様々
であるが，ときとして造語であったり，自作の漢字であったりもする。

（3）子どもの考えを再構成する

　素朴概念が明らかになってきたところで，それらに対してどのように学習を
進めていくのか。つまり概念変容（あるいは概念変換）をどのように進めていく
のかが問題となる。これまでの素朴概念を補填する形として概念捕獲がなされ
たり，新しい概念に交換されたりすることがいわれている。そのためには，児
童がもっている既存の概念に不満をもたせ，出合う新しい概念が「わかりやす
く，まことしやかで，実り多い」ものであることが望まれる。

　ここでは，一つのアイデアとして認知的葛藤の場面設定が考えられる。たとえば「熱の伝わり方」の学習場面である。「斜めに傾けた金属棒の真ん中をガスバーナーで熱するとどのように金属は温められるか」に対して，「当てているところより上の方の金属が早く温まる」（理由：熱は上の方に上がりやすいから）という考えがよく聞かれる。実際には時間的差がみられないことから，自らがもっている考えでは説明がつかなくなる。確認（あるい納得，変更）のために同じ金属棒を水平にしたとき，下方に傾けたとき，上方に傾けたときの熱の伝わる速度計測を行う。あるいは，「鉄板の片方の端を上に曲げ，もう片一方を下に曲げて，中央から熱した場合，どうなるか」についても取り組んでみる。こうした後，自らの素朴概念に対して，結果を受け入れ，自らが再構成を図っていくのである。

　始めに描画法で素朴概念を表し，それをもとに場面を設定していく取組みも考えられる。たとえば，紙面中央に太鼓をたたく絵が示され，四方に人がいる図がある。そのうちの一人の前に衝立があり，一人は耳をふさいでいる。素朴概念を表す描画には，２つぐらい想定できる。１つは，直線（または波線）を引いて伝わることを表すパターンで，衝立や耳をふさいだ手には音を表す線が当たってはじかれる絵となる（図5-4）。もう１つは，線が帯状になってやってくるものである。しかし，どちらの場合も，実際に衝立の向こうにいる人にも音が聞こえる。さらに，人と人の間にも音が伝わるという実験結果等から，線や帯のような表現では説明が適切でないと感じていく。つまり，これまでの素朴概念とは異なる新たな概念の表現が必要となる。そのアイデアの一つとして，これまでの素朴概念を表していたものをベースにした放射線状に広がる矢印（外向き）を引いて説明する画が考えられる（図5-5）。また，太鼓（音源）を中心に同心円を描き，音の広がる様子を表すこともある（図5-6）。衝立の向こう側にも回り込んでくる様子が示されるケースもある。さらに全体に薄く色を塗り，音の広がりを表すことも一工夫となる。こうして再度の描画表現の機会を用意するなどして，素朴概念の変化を振り返り，自らの概念の構成を図っていく。

　以上のように，素朴概念を出発点として対象を捉え，吟味し，それをさらに

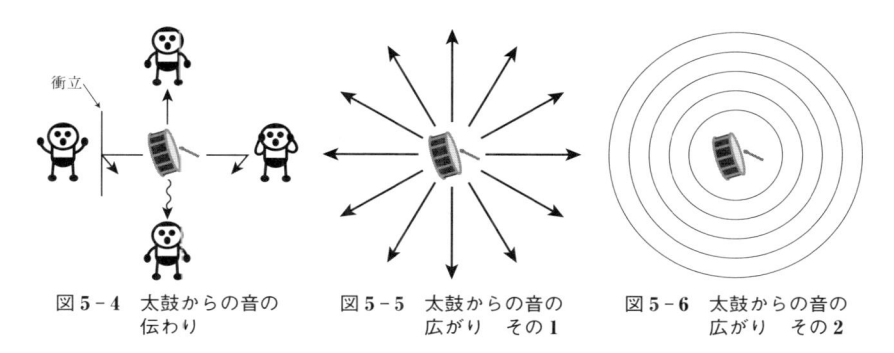

図 5-4　太鼓からの音の
　　　　伝わり

図 5-5　太鼓からの音の
　　　　広がり　その 1

図 5-6　太鼓からの音の
　　　　広がり　その 2

もとの素朴概念との関係を問い合わせ，調整を図っていくところに構成主義的学習論としての特徴がある。こうした理科授業が展開される教室では，子ども同士の情報ネットワークが存在し，多様な論理の集合体，すなわち一種の社会的な営みも現れる（社会的構成主義）。当然，知識を構成する（デザインする）職人としての児童の成長を支えるには，知識の共同構成をもコーディネートする教師の存在は欠かせない。

（4）教師の立場

　では，構成主義的学習論をベースに授業を進める際，教師にはどのような役割が求められるのであろうか。端的にまとめると，以下のような人になる。

① 動機付けをする人

　児童が教材に対峙するとき，必ずしも学習意欲をもって取り組もうとしているわけではない。逆に自分から気になっている事柄に関連させて，そちらに活動が向かうよう解釈していく児童もいるだろう。そうした児童の中において，児童自身の考え方に注目して，「どうしてだろう」「こうなるのでは」「きっとこうだ」といった内発的な必然性を引き出すような，半分わかったようでどことなく未知の部分もありそうな教材提示ができる人を動機付けをする人という。

② 的確な診断者

　的確な診断者は，児童の素朴概念をていねいに捉え，それをどのようにアプローチすればよいか，考えをまとめ，進めていく姿がイメージされる。それは，

素朴概念をネガティブな考えとして受け止め，何かしら治療するという医療の診断ではなく，個性的な素朴概念の確認と積極的な活用に向けて判断していくことのできる人といえる。それは動機付けをする人とも関係する。

③　コーチングをする人

コーチングをする人は，登山をする者に対してその山を熟知して道案内をする人のように，あるいは，トレーニングしているマラソン選手の横についてアドバイスをしている人のように，児童自身の素朴概念の刷新をサポートする立場にあるといえる。古くは，ソクラテスの助産法とも似ている。また，最近では，同僚の先輩としてアドバイスを与えつつ，お互いが同じ課題に取り組んでいくようなメンターの役割もあてはまるだろう。

④　コーディネートする人

児童に知識を与えるのではなく，知識を生成する場を提供する役がコーディネートする人といえる。もちろん個々の児童に関わることは前提となるが，たとえば「粘土の形を変えると重たくなったり，軽くなったりする」という考えをもっている児童に対して，「重たくなる」派の意見として「広げて大きくしていくと重たくなる」に「箱のような形で中に空気が入っていると重たくなる」を合わせて，どちらが重たくなるのかを尋ねてみる。あるいは「粘土をちぎって個数を増やしていけばいくほど，大きさは小さくなるので，だんだん軽くなる」といった考えの理由を，個数，大きさ，重さの関係から整理して発表させる。こうした児童の考えを児童自身で整理させていくようなコーディネートがあてはまる。

（5）教師の支援

前項と関連して，児童の素朴概念を捉え，その更新を支援する方法としては，次のような具体的手立てが必要になる。その1つ目は，児童の考えを引き出す手立てである。たとえば，児童がそれぞれの立場で考えを表明し，比較したり分類したりしやすいように，児童の考えを，特徴ごとにラベルを貼り付けたり，対照的な考えを持ち込んで児童の考えを際立たせたりする。「水に食塩を溶か

す」ことに対して，食塩の「下たまり型」「全体分散型」といったラベル表現を行うなどである。それらに「賛成」「やや賛成」などのラベルをぶら下げておくのもアイデアの一つである（図5-7）。また，児童の考えの価値付けを試みたり，児童の考え方を説明する際，具体的に演示実験や個人では集めにくい資料等を見せたりして，主張しているポイントをわかるようにするなどが考えられる。さらに，児童が発表した考えを「個説（個人的な仮説）」と称して，再度，教師が繰り返して説明するなど，自らの考えに対して自覚を促すことも支援となる。

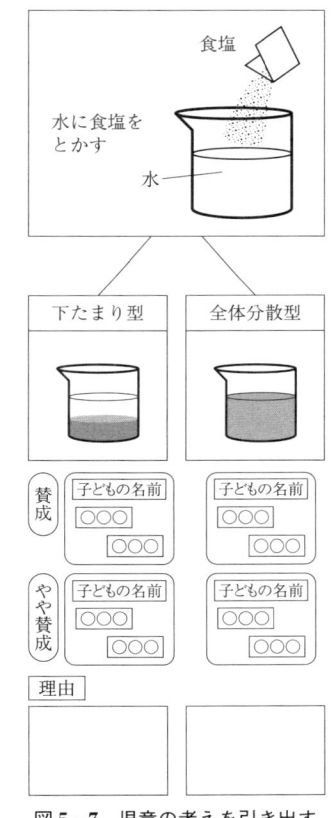

図5-7　児童の考えを引き出す手立て

2つ目の重要な支援として，素朴概念としての知識を共有化させる点があるだろう。たとえば，友達の考え方と自分の考え方との違いについて図表などを使って可視化していくことがあてはまる。それは，コンセンサスが得られている考え方を友達同士でチェックさせる指示も含むと考えてもよい。加えて，話合いの場では，議論の焦点を常に確認できるように，カードや黒板に項目をあげておくことも知識の共有化を進める具体的な手立てである。

3つ目は，到達した共有の考え方と始めに示した素朴概念との比較を促す支援がある。これは，いうまでもなく，そうすることによって，自らの考えをより確かで首尾一貫したものにしていくことをねらっている。たとえば，学習当初に表現ツール等を使って表した素朴概念に加除修正を加え，変更した箇所を着色したり，学習前後で同じ手法を使って描いた作品を並べて，その形状や言葉の使用などを観点別に比較したりするなどである。また，素朴概念の変容を時系列に沿って綴らせていく指導も，自らの素朴概念の変容を捉えさせる工夫

の一つといえよう。

〔 3 〕　方法としての取組み

　さて，ここからは，これまでの理科教育の中で取り組まれてきた学習方法について紹介する。代表的なものとして「探究学習」「発見学習」「仮説実験授業」「問題解決学習」「メッシング・アバウト論」「自己調整学習」「知識構成型ジグソー法」を取り上げ，概説する。

（1）探究学習

　探究学習の起源としては，シュワブの著作『探究としての学習』があげられる（シュワブほか，1970）。シュワブは，探究的な授業をするにあたって，まず第一に，①何が問題であるかを示すときと様々な解決策を示すときに原著論文を用い，それ以外は教科書を使う，②教科書教材で導入し，原著論文で深め，最後にまた教科書教材にもどる，③教科書教材を補完するのではなく増補する，という3つの方法をあげている。

　第二として「探究の話術」，第三には「探究への招待」をあげている。科学者が行った結果と解釈に対して，子どもたちがどのように解説するのかを示すのが前者の「探究の話術」であり，後者の「探究への招待」とは，発展的に小単元を用意することであり，その際いくつかの方法を示している。それは，教科書では説明がなく，しかも初歩的な用語でしか述べられていない概念や原理，また装置に関して，その知識や洞察を与えること，自明として扱われている結果や結論に対して問い直しをすること，さらにまたデータの解釈や教科書によって与えられた情報を説明したり，補ったりするための実験の計画など，挑戦的な問題を投げかけたりすることなどである。

　日本では，探究学習を「知識獲得の過程に児童が主体的に参加することによって，探究能力・科学的概念・望ましい態度の形成を目指す」活動としつつ，その授業設定として小学校高学年「熱と温度」の事例が示されている。要約す

ると，次のようになる。

> ①　活動1（導入段階）：水道水，いろいろな温度の湯，氷が浮かんでいる水などを入れたビーカーを数個，子どもたちの前に提示して，グループごとにその温度を調べさせる。その際，大雑把な違いはわかっても水温を数量化して表現ができないことから，温度計の使用に気づかせる。
> ②　活動2：水が入った缶をローソクで加熱し，水温上昇やローソクの減り方を調べる。その後「熱の単位をどう定義したらよいか」をたずね，定義させる。
> ③　活動3：活動2の水量を変えたり，太さの違うローソクやアルコールランプで加熱したりする。結果から，グループごとに決めた定義がうまく当てはまらないことに気づかせる。その後，クラス全体で当てはまらない理由や再定義の必要性を話し合わせる。次に熱量単位を導入する（教える際，カロリーが用いられるようになった過程を読み物として提示するのも一つの方法である）。グループごとに行った実験の熱量を求めることを課題とし，熱の操作的定義が行動レベルでできるようにする。
>
> （降旗，1974を参照）

　このように，探究学習に基づく授業展開をする際，実験の結果からグループでの定義について話し合ったり，全体で再定義の必要性について議論したりするなど，話合い活動も一つの大切な要素となっていることがわかる。

（2）発見学習

　「発見学習」は，発見という言葉が示すように，発見する行為の習得を目指す学習，あるいは発見という行為を通じて学習内容を習得することをねらいとする学習である。一般には，ブルーナーが1960年に『教育の過程』で体系的に提起したものを指す（Bruner, 1960）。問題発見能力の育成，内発的動機づけ，発見の仕方の学習，記憶の保持を特徴とし，「課題の把握」「仮説の設定・精錬・検証」「まとめ」によって構成される。

　学問の本質となる「構造」を，児童に獲得させようとするのであるが，この「構造」の学習は，教師が教え込むのではなく，発見学習によるべきだとされる。結論を教えるのではなく，結論に至る過程を児童にたどらせることが主とされ，それによって学び方が学習され，学習能力も伸張されるのである。発見学習の過程として，ブルーナーは直観と検証を重視する。その直観的思考を促

すためには，いくつかの一般的諸法則（類推・制約条件の吟味・視覚化など）を用いることや，場合によっては当て推量も奨励する。

　発見学習の基本的な学習過程は，広岡亮蔵（1968）によって，4段階（①事実のあらましに触れて，学習意欲をもつ，②予想ないし見通しを立てる，③これを精錬して，理法や技法へと高める，④生きた能力へ転化する）とされ，また，水越敏行によって，次のような展開が示された。

金属のさび（小学校第6学年）

① **課題把握**：鉄，銅，アルミなどの金属片を対比する。対比の観点を出す。実際にそれらの観点で調べる。あるいは調べ方を考えてみる。金属を熱したときの様子で「熱の伝わり方」「体積の変化」のほかに「色の変化」もあるのではないか（鉄），調べてみる。

② **仮説を立てる**：鉄を熱したら黒くなった。さらに調べてみると，色の変化は表面だけで，内部は変わっていない。なぜだろう。仮説の確かめ方を考える。実験によって，質変化という仮説を確認する。より高次な仮説にまとめてみる。「鉄は空気と熱によって元のものとは質の違った黒いものに変わるのではないか」。

③ **作業仮説に高める**：もし熱だけでなく，空気も関係しているのなら，それをどのようにして確かめたらよいだろう。空気に触れるメントフレ内面をつくって熱すればよい（2枚の鉄板を密着させて熱したらよい）。

④ **検証とまとめ**：実験する。結果に基づいて，熱したときの鉄の質変化（黒さび）の成立条件をまとめてみる。　　　　　　　　　　　　　　　　　　　　　　　　　　　（以下略）

　　　　　　　　　　　　　　　　　　　　　　　　　　　（水越，1970，1975を参照）

　このように発見学習は，一種の探究活動であり，「問題把握」「仮説設定」「実地検証」からなる一連の認識活動を学ぶことができる。利点としては，探究的な思考法や高い転移力を会得し，実感のある理解に導くことができるといえる。なお，発見と制御の点から「全面的な制御」「半発見」「導かれた発見」「ひとり立ちの発見」という段階も用意されている。

　こうした個人の発見を大切にし，それに沿う形で学習を成立させようとする試みは，現在の理科学習においても重視される点であり，その意味で示唆に富んでいるといえよう。

（3）仮説実験授業

　板倉聖宣によって提唱された「仮説実験授業」は，いわゆる科学の基本的概念や原理的な法則を教えるために開発された授業理論である（板倉，1974）。教科書と学習指導案の機能を兼ね備えた「授業書」により，授業を進めるのが基本とされる。授業書には，あらかじめ問題と選択肢形式の解答が用意されており，学習者はそれに基づいて実験結果を予想する。その後，複数の学習者がその予想について話し合った上で，実験に臨む。実験結果については，実験前の予想と比較検討する。こうしたプロセスを繰り返すことにより，学習者は概念や法則を科学者が行うように獲得することになる。扱う内容については，基礎的・基本的概念に関わるものをはじめ，常識的に考えると誤答しやすい内容，正答が簡単な実験によってすぐにフィードバックできるといった条件を満たすものが適しているとされている。

　板倉は，仮説実験授業の目標として，次の3点をあげている。1点目は，目指す概念と法則をすべての児童が使いこなせるようになることである。2点目は，クラスのすべての児童が科学とこの授業が好きになるように組織することであり，3点目として特別な教師でなくても誰でも実現できることである。そのための用意として，授業書があり，一連の問題や練習問題，読み物などが記載されている。授業書に沿った学習では，「予想，仮説をもって対象に問いかけてその答えを引き出したときにのみ科学的認識が成立する」という考えのもと，実験における予想を重視する立場に立つ。また実験前には必ず児童の予想を聞き，その場での話合いによる変更も認めつつ，予想に対する人数把握がよくなされる。そして，直後の実験が重視される。しかし，観察結果が思い込みに影響される場合が生じる点も否めない。それに対して「一つの方法・概念を教えるのに一つだけの問題を課すのではなく，いくつかの一連の問題を課す」方法を採用しているのである。この「予想・実験」の繰り返しによって，確実に児童の内に目標が達成されるのである。たとえば，授業書「ばねと力」では，「橋渡し法」のように「強力なばねにおもりをつるしてもまったく伸びていないように見えるが，少しは伸びているという問題」から，「スポンジの上にの

せた本」や「机の原子モデル」などを用意し，垂直抗力の存在を導入している。

　ここで，実践上の工夫として忘れてはならないのが，実験前後の児童の意見交流といえるだろう。それによって自らの考えに対する検討が生まれ，より確かな概念獲得と理解の共有化が進むのである。この点も現代的課題に対する指針の一つが垣間みられる。

（4）問題解決学習

　問題解決学習とは，端的にいえば，学習者に対して科学的知識を注入することを重視する教授・学習とは異なり，学習者の生活や要求に応じ，日常的な生活自体を足場にして問題解決を行わせ，学習者の諸能力を高めようとする学習法である。20世紀初め頃，デューイの反省的思考に基づいて考案された学習スタイルである。

　問題場面に出合ったとき，その解決のために働かせる思考に対応した学習指導過程が重視されている。ここでいう問題解決とは，あいまいと疑い，葛藤と不安という事態から，安定で調和のある一つの事態へと転換することをいう。感じられた困難や当惑から，問題を整理・明確化し，問題の解決に必要な情報を収集したりして仮説を立て，その仮説を検証する，などの活動が含まれる。この一連の展開によって原因等が解明されたり，混乱が整理されたりして，生じていた問題が解決されるのである。

　このような問題解決学習は，学習者の興味や要求を生かすことが主となるため，教師はいわゆる教授者でなく，助言者であったりする。また，学習者の心身の発達に基づき，社会と学校と家庭の協力によって学習者の生活を充実させるといった進歩主義教育思想によって支えられ，発展した。

　ところで，上記の問題解決学習に近いものとしては，戦前の理科教育で行われていた神戸伊三郎の「問題法」がある。ここでの学習過程は，第一段階の「疑問（問題の構成）」から始まり，「仮説（結論の予想）」「計画（解決の工夫）」「遂行（観察，実験，考察，解決）」「批判（検証，発表，討議）」と続く。このような展開過程は，戦後の教育改革で示された1947（昭和22）年版学習指導要領理

科編（試案）の「問題を見る（導きの段階）」「考察する，問題を解決する（研究理解の段階）」「まとめる（整理の段階）」「応用，活用（活用の段階）」といった用語や，1952（昭和27）年版小学校学習指導要領理科編（試案）の「学習すべき問題をはっきりつかむ」「問題を解決するために計画を立てる」「研究計画に基づいて，研究や作業を続ける」「研究や作業の結果をまとめる」「まとめた結果を活用し応用してみる」へのつながりが感じられる。

　こうした学習過程を重視する点は，21世紀の現代にも通じるものとして受け止めることができる。児童の問題意識を高めたり，さそったりする場が重要であり，児童の意識や発想が必然性をもって持続し，発展していくことが求められる。それは，児童の身近な問題を扱い，その解決に向かうという学習の本質が示され，その意味で時代不変の要素を含んでいるといえよう。

（5）メッシング・アバウト論

　メッシング・アバウト（自由試行）は，1960年代に開発中であった ESS（初等理科教育プログラム）において，「ふりこ」授業でのエピソードからホーキンスが名付け，発表したことから始まる。目の前の対象とじっくり向き合い繰り返し関わり，それまでの体験や考えていたことなどを素直に表す姿を大切にした点がユニークであり，興味深い。また，「児童自身が問題をみつけだし，自発的に探究する姿こそ，科学の学びになる」としたところが，その後の学習に影響を与えることになる。対象との始めの関わりを強調するメッシング・アバウトではあるが，その後の活動展開も含めて，「質問されたり教えられたりせずに，ぬらりくらりといじくりまわす自由な探索活動の過程」「教材や手引きによって児童自身が取り組み，深化させていく過程」「クラスでの話合いや講義など，さらに深い把握に達する教師によるいざないの過程」の３つの様相がミックスされる点が主張されている。すなわち，科学者自らが世界の中にみる探究的な主題に迫るのと同様に，児童自身が複雑な現象の中から興味・関心のある主題を見出し，没頭して取り組むプロセスを保障するものといえる。

　こうした主張は，1980〜1990年代の日本においても理科授業研究に反映され，

その後においても個々の発見とコミュニケーションへの適応などがみられる。児童の対象への主体的な関わりの姿として再評価されている。

（6）自己調整学習

「自己調整」とは「学習者が，メタ認知，動機付け，行動において自分自身の学習過程に能動的に関与していること」であり，「自己調整学習」とは，学習者が自らの目標達成に向けて，自らの認知や情動，行動を体系的に方向付けながら活用する学習形態である。その過程は，「予見―遂行コントロール―自己省察」を単位とした循環的な過程と捉えられている。予見段階では，課題を分析し学習の目標を定め，どのように進めていくかの計画が立てられる。「目標設定」とともに「方略の計画」や「自己効力感」，課題についての「興味」がキーワードとなる。遂行コントロール段階では，計画した学習活動がうまく進むように自分自身の認知過程をモニタリングし，その結果によって自己コントロールがなされる。「注意の焦点化」や「自己教示」「自己モニタリング」が要素となる。自己省察の段階では，学習のプロセスと結果に対して自己評価が行われたり，失敗等の原因分析などがなされたりする。「自己評価」「原因帰属」「自己反応」「適応」が関わる。

　自己調整学習のサイクルを主体的に循環させていくためには，メタ認知，動機付け，学習方略が重要である。メタ認知は，すべての段階で計画を立て，自己モニターし，自己評価していくことを指している。

　ハドウィンらは，自己調整学習を促進するためには，共同的に学習を調整する過程が必要であると主張し，「共同調整学習」と「共有された調整学習」を提案している。「共同調整学習」は，たとえば，児童同士がお互いに意見交流を行い，新しい考えを生み出したり，自分たちの考えをより妥当なものへと更新したりする過程を意味する。「共有された調整学習」は，創発された考えを収 斂させ，概念を構築する過程があてはまる。理科の場合であれば，まとまってきた科学的概念等を集団で共有し，一人ひとりの学習成果として還元することとなる。

　こうした自分の学びを対象化し，責任をもって自ら高めていく「調整」スタイルは，現代的課題に対する一つの解決策になる可能性を秘めている。自己調整学習に関する理科教育研究は，日本では，2010年前後から実践研究として報告がなされ始め，その内容も多岐にわたってきている。

（7）知識構成型ジグソー法（協調学習）

　「協調学習」は，「他者と一緒に考えて理解が進む」といった「三人寄れば文殊の知恵」的な学習作用をベースに展開するものであり，建設的な意見交流によって自らの考えが更新されていく学習だと特徴付けることができる。こうした「建設的相互作用」が生起しやすい協調学習のアイデアとして，「知識構成型ジグソー法」がある。

　「知識構成型ジグソー法」とは，東京大学 CoREF の提唱するアクティブ・ラーニング型授業の一手法である。児童に課題を提示し，その課題解決の手がかりとなる知識を部分的な知識として用意し，それらを組み合わせることをとおして，解答をつくり上げるという活動中心型の授業デザインである。

　次のようなステップを踏む。

---

① 問いを設定する
② 自分のわかっていることを意識化する
③ エキスパート活動で専門家になる
④ ジグソー活動で交換・統合する
⑤ クロストークで発表し，表現をみつける
⑥ 一人に戻る　　　　　　　　　　　　　（東京大学 CoREF のホームページより）

　まず，問いの設定場面では，児童一人ひとりが本時の課題を自覚し，「当面，問うべき問い」の共有がねらいとなる。つまり，本時のメインとなる問いに対して，一人ひとりが答えを出してみることになる。次のエキスパート活動は，「一人では十分に答えの出ない問い」に対して，（あらかじめ教師が用意した）解答の手がかりとなるいくつか異なる解答の部品について学ぶステップである。この活動は，3，4名のグループを編成して取り組むことが一般的である。解

答の部品に対する資料やワークシートが用意されていることが多く（エキスパート資料），担当したグループ内で理解を進め，自分の言葉で説明できるよう準備することが求められている。この後に続く活動では，たとえば，4 種類の解答の部品が提示され，それにしたがってエキスパート活動が行われた後，4 名編成によるもとのグループで課題解決を行っていく。グループ内での情報交換の活動では，お互い自分しか知らない知識をもっているので，他者の知識構成に貢献する意識が高まり，より話合いが活性化される。この活動を終えると，クロストーク（クラス全体での意見交流）が次のステップとして用意されている。そこでは，「それぞれのグループでは何を学び取ったか」というグループ間の違いに学びの確認が誘発される。仕上げとなる一人で解答をまとめるステップは重要である。それは，自分の学びへの確認と次への見通しをイメージする時間となるからである。実践の一例として，小学校第 5 学年「流れる水のはたらき」で次のような問いとエキスパート活動が用意されている。

　問い：川が大きく曲がったのはなぜか
エキスパートＡ：流れる水によって地面が削られる様子の観察
エキスパートＢ：川のカーブの内側と外側の流速の違いの観察
エキスパートＣ：川の流れの速さと運搬作用，堆積作用の関係の観察

　本課題は 3 つの部品から構成されており，グループ内での各エキスパート担当は，基本的には割り当てであってもかまわないが，より積極的な関わりを期待できる方法として，エキスパートの選択をグループ内で話し合って決定することが考えられる。クロストークの場面では，「最後は先生が正解となる解答を教えてくれる」といった印象を植え付けないよう「解釈のズレ」「解答の違い」「正解の再説明」を重視しておきたい。そうすることが，これからの時代に求められる主体的な学習保障になるといえよう。

引用文献

板倉聖宣（1974）『仮説実験授業』仮説社。

シュワブ，J.J.，ブランドウエイン，P.F. 著，佐藤三郎訳（1970）『探究としての学習』明治図書出版。

東京大学 CoREF ホームページ（http://coref.u-tokyo.ac.jp/archives/5515　2018年 7 月31日アクセス）。

広岡亮蔵（1968）『発見学習』明治図書出版。

降旗勝信（1974）『探究学習の理論と方法』明治図書出版。

水越敏行（1970）『発見学習入門』明治図書出版。

水越敏行（1975）『発見学習の研究』明治図書出版。

文部省（1947）「学習指導要領理科編（試案）」。

文部省（1952）「小学校学習指導要領理科編（試案）改訂版」。

文部科学省（2017）「小学校学習指導要領解説理科編」。

Bruner, J.S. (1960) *The Process of Education*, Harvard University Press（ブルーナー，J.S. 著，鈴木祥蔵・佐藤三郎訳（1963）『教育の過程』岩波書店）.

　　学習の課題

(1)　児童の考え（素朴概念）には，どんなものがあるだろうか。具体的な例を探してみよう。

(2)　ここで取り上げた教え・学びのトピックを参考に，これからの時代に求められる資質・能力を育成する理科学習について考えてみよう。

(3)　以下のキーワードについても調べ，その特徴についてまとめてみよう。
　　「極地方式」「範例学習」「反転授業」「逆向き設計」「PBL」

【さらに学びたい人のための図書】

森本信也編著（2017）『理科授業をデザインする理論とその展開——自律的に学ぶ子どもを育てる』東洋館出版社。
　　⇨「子どもの学びに即した理科授業をどのようにデザインすればよいか」という問いに対する解答の糸口がみつかる良書。

左巻健男・山下芳樹・石渡正志編（2018）『授業をつくる！最新小学校理科教育法』学文社。
　　⇨最新の学習指導要領を踏まえた「授業（小学校）」を考える際，参考にしてみたい書の一冊。ダイレクトに役立つ情報が満載。

（溝邊和成）

■ コラム２ ■

夏目漱石と運動の法則

　文豪夏目漱石は，その作品の随所に「西洋科学」を登場させています。「首吊りの力学」等などもそうですが，その著書『吾輩は猫である』の中にニュートンの慣性の法則（運動の第一法則）が登場します。

　　「もし他の力を加ふるにあらずば，一度動き出したる物体は均一の速度を以って直線に沿って動くものとする。」

　また，文学論「文学的内容の形式」（『漱石全集14』）にも，慣性の法則が登場しています。ちなみに，『吾輩は猫である』に登場する第二法則は次のようなものです。

　　「運動の変化は加えられたる力に比例す。而して其の力の働く直線の方向に於いて起こるものとす。」

　このように非常に正確で，核心を突いています。また，科学，とくに物理に対する興味はかなりのものだったらしく，英国滞在中に弟子の寺田寅彦に次のような手紙を送っています。

　　「本日の新聞で，Rucker教授の英国学会でやった原子論（Atomic Theory）に関する演説を読んだ。大いに面白い。僕も何か科学がやりたくなった……」

　いまや物理は中学校や高等学校で学習する一科目に成り下がってしまった観がありますが，夏目漱石の感じた「物の理^{ことわり}としての物理学」に接し，学ぶ意義をいま一度実感したいものです。

（山下芳樹）

第Ⅱ部
理科の授業をつくる

第6章 深い学びをさそう授業づくり（エネルギー編）

この章で学ぶこと

小学校から中・高等学校の理科の内容が，エネルギー，粒子，生命，そして地球という4つの基本的概念のもとに集約された。本章では，物理分野であるエネルギー領域を，そのねらい，また特色とともに，各学年に配置された単元を具体的事例として学ぶ。とくに，電気・磁気分野については，今世紀が電気の世紀といわれるように，小学校第3学年（磁石の性質，電気の通り道）から第6学年（電気の利用）をとおして配置されている。さらに中学校第2学年でも再度扱うことになるこれらの単元では何を押さえるべきかという教材としての核心の部分にも触れる。

1 エネルギー領域のねらいとその特色

2008（平成20）年版小学校学習指導要領では，2区分制をとる中学校理科とのスムーズな接続や学習内容の系統性から，それまでの3区分制から，

A：物質・エネルギー（自然への能動的な働きかけ，実験を重視する分野：物理・化学の内容）

B：生命・地球（自然体験など観察を重視する分野：生物と地学の内容）

という2区分制に移行した。また，それぞれの学習内容は，小学校から高等学校に至るまで4つの概念，すなわち区分Aではエネルギー（物理分野）と粒子（化学分野），また区分Bでは生命（生物分野）と地球（地学分野）といった科学の基本的な見方を柱として，児童の発達の程度をも配慮して配置された。これによって，「○○の基礎の上に△△を配置する」という学習内容の構造化とともに，その系統性が明らかになった。なお系統性と構造化については2017（平

成29）年版小学校学習指導要領にも踏襲されている。

（1）エネルギー領域では何を扱うか

　エネルギー領域は，表6-1のように「風とゴム」「光と音」「電気・磁気」，また「振り子」や「てこ」など様々な事物や物理現象が，エネルギーの捉え方や，エネルギーの変換と保存，そしてエネルギー資源の有効利用といった内容に分類されている。

　たとえば，エネルギーの捉え方では，第3学年で学習する「風とゴムの力の働き」「光と音の性質」「磁石の性質」，第5学年では「振り子の運動」，そして第6学年の「てこの規則性」で構成されている。またエネルギーの変換と保存では，第3学年で「磁石の性質（一部）」「電気の通り道」，それを受けて第4学年の「電流の働き」，第5学年の「電流がつくる磁力」，そして第6学年の「電気の利用」へと続く。この電気の利用では，電気の光や音，また運動への変換を扱いながらも，発電や蓄電といった内容も取り入れながら電気の世紀といわれる現代社会への利用にも言及する。これが，3つ目のエネルギー資源の有効利用へとつながるという構成である。

　一見異なった物理現象でも，エネルギーというより大きな枠組みで捉えたとき，そこには共通の見方や考え方がみえる。これが，2017年版学習指導要領の

表6-1　エネルギー領域で扱う内容

	学年	エネルギー		
		エネルギーの捉え方	エネルギーの変換と保存	エネルギー資源の有効利用
小学校	第3学年	風とゴムの力の働き 光と音の性質		
			磁石の性質　電気の通り道	
	第4学年		電流の働き	
	第5学年	振り子の運動	電流がつくる磁力	
	第6学年	てこの規則制	電気の利用	

出典：文部科学省，2017，22頁より。

いう「自然現象の差異点や共通点に気付き，問題を見いだす力」など，科学的に解決するための資質や能力につながるという構図である。

エネルギー概念は，小・中・高等学校の物理分野を貫く重要な概念の一つだが，このエネルギーという全体を俯瞰する，より大きな枠組み，すなわち概念による個々の物理現象の説明，また理解が求められている。

（2）エネルギー領域での学習のねらい

省エネをはじめ，現代人にとってエネルギーほど広く知れわたった用語はない。それほど人口に膾炙した用語であり，また概念だということができる。しかし，あらたまって「エネルギーとは何か」と問われると，どう答えればよいのだろうか。「石油だ，風力だ，原子力だ」という個々の，いわばエネルギー資源としての「もの」を指すのではなく，「エネルギーとは〇〇だ」という受け答えができる人は少ないのではないだろうか。

このエネルギーとは何かという問いに対しては，エネルギー概念の定着にとって，その到達点ともいえる中学校第3学年の「仕事とエネルギー」では次のように説明している（検定教科書）。

　　　「外部に対して仕事をすることができる状態にある物体はエネルギーを
　　　持っているという」
　　　「物体がもつエネルギーの量は，他の物体に対してなした仕事の量で測
　　　る」

この「他に対して仕事ができる能力」としてのエネルギーという観点から，一見，異なった物理現象や事象を捉えようとしたとき，そこには共通の考えがみえてくる。

このエネルギー（仕事ができる状態）という大きな枠組みで，学習指導要領の第3学年「風とゴムの力の働き」についてみてみよう。

> 風とゴムの力の働きについて，力と物の動く様子に着目して，それらを比較しながら調べる活動を通して，次の事項を身に付けることができるよう指導する。

> (ア)　風の力は，物を動かすことができること。また風の力の大きさを変えると，物が動く様子も変わること。
> (イ)　ゴムの力は，物を動かすことができること。またゴムの力の大きさを変えると，物が動く様子も変わること。
>
> （下線：筆者，以下同）

　児童にとって風とゴムとはまったく異質なものでしかないが，しかし「(ア)風の力は，物を動かすことができる」，また「(イ)ゴムの力は，物を動かすことができる」。このように風がふけば，またゴムを伸ばせば（縮めれば），ともに物を動かすという「仕事ができる状態にある」ということでは共通しており，ともにエネルギー資源だということができる。

　風，ゴムという一見異なった素材をともに「仕事ができるもの」という大きな枠組み（視点）で捉えることで，

　　〔風のした仕事〕　＝〔**風の力**〕　×〔物が動いた距離〕

　　〔ゴムのした仕事〕＝〔**ゴムの力**〕×〔物が動いた距離〕

という仕事の定義から，なぜ風やゴムの力に着目させるのかという意図がみえてくる。さらに，ここでの物の動く様子とは，動く速さや動き方ではなく，動く距離なのだという指導の核心もまた得られる。このように，エネルギー領域では，理科の見方として，物理的な事象を量的・関係的な視点で捉えることができ，粒子領域での「質的・実体的な視点」，生命領域での「多様性と共通性の視点」，さらには地球領域の「時間的・空間的な視点」と相まって，他教科にはない理科に特有な視点をなしている。

［2］　各単元を事例として

（1）電流の働き【第4学年単元】

　電流の働きは第4学年でのエネルギーの変換と保存に位置する単元である（表6-1参照）。電流が流れる道筋である電気回路については第3学年での「電気の通り道」で学習しており，とくに電気回路に関わっては2017年版学習指導要領に，

> イ　乾電池と豆電球などのつなぎ方と乾電池につないだ物の様子について追究する
> 　　中で，差異点や共通点を基に，電気の回路について問題を見いだし，表現すること。

とある。この既習事項の上に，第4学年では，電気の流れを「電流」と定義し，

> 電流の働きについて，電流の大きさや向きと乾電池につないだ物の様子に着目し
> て，それらを関係付けて調べる活動を通して…（中略）…指導する。

として，

> ㈦　乾電池の数やつなぎ方を変えると，電流の大きさや向きが変わり，豆電球の
> 　　明るさやモーターの回り方が変わること。

さらに，

> イ　電流の働きについて追究する中で，既習の内容や生活体験を基に，電流の大き
> 　　さや向きと乾電池につないだ物の様子との関係について，根拠のある予想や仮説
> 　　を発想し，表現すること。

とある。

　このように，電流の大きさや向きを電流の働きによる豆電球の明るさやモーターの回転の速さ，また回転の向きと関連づけて扱うことになる。

　なお，電流の大きさについては，その定量的な扱い，すなわち電流計の読み方をとおしての単位（〔A〕アンペア）の導入や，また単位時間当たりに導線の

表 6-2　電流の働き（小・中・高等学校の系統性）

小 学 校	中 学 校	高 等 学 校
第4学年（電流の働き）	［回路（電流・電圧・抵抗）］	［電流］
・乾電池の数とつなぎ方 ・電流の大きさや向き	・直列，並列回路の電流と電圧 ・電流・電圧と抵抗（規則制「オームの法則」の発見） ・回路全体の抵抗（直列・並列）	・電流と電気抵抗 ・オームの法則の運用 ・抵抗率（導体，半導体，不導体，温度による変化） ・直流回路（直列・並列）
ものづくり 乾電池を利用したものづくり		・抵抗率の立式

出典：筆者作成。

断面を通過する電気量（〔C/s〕
クーロン毎秒）とする電流につ
いての実質的な意味については，
中学校第2学年，また高等学校
物理で学習する（表6-2）。

```
┌─────────────────────────────────────────┐
│  豆電球の明るさ  ⟷  電流の大きさ          │
│        乾電池のつなぎ方                    │
│  モーターのまわる向き  ⟷  電流の向き      │
└─────────────────────────────────────────┘
```

図6-1　電流の大きさと向き

出典：筆者作成。

○電流の大きさと向きの扱いについて

　電流の大きさについては，回路に電流計を設置し，そのときの値を読めば数値
としての大きさはわかる。しかし，その数値が電流の働きとしての，たとえば豆
電球の明るさやモーターの回転数と，さらにいえば乾電池の数やつなぎ方とどう
関係しているのかは児童には伝わらない。2017年版学習指導要領の「関係付けて
調べる，活動を通して身に付ける」とは，豆電球の明るさやモーターの回り方とい
う目に見える現象をとおして，豆電球やモーターを流れる電流の大きさを予想し，
その電流を流す働きとしての乾電池に思いを馳せようとするものである（図6-1）。

　乾電池があっても，電流が流れる道筋が正しく結ばれていなければ豆電球は
点灯しない。これは第3学年で確認したことである。このことから，乾電池に
よって電流が導線に送り込まれ，導線の中を流れた電流によって豆電球が光っ
たという理解を期待したい。

　乾電池の向きを変えるとモーターの回り方が変わる。ともに目に見える変化
ではあるが，しかし，乾電池がモーターの回り方を変えたのではなく，電流の
流れる向きが変わったからこそモーターの回り方に違いが生じたのだという，
電流の働き（向きの変化）に着目させることが大切である。この理解がないと
次のような課題には答えられない。

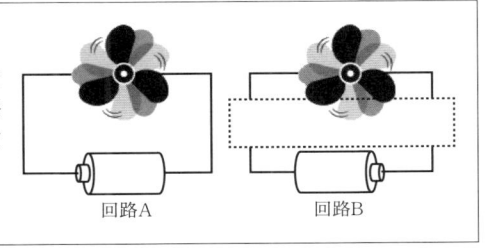

課題　回路Bのように乾電池の向きを
逆にしたのに，モーターの回り方は回路
Aと変わりませんでした。Bの回路はど
のようになっていると考えられますか。

回路A　　　　　回路B

○乾電池のつなぎ方から期待すること

　小学校では電圧という用語こそ扱わないが，乾電池の働きとしての「電気の エネルギーをつくり出し，豆電球やモーターに供給するところ」というイメー ジを定着させたい。

　では，この電気のエネルギーはどのようにして豆電球やモーターに運ばれる のだろうか。ここで，登場するのが乾電池の接続についての扱いである。図 6-2は，乾電池2個を豆電球に接続したときの豆電球の明るさの違いを表し ている。流れる電流が大きいほど豆電球は明るくなるという理解から，電流を 多く流す電池のつなぎ方を探る活動をとおして，児童には，

- 乾電池の直列接続は，豆電球に多くの電流を供給するつなぎ方であること
- 乾電池の並列接続は，豆電球に供給する電流は乾電池1個と同じつなぎ方 であること

という「乾電池の働き」を実感させたい。乾電池が2個直列の場合，1個の場 合の何倍明るいかという定量的な扱いは必要ないが，児童の求めに応じては， たとえば照度計を用いて豆電球の明るさの比較から予想させてもよい。

　さらに，図6-3のように一見並列接続に見える電池の配置を与えておき， 2個の直列接続と同じ豆電球の明るさになるつなぎ方を問うことで，

　　　豆電球の明るさ2倍→流れる電流2倍→流す働きが2倍になる接続

　　　→枝分かれしない接続

という児童なりの根拠のある考え方を引き出すことも可能になる。

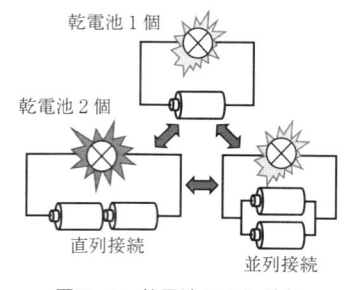 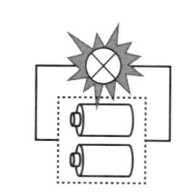

図6-2　乾電池のつなぎ方
出典：筆者作成。

図6-3　枝分かれしない配置
出典：筆者作成。

（2）電流がつくる磁力【第5学年単元】

　第5学年の学習単元である電流がつくる磁力については，2017年版学習指導要領には，

> 　電流がつくる磁力について，電流の大きさや向き，コイルの巻数などに着目して，それらの条件を制御しながら調べる活動を通して，次の事項を身に付けることができるよう指導する。

として，次の2点があげられている。

> ㊀　電流の流れているコイルは，鉄心を磁化する働きがあり，電流の向きが変わると，電磁石の極も変わること。
> ㊁　電磁石の強さは，電流の大きさや導線の巻数によって変わること。

　さらに，この単元の学習を通して，

> イ　電流がつくる磁力について追究する中で，電流がつくる磁力の強さに関係する条件についての予想や仮説を基に，解決の方法を発想し，表現すること。

とある。このように，電流がつくる磁力の大きさを左右する諸条件についての考察を加えながらも，学んだことを活かす場面の設定が求められている。

表6-3　電流がつくる磁力（小・中・高等学校の系統性）

小 学 校	中 学 校	高等学校
第5学年（電流がつくる磁力）	［電流と磁界］	［電流と磁界］
・鉄心の磁化，極の変化 ・電磁石の強さ 　（発電：第6学年）	・電流がつくる磁界 ・磁界中の電流が受ける力 ・電磁誘導と発電（交流を含む）	・電流による磁界 ・電流が磁界から受ける力 　（モーターの仕組み） ・電磁誘導（発電機） ・交流と電磁波
ものづくり モーターやクレーンなど	・交流	・変圧器 ・電力輸送 ・直流と交流の関係（実効値）

　出典：筆者作成。

　なお，電流がつくる磁力は電流の磁気作用として，コイルが磁界から受ける磁力とともにモーターの原理として中・高等学校の学習につながる。さらに，発電については，小学校第6学年の「電気の利用」でも触れるが，その基礎である電磁誘導を電流の磁気作用の反作用として位置づけることで，小・中・高等学校の系統性はさらに明確なものとなる。なお，磁界の変化による電流の発生の原理でもある電磁誘導は，中・高等学校では重要なテーマの一つとなっている（表6-3）。

○電磁石としてのコイルの指導

　電流が流れている導線のまわりには磁界が生まれ，磁針等に磁力を及ぼす状態になっている。導線としては小学校ではコイルしか扱わないが，中・高等学校では直線電流や円電流，そしてソレノイド（円筒状に導線を巻いたコイル）に流れる電流が及ぼす磁力について学ぶ。

　鉄心を入れたソレノイドを用いた実験は，電磁石の性質や特徴を印象づけるものとして小学校ではとくに大切に扱われている。これら3つの導線については，

直線→（まるめると）→円形→（束ねると）→ソレノイド（コイル）

という関係が成り立ち，順を追うことでさらにイメージしやすくなる。図6-4のように，導線をまるめ，束ねコイル状にすることで，より多くの磁力線を集めるという効果がある。

　コイルに電流を流したとき，棒磁石に似た磁界が生まれ，周囲に磁力を及ぼす電磁石になる。その磁力の大きさに影響を与える要因としては，

　①コイルに流す電流の大きさ

　②導線の巻数（単位長さ当たりの巻数）

　③鉄心の有無（鉄心の太さ）

の3点があげられる。このほかには，たとえば使用する導線の太さも考えられるが，太い導線ほどより多くの電流が流れることから①に含めてもよい。

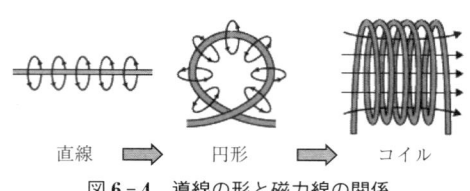

直線　　　円形　　　コイル

図6-4　導線の形と磁力線の関係

出典：筆者作成。

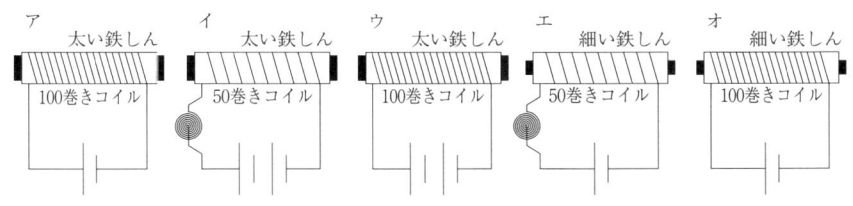

図6-5　鉄心・巻数とコイルの磁力

出典：大宮開成中学校入試問題（2015年度）より筆者改変。

　鉄心の有無については，鉄以外の物質，たとえば木製やプラスチック製の棒と比較させ，物質には磁石になりやすいもの（強磁性体）とそうでないものがあることなどを体験させるとよい。鉄心を用いることで，コイル自身の磁力と磁化された鉄の磁力とが合わさってより強い磁力を生むことになる。

　コイルの磁力を高める要因を探る実験では，とくに大切な理科の考え方（科学的方法）として条件制御がある。これは本単元にかかわらず，第5学年の単元をとおして身に付けさせたい考え方である。

　たとえば，図6-5のア〜オの5つのコイルで，導線の巻数の違いが磁力に影響を与えることを調べるには，どの2つを比較すればよいだろうか。

　イとエが巻数50，それ以外が100であるが，ここで大切なことは，巻数以外の条件「流す電流の大きさ，鉄心の太さ」を揃えておかなければならない。着目している要因のみを変えて実験してこそ，その要因の影響が明らかになる。ここでは，

　①電流の大きさ（乾電池の数）が同じ

　②鉄心の条件（太さ）が同じ

　この2つに着目することで，イとウか，またはエとオのペアを比べればよいことがわかる。なお，導線自体にも抵抗があることを考えると，導線の長さも揃えておく必要がある点に注意したい。

　電流の流れる向きを変えることで電磁石の極が変わるが，これは第4学年で扱う電流の働きと関係づけることができる。

図6-6　クリップモーターカー
出典：筆者作成。

図6-7　クリップモーターカーの綱引き
出典：筆者作成。

○深い学びを促す活用の場の提供

　図6-6は作製したコイルを車に搭載して走るようにしたクリップモーターカーである。クリップモーターについては，本単元の活用課題（ものづくり）として多くの教科書にも取り上げられている。車が走るには，「より軽量に」，また「より回転数を上げるためには」と，児童は解決の方法を探り始める。作製した2台のクリップモーターカーの綱引き（図6-7）では，コイルの巻数，磁石の強さ，流す電流の大きさなど学習したことを総動員して理想のタイプを追究することになる。

　流す電流の大きさ，コイルの巻数，そして鉄心の有無など，児童にとってはいわば個別な事象である。しかし，学んだことを活かす場面の設定により，これら個々の事象が，車の推進力アップという児童にとっては解決すべき課題のための重要な要因として再認識され，追究されることになる。

（3）てこの規則性の位置づけ【第6学年単元】

　第6学年での学習単元である「てこの規則性」は，第5学年で学ぶ振り子の運動と同じくエネルギーの捉え方に属する単元であり，中学校や高等学校で学習する「仕事とエネルギー」の基礎として位置づけることができる。

　2017年版学習指導要領には，

> 　てこの規則性について，力を加える位置や力の大きさに着目して，てこの働きを多面的に調べる活動を通して，次の事項を身に付けることができるよう指導する。

として，次の2点をあげている。

> ㈦　力を加える位置や力の大きさを変えると，てこを傾ける働きが変わり，てこ
> がつり合うときにはそれらの間に規則性があること。
> ㈦　身の回りには，てこの規則性を利用した道具があること。

　さらに，この単元の学習をとおして，

> イ　てこの規則性について追究する中で，力を加える位置や力の大きさとてこの働
> きとの関係について，より妥当な考えをつくりだし，表現すること。

とある。このように，てこの働きとの関わりをとおして「力を加える位置」と
「加える力の大きさ」の量的な関係について追究させることをねらいとしている。
　なお，小学校で扱う力学分野については，振り子の運動とてこの規則性の2
つだが，中・高等学校では，これらが基礎となり，
【静力学】
　てこの規則性→（中）仕事とエネルギー，力と圧力→（高）仕事とエネル
ギー，様々な力とその働き（剛体のつり合い，回転運動）
【力と運動】
　振り子の運動→（中）運動の規則性→（高）運動の表し方・運動の法則
と展開していく。小学校では，振り子やてこという具体的・個別的事例をとお
して，速さや力などをこれらに付随した性質として扱う。個々の事例から離れ，
力や速度，力学的エネルギーなどを概念として扱う中・高等学校との指導の違
いについて確認しておきたい。
〇てこの働きを多面的に調べる活動
　てこは重い物体をできるだけ小さな力で持ち上げる装置で，アルキメデスが
その原理を詳しく調べた。
　図6-8では，点Aを作用点，点Bを力点，そして点Cを支点と呼んでいる
が，てこには必ず，このてこを特徴づける3つの点が存在する。図6-8は支
点が作用点と力点の間にあるタイプ（第1種のてこと呼ぶ）で，いわばてこの基

図6-8　第1種のてこ
出典：ガンダーセン，2003。

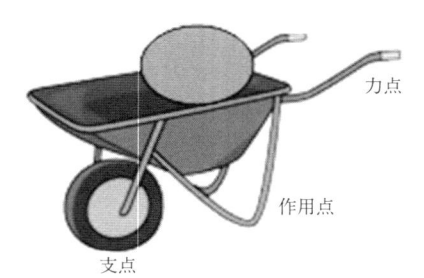

力点

作用点

支点

図6-9　第2種のてこ
出典：筆者作成。

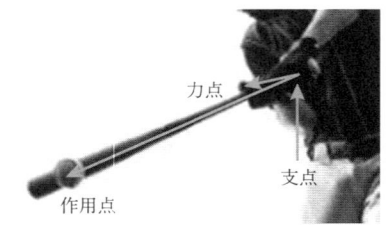

力点

支点

作用点

図6-10　第3種のてこ
出典：筆者作成。

本形だといえる。シーソーやはさみをはじめ児童にとっても馴染みやすいてこは，この第1種のてこである。

　これに対し，力点と作用点が支点と同じ側にある（支点と力点の間に作用点がくる）タイプのてこを第2種のてこと呼んでいる（図6-9）。このタイプのてこには，たとえば栓抜きや一輪車がある。第3種のてこの例としてはバットや釣り竿があるが，このときの力点，作用点，支点の並び方はどのようになっているのだろう。図6-10はバットでボールを打つ様子を表しているが，作用点はボールが当たっているところ，支点はバットの基部で，力点である手は支点に非常に近いところにある。支点と力点の距離は，支点と作用点の距離よりも短いから，このとき手は力の大きさでは得をしていないことになる。このように第3種のてこは，第1種や第2種のてこのように小さな力で大きな仕事をするというてこ本来のあり方に反している。「では一体バットの特徴とは何だろう」と問いかけることにより，第3種のてこは十分発展的な課題となりうるものである。

　バットでボールを打つ秘密は「運動量と力積（高等学校物理）」で扱うことになる。確かに，手は力の大きさでは得をしていないが，作用点（バットの先端）の回転のスピードは力点のそれよりも速い。このバットの先端の速い回転（速い速度）がボールを遠くまで飛ばす秘訣であり，ここには静力学としてのてこ

の学びから，力と運動というより広い世界
へと児童をさそう魅力がある。

○てこの指導上の留意点（量的な関係性を求めて）

　てこを用いて「物を動かす働き（力の
モーメント）」を決める要因には，「力点に
加える力の大きさ」と「力点から支点まで
の距離」の2つがある。このとき，この2
つの要因を闇雲に動かしてしまっては規則
性などみつけられない。たとえば図6−11
のようなてこ実験器を用いた実験では，次
の①②の場合がある。

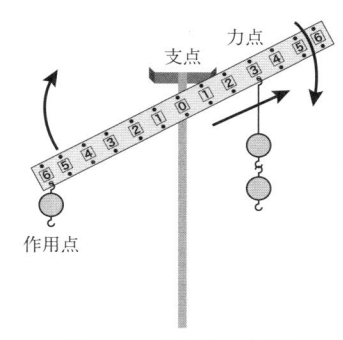

図6−11　物を動かす働き
出典：筆者作成。

　①おもりの数を一定（たとえば2個）にして，支点から力点までの距離と物
　　を動かす働きの関係を探る。

　②支点から力点までの距離を一定（たとえば支点から3目盛り）にして，おも
　　りの数と物を動かす働きとの関係を探る。

　てこの規則性では，この条件制御をもとに，より妥当な考えをつくり出せる
ような指導が要になる。この①，②による実験をとおして，たとえば，

　　腕の左：位置（6目盛），おもりの数（1）に対して，

　　　腕の右：位置（1目盛），おもりの数（6）
　　　腕の右：位置（2目盛），おもりの数（3）
　　　腕の右：位置（3目盛），おもりの数（2）
　　　腕の右：位置（6目盛），おもりの数（1）

という4つの場合が対等に寄与していることが確かめられれば，物（腕の左の
おもり）を動かす働きとして，腕の右にある「おもりの数（力）」と「そのおも
りの支点からの距離」とが対等な関係になっていることを見出すことができる。

　　腕の右：位置（2目盛），おもりの数（2）や

　　腕の右：位置（2目盛），おもりの数（4）

では腕の左のおもりは下へ下がってしまったり（仕事が足りない），また上へ上

おもりの位置

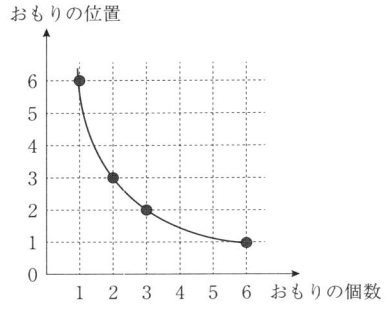

図 6 - 12　規則性の可視化としてのグラフ
　　　出典：筆者作成。

がってしまったり（余計な仕事をした）する。この試行錯誤をとおして，腕の左にあるおもり 1 個を持ち上げるための右の腕のおもりの数と支点からの距離の「閾値（ぎりぎりの値）」が求まることになる。この閾値のところで，実は支点の左右のおもりの働きがつり合い，そこでは「つり合いの式」で表される規則性が成り立つ（エネルギーの視点でのてこのつり合いの式の導出については第13章参照）。

　さらに，おもりの位置とその個数という個々のデータから，その背後に潜む規則性を見出す方法として「規則性の可視化」であるグラフ化がある（図 6 - 12）。

○シーソーはてこの原体験

　シーソー遊びで，体重の重い上級生を軽い下級生が持ち上げるには，2 人はシーソーのどこに座ればよいかを子どもたちは経験的に知っている。楽しい遊びをとおしての気づきが，てこの規則性の学習の原体験になっている。

引用文献

ガンダーセン，P.E. 著，山下芳樹監訳（2003）『Q & A でわかる物理科学①（運動とエネルギー）』丸善。
文部科学省（2017）「小学校学習指導要領解説理科編」。

（学習の課題）

　電気や磁気の学習は，第3学年から始まり第4学年では電流の働き，第5学年では電流がつくる磁力，そして第6学年の電気の利用へと続く。さらに中学校第2学年でも学習する。次の指摘に対して，あなたは賛成か反対か。また，そう考える理由を説明してみよう。
　「電気や磁石の学習は，現在，小学校3年生〜6年生にわたって扱われている。いっそ，6年生のある時期や中学校で集中的に教えた方が能率的で，児童も学びやすいように思う。」

【さらに学びたい人のための図書】

山下芳樹監修・編著（2016）『理科の先生になるための，理科の先生であるための「物理の学び」徹底理解　力学・熱力学・波動編』ミネルヴァ書房。
　　⇨教員採用試験問題を例題にエネルギー編（物理分野）のポイントが解説されている。物理の体系を学ぶにはコンパクトな参考書である。

左巻健男・山下芳樹・石渡正志編（2018）『授業をつくる！最新小学校理科教育法』学文社。
　　⇨2017年版学習指導要領に準拠した授業づくりに徹した参考書。見開き2頁でねらいから評価に至るまでまとめられている。

ガンダーセン，P.E. 著，山下芳樹監訳（2013）『Ｑ＆Ａでわかる物理科学①（運動とエネルギー）』丸善。
　　⇨エネルギー領域の話題づくりに適した項目が多く含まれたＱ＆Ａ形式のコンパクトな資料集である。

山下芳樹（2018）『すべての答えは小学校理科にある　電気・磁気編』電気書院。
　　⇨小学校から中・高等学校への系統性を具体的に示し，その基礎が小学校理科にあることを例題を用いて具体的に示した参考書。授業づくりに役立つ一冊である。

（山下芳樹）

■ コラム3 ■

電磁石の授業例

　第5学年単元である電磁石を扱う単元の授業例を紹介する。

[単元名]　「電磁石のはたらき」（全14時間）

[単元目標]　電磁石の導線に電流を流して，電磁石の強さの変化をその要因と関係づけながら調べ，電流のはたらきについての考えをもつことができるようにするとともに，見出した問題を追究したり，ものづくりをしたりする活動をとおして，電流のはたらきを計画的に追究する能力を育てる。

[1時間目　導入「モーター」はなぜ回る？【課題づくり】]

　本単元の初めの時間である。子どもたちにこの単元へ最大限の興味関心をもたせるための教材を提示したい。そこで，「クリップモーターカー」を実際に走らせ，自分たちもつくってみたいという意欲を高めたい。さらに，「モーターカーレースを開催しよう」という単元を貫く課題を提示する。そのことで，「モーターの回る仕組みを調べたい」や「もっと強いモーターをつくるためにはどうしたらいいのだろう（最初に，わざとゆっくりと走るモーターカーを見せることで，意欲が高まる）」と，子どもたちからこの単元における課題が自然と出てくる。その上で，「モーターの回る仕組みを調べよう」と問いかける。実際にモーターの中を見た児童は少ないものと思われる。そのため，児童からは「電流の流れでモーターの中にあるものが回っているのではないか」といった，水車が水の流れによって回っているようにイメージした発言なども聞かれる。そこで，モーターを分解させ，中の様子を確認させる。そして，電磁石こそ，モーターが回るポイントになることに気づかせ，電磁石についての追究活動を始めるようにする。

[2時間目　導線のまわりにできる磁界]

　導線に電流を流すと，導線のまわりに磁界ができることを，方位磁針を使って確認させる。このとき，コイルの中にクリップが吸い込まれる様子を演示実験で見せることで，1本の導線では弱い磁力も束にすると強力になることや，コイル自体が磁力を帯びることが視覚的に認識されることになる。

[3時間目　磁石と電磁石をくらべてみると…]

　電磁石を用いて，磁石と電磁石の共通点，差異点をみつける。共通点としては，「磁石にも電磁石にもN極とS極があること」。差異点としては，「電磁石は，電流を流したときだけ磁力を帯びる」や「電流の向きを変えると，電磁石はN極とS極

が入れかわること」が出てくる。

| 4・5時間目　モーターをつくってみよう |

　0.4mm の導線を用いて，10回巻きのコイルを作製し，クリップモーターをつくってみる。自分のつくったコイルが回る瞬間は，驚きと喜びが溢れるだろう。しかし，ここで大切なのは，「自分のつくったモーターでモーターカーが動くだろうか」と問いかけることである。これにより，1時間目に見たモーターカーの動きが改めて想起され，「もっと強い力をもったモーターに改良したい」という意欲が強くなる。そのために，「電流を強くすると強くなるのではないか」「巻き数を増やすと強くなるのではないか」「導線を太くすると強くなるのではないか」といった課題が出てくる（表1）。

| 6時間目　電流を強くすると電磁石は強くなるのだろうか |

　モーターの強さを確かめるために，ここでは電磁石を用いる。子どもたちは，4年生の学習をとおして，電流を強くすると，電磁石が鉄を引きつける力は強くなることはイメージとしてもちやすい。そこで，まず，乾電池1個と2個で，電磁石につくクリップの数の違いを比較する実験を行い，実験結果をクラスで共有するようにする。すると，「乾電池の数を増やす（電流を強くする）と，電磁石が鉄を引きつける力は強くなる」こととともに，電流の強さと電磁石の強さには比例の関係があることに気づく。そこで，教師の演示実験として，乾電池3個分，4個分，5個分も実験をしてみるとよい。このことにより，実験結果をより深く考察することにつながる。

表1　条件制御の分類

条件 実験すること	変える条件	同じにする条件
電流の強さ	電流の強さ	コイルの巻き数 コイルの巻き幅 導線の太さ・長さ
コイルの巻き数	コイルの巻き数	電流の強さ 導線の太さ・長さ コイルの巻き幅
導線の太さ	導線の太さ	電流の強さ 導線の長さ コイルの巻き数・巻き幅

| 7・8時間目　巻き数を増やすと電磁石は強くなるのだろうか |

　6時間目と同様，条件制御をしながらの実験活動を行う。ここでも，子どもたちは，巻き数を増やすと電磁石が鉄を引きつける力は強くなることはイメージしやすい。そこで，100回巻きと200回巻きの実験を行った後，結果をクラスで共有するようにする（表2）。前時での活動により，さらに巻き数を増やしたときの結果も調べてみたいという意欲も湧いてくる。そして，調べてみると，巻き数を増やしたときは，ある程度まで増やすと，電磁石の鉄を引きつける力は強くならないことに驚く。そこ

に，電流を強くしたときと巻き数を増やしたときでは，電磁石の力が強くなることに違いがあることに気づくことができるようになる。

表2　巻き数を変えたときの電磁石の強さの変化

	実験結果			
	1回目(個)	2回目(個)	3回目(個)	平均(個)
100回巻き	7.0	7.0	9.0	7.7
200回巻き	14.0	15.0	20.0	16.3

9時間目　導線を太くすると電磁石は強くなるのだろうか

2017年版小学校学習指導要領では，「電磁石の強さは，電流の大きさや導線の巻数によって変わること」となっており，電磁石の強さが変わる要因として「電流の強さ」と「導線の巻数」の2点を押さえるようになっているが，児童の意識とすれば，「導線の太さ」が変わると視覚的にも変わるので，当然，電磁石の強さが変わると考える。そこで，3種類（0.4mm，0.8mm，1.2mm）の導線を用いて，電磁石をつくり，その強さの比較をしてみる。いままでの実験と同様に，条件制御をしっかりとできるようにしたい。

10〜12時間目　モーターカーをつくろう

いままでの学習で得たことをもとに，グループごとにモーターカーの作製を行う。実験活動では条件制御をした結果だけであるが，複数の条件を組み合わせてみてのモーターの強さについても調べてみたくなることも考えられる（例：「100回巻きで乾電池2個のときと，200回巻きで乾電池1個のときのモーターの強さの違いについて」）。グループで役割分担をして，よりよいモーターカーづくりに取り組めるようにしたい。また，各グループでの情報は，クラス全体で共有できるようにもしたい。そうすることで，必要な人が，必要なときに必要な情報を得られるようになり，クラス全体で活動に向かう雰囲気につながる。

また，「スピードレース」を想定したときと，綱引きのような「パワーレース」を想定したときでは，モーターカーの工夫の仕方も変わってくる。教師が場の設定の仕方を吟味することで，より深く，児童がモーターカーに関わろうとする意欲づけができる。

13時間　モーターカーレースを開催しよう

14時間　まとめ

私たちの生活においても、電気自動車は身近な存在になりつつある。今回の学習を生かして、「よりよい電気自動車にするために」といったテーマに沿ったまとめをさせてみるとよい。実験で得たデータをもとに、自分の考え方をまとめられるようにしていきたい。

（上野　良）

■ コラム4 ■

磁石の授業例

　第3学年単元である磁石を使った授業例を紹介する。

単元名　「磁石の性質」（全8時間）

単元目標　磁石に付く物や磁石の働きを調べ，磁石の性質について考えをもつこ
　　　　　とができるようにする。

---

① 　教室にあるもので磁石に付くものを予想して箇条書きします。

② 　書いたものが本当に磁石に付くか確かめてきます。

　　磁石をもって，教室内のものが付くかどうか確かめに行く。

　　磁石に付くものは○，付かないものは×をノートに書かせる。

③ 　磁石に付いたものを発表します。

　　黒板，扇風機，机の脚，椅子の脚，鍵など，様々なものが出る。

④ 　磁石に付いたもので共通することは何ですか。

　　硬い，金属，鉄など

⑤ 　スプーンは磁石に付きますか。

　　木のスプーンやプラスチックのスプーンを出す。材質に注目させる。

⑥ 　ほかにも磁石に付くか，いろいろ調べてみましょう。

　　アルミ缶，スチール缶，金紙，銀紙，アルミホイル，釘（鉄・木），ク
　　リップ（鉄・プラスチック），ハサミ（持ち手の部分）など

⑦ 　磁石に「鉄」に付く性質があります。

⑧ 　お金に磁石に付くか予想します。

　　1円，5円，10円，50円，100円，500円とノートに書かせ，○×を書かせ
　　て予想させる。結果は全部付かない。しかし昭和30年代発行のニッケル50
　　円は磁石に付く。もし用意できるなら用意したい。

⑨ 　お札（千円札，一万円札）は付きますか。

　　ネオジム磁石を使うと，お札のインクの部分が引き合う。インクに鉄が含
　　まれているためである。

⑩ 　ネオジム磁石は日本人が発明しました。

　　ネオジム磁石はゲーム機や携帯電話，電車などでも使われています。私た
　　ちの身近にも磁石はたくさん使われているのですね。

　実際に教室で授業した際の流れを細かく紹介する。

| ①　教室にあるもので磁石に付くものを予想して箇条書きします。 |

| ②　書いたものが本当に磁石に付くか確かめてきます。 |

　子どもは磁石に付くようなものを教室で探す。生活体験から黒板に付くとすぐに答えが出る。ほかには，硬いもの，金属に付くと予想する子が多い。いざ，確かめに行くとき，子どもたちにはフェライト磁石をわたす。必ず1人1つ持たせる。ノートに書いたものが本当に付くのかどうか気になっている子どもたち，たくさんの発見をしてくれる。ぜひ，たっぷり時間をとってほしい。

| ③　磁石に付いたものを発表します。 |

| ④　磁石に付いたもので共通することは何ですか。 |

　活動が終わったら，一度磁石は回収するか，もとの位置に置かせる。手遊びを防ぐためだ。磁石に付くものを発表させ，板書する。付くかどうかあやしいものは実際に教師がやってみるとよい。磁石に付くものを見ると，共通性が見えてくる。硬いもの，金属，冷たいもの，と様々な意見が出る。ここで子どもたちの思考を刺激したい。「金属と言ったけど，教室のフックに磁石は付かないよ」といった揺さぶりをかけると子どもたちはより悩む。

| ⑤　スプーンは磁石に付きますか。 |

| ⑥　ほかにも磁石に付くか，いろいろ調べてみましょう。 |

　次に，教師からものを提示する。スプーンがよい例になる。「スプーンは磁石に付きますか」と聞くと「付く！」と子どもたちから力強く返ってくる。そこで，木のスプーンを出す。子どもたちから「それは付かない」と必死で伝えてくる。ほかに，プラスチックのスプーン，陶器のスプーン，鉄に見えるけれど磁石に付かないスプーン，磁石に付くスプーンなどいろいろと用意してほしい。ここで，物質で磁石に付く・付かないが決まるのではなく，材質によることを押さえたい。ほかにも釘やクリップ，アルミ缶，スチール缶なども用意したい。

| ⑦　磁石は「鉄」に付く性質があります。 |

　「鉄」という言葉はしっかり押さえる。児童にも復唱させる。

　ほかにも，「コバルト」「ニッケル」も紹介程度に扱ってもよい。

　鉄は磁石に付くということを知識としてしっかり押さえないといけない。

| ⑧　お金は磁石に付くか予想します。 |

| ⑨　お札は付きますか。 |

　子どもたちが実験したいと思う課題を与えたい。硬貨は磁石に付くかどうかを問う。鉄は磁石に付くとわかっているので，子どもたちは鉄かどうかを考える。なか

には，「1円玉はアルミニウムだから付かないと思う」「100円玉の色は鉄と一緒だから付く」といった声が聞こえる。結果はどれも付かない。鉄はどれも入っていない。ニッケルが入っているものもあるが，反応するほど含まれていない。しかし，昭和30〜41年発行の50円玉はニッケル100%なので，磁石に付く。インターネットで購入するのもよい。次に，お札は磁石に付くかどうかを問う。教師の財布からお札を出すとより盛り上がる。演出の仕方も大事にしたい。

　硬貨が磁石に付かないため，お札はもちろん付かないと児童は予想する。

　ここでネオジム磁石を出す。100円均一でも売っている。千円札（野口英世）なら髪の毛，一万円札（福沢諭吉）なら襟の所が付きやすい（インクが濃いため）。軽く半分に折ったお札を机に置き，ネオジム磁石をゆっくり近づけると引き付けられる様子がよくわかる。お金を使うので，この実験は教師の演示にする。

⑩　ネオジム磁石は日本人が発明しました。

　ネオジム磁石は佐川眞人らによって発明された。この磁石が現在の私たちの生活を支えてくれていることにふれたい。学校で学んでいることが，自分の生活と密接に関係していることに気づかせたい。電車や携帯電話，電子レンジ，IHクッキングヒーター，パソコン，車など，発展的な学習で磁石が使われているものを調べ，学習にしても面白い。子どもたちの身近にあるものを探究課題にすることで，子どもたちの興味はより引き出されていくと感じる。

　主体的な学びが現場では叫ばれている。主体的な学びには2つの条件があると感じる。①ものがあること，②予想を覆すような発問であること。

　ものにふれることで興味をもち，理解が深まる。予想が外れると，どうしてだろうと必死で考える。毎授業，たくさんの時間をかけて用意するのは大変だ。

　まずは，どれか一つ，研究する単元をつくってみるのがお勧めだ。

（大野敦雄）

第7章 深い学びをさそう授業づくり（粒子編）

この章で学ぶこと

本章では，理科の4つの領域のうち，「粒子」を柱とする領域（以下，「粒子領域」）に焦点を当てて，深い学びをさそう理科授業づくりについて概説する。具体的には，まず，粒子領域における見方・考え方と内容構成について，主に「小学校学習指導要領解説理科編」に依拠して総論的に述べる。次に，第3学年から第6学年理科の粒子領域の実践事例を示し，理科の見方・考え方を働かせた授業や思考力・判断力・表現力等を育成する指導のポイント等について解説する。最後に，実験活動に対する安全指導についても概説する。

1 　粒子領域の「見方・考え方」と内容構成

2017（平成29）年版小学校学習指導要領の特徴は，各教科で育成する資質・能力を整理している点にある。そして，理科における資質・能力の育成にとって重要な役割を果たすのが「理科の見方・考え方」である。本節では粒子領域における見方・考え方について，また，学習指導要領で示されている粒子領域の内容構成について概説する。

（1）粒子領域における「見方・考え方」

「粒子」とは，原子や分子，イオンなどの物質を構成する要素の総称である。粒子概念は，物質の性質を理解する上で重要であり，とりわけ化学分野の中心的な概念として位置づけられている。小学校段階では，原子や分子，イオンなどは扱わないので，「物質は小さな粒でできている」など，初歩的な概念を押さえることになる。粒子は目で見て確認することができないため，児童にとっ

てはその存在を理解することが難しい。しかし，ある条件下における観察，実験によって，粒子のふるまいの様子を現象として捉えることができるため，児童が粒子概念を形成できるように，教師として指導の工夫が必要となる。その際，鍵となるのが，2017年版小学校学習指導要領において示された理科の「見方・考え方」である。「見方・考え方」とは，各教科等の特質に応じた「物事を捉える視点や考え方」であり，各教科等を学ぶ本質的な意義や中核をなすものである（文部科学省，2017）。理科学習においては，児童が「理科の見方・考え方」を働かせることで，何らかの視点や考え方に基づいて自然の事物・現象を捉えて問題解決することになる。そして，問題解決の過程の中で，児童自らが問題を見出したり，結果に基づいて妥当な結論を導いたりすることが，深い学びの実現につながるのである。

　粒子領域の「見方」については，自然の事物・現象を主として「質的・実体的な視点」で捉えることがあげられている（文部科学省，2017）。「質的・実体的」とは何だろうか。玉木（2017）は，「質的」を物の性質を構成する要素，「実体的」を物が存在すること（つまり，目に見えないが，そこに存在していること）と捉えている。小学校第 4 学年理科「空気と水の性質」を例にあげると，「質的な視点」は，空気や水の「体積」に着目することである。また，「実体的な視点」は，たとえば，空気をビニール袋に集めて押し縮めたときの「手応え」や，空気や水の入ったシリンジに力を加えたときの「体積変化」を捉える視点と考えることができる。それによって，目には見えないが，確かにそこに存在している実感につながるのである。

　「考え方」は，どのような考え方で思考していくかという「思考の枠組み」であり，資質・能力としての「思考力，判断力，表現力等」とは異なる点に留意する必要がある（片平，2017）。理科学習における「考え方」については，主として第 3 学年が「比較」，第 4 学年が「関係付け」，第 5 学年が「条件制御」，第 6 学年が「多面的に考えること」と整理されている。これらは，粒子領域特有のものではなく，エネルギー・粒子・生命・地球の 4 つの領域に共通する考え方であるが，授業の中で児童自らが粒子概念を形成していくためには重要な

役割を果たすものである。

（2）粒子領域の内容構成

　粒子は，「Ａ　物質とエネルギー」の内容区分において扱われている。粒子概念は，「粒子の存在」「粒子の結合」「粒子の保存性」「粒子のもつエネルギー」の４つに分けて考えられ，学習内容が配置されている。図７-１は小学校理科の粒子領域の内容構成を示したものである。

　小学校理科で扱う粒子領域の学習内容は大きく６つある。第３学年は「物と重さ」（粒子の保存性），第４学年は「空気と水の性質」（粒子の存在）および「金属，水，空気と温度」（粒子のもつエネルギー），第５学年は「物の溶け方」（粒子の保存性），第６学年は「燃焼の仕組み」（粒子の存在・粒子の結合）および「水溶液の性質」（粒子の結合・粒子の保存性）である。これらの内容を段階的かつ継続して学習することで，初歩的な粒子概念の形成を目指している。なお，図７-１では小学校で扱うもののみを示したが，「小学校学習指導要領解説理科編」では，中学校理科の内容も同様に示されている（本書11頁参照）。学習のつ

校種	学年	粒　　子			
		粒子の存在	粒子の結合	粒子の保存性	粒子のもつエネルギー
小学校	第3学年			物と重さ •形と重さ •体積と重さ	
	第4学年	空気と水の性質 •空気の圧縮 •水の圧縮			金属，水，空気と温度 •温度と体積の変化 •温まり方の違い •水の三態変化
	第5学年			物の溶け方（溶けている物の均一性(中1から移行)を含む） •重さの保存 •物が水に溶ける量の限度 •物が水に溶ける量の変化	
	第6学年	燃焼の仕組み •燃焼の仕組み	水溶液の性質 •酸性，アルカリ性，中性 •気体が溶けている水溶液 •金属を変化させる水溶液		

図７-１　小学校理科の粒子領域の内容構成

注：破線は移行項目。
出典：文部科学省，2017，23頁。

ながりを見通して粒子概念の形成を図るように指導することが大切である。

　2　　第3学年の指導の実際「物と重さ」

（1）指導のポイント

> ・児童の素朴概念や体感を生かした授業展開をすること
> ・物の形や体積といった「質的な視点」や重さを「比較する」という「考え方」を
> 働かせて，問題を見出す場面を設定すること

（2）学習指導要領における位置づけ

「物と重さ」の学習は，学習指導要領における次の内容に基づいて設定される。

> 　物の性質について，形や体積に着目して，重さを比較しながら調べる活動を通し
> て，次の事項を身に付けることができるよう指導する。
> ア　次のことを理解するとともに，観察，実験などに関する技能を身に付けること。
> 　(ア)　物は，形が変わっても重さは変わらないこと。
> 　(イ)　物は，体積が同じでも重さは違うことがあること。
> イ　物の形や体積と重さとの関係について追究する中で，差異点や共通点を基に，
> 　物の性質についての問題を見いだし，表現すること。
>
> （文部科学省，2017，31頁）

（3）指導の実際

　ここでは，浜松市立中郡小学校において実践された平教諭の授業を紹介する（平，2012）。単元計画は，表7－1のとおりである。

　物と重さについては，児童の素朴概念や体感を生かした授業展開が考えられる。たとえば，実際には同じ重さであっても，平たいものは軽く，丸めたものは重いなど，物の形が変わると重さが変わるという素朴概念をもつ児童も少なくない。また，児童は重さについて，物を手に持ったときの感覚から「重い」「軽い」と感じるなど，日常経験から体感的に捉えることが多い。

表7-1　単元計画（全8時間）

時	主な学習活動
1	・はかりやてんびんを使って，物の重さを比べる。
2 3 4	・粘土の形を変えると重さが変わるか調べる。 ・アルミニウム箔やキャラメルの形を変えると重さが変わるか調べる。
5 6	・同じ体積で種類の違う物の重さが違うか調べる。
7 8	・「ふりかえろう」「学んだことを生かそう」を行う。 ・資料「じどう車につかわれているプラスチック」について学ぶ。

出典：平，2012をもとに筆者作成。

　そのため，たとえば，第2・3時の学習では，導入において，同じ量だが形の異なる4つの粘土を児童に提示している（図7-2）。4つの粘土は，「A．丸めた粘土」「B．平たい粘土（面積を大きくした場合）」「C．細長い粘土（長さを長くした場合）」「D．細かく分けた粘土（数を増やした場合）」である。児童は実際に手に持って，体感的に4つの粘土の重さ比べをしたり，粘土の形に着目したりすることで，「Aの丸めたものが重いと思う」「数が多いから，Dの細かく分けたものが一番重くなるのではないかな」「同じ量だからどれも重さは変わらないと思う」など，児童の素朴概念や体感に基づいた予想を立てていた。そして，「同じ量の粘土を4つの形にかえたとき，重さはどのようになるだろうか」という問題を児童自らが見出すことができた。

　この展開は，素朴概念や体感をもとにしながら，「粘土の形」といった「質的な視点」に着目し，形の異なる粘土の重さを「比較する」という「考え方」を働かせたものとなっている。このような学習活動によって，物は形が変わっても重さは変わらないことを理解したり，差異点や共通点をもとに，物の重さについての問題を見出し表現したりすることができるようになる。

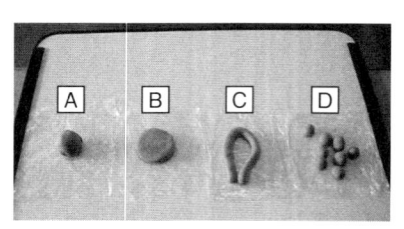

図7-2　児童に提示した形の異なる粘土
出典：平，2012。

3　第 4 学年の指導の実際「金属，水，空気と温度」

（1）指導のポイント

- 金属，水，空気の体積変化や熱の伝わり方といった「質的・実体的な視点」で現象を捉えられるように，児童の考えを描画させ具体的なイメージをもたせること
- 学習した知識と日常生活とを関連づける場面を設定すること

（2）学習指導要領における位置づけ

　「金属，水，空気と温度」の学習は，学習指導要領における次の内容に基づいて設定される。

　金属，水及び空気の性質について，体積や状態の変化，熱の伝わり方に着目して，それらと温度の変化とを関係付けて調べる活動を通して，次の事項を身に付けることができるよう指導する。

ア　次のことを理解するとともに，観察，実験などに関する技能を身に付けること。

　(ア)　金属，水及び空気は，温めたり冷やしたりすると，それらの体積が変わるが，その程度には違いがあること。

　(イ)　金属は熱せられた部分から順に温まるが，水や空気は熱せられた部分が移動して全体が温まること。

　(ウ)　水は，温度によって水蒸気や氷に変わること。また，水が氷になると体積が増えること。

イ　金属，水及び空気の性質について追究する中で，既習の内容や生活経験を基に，金属，水及び空気の温度を変化させたときの体積や状態の変化，熱の伝わり方について，根拠のある予想や仮説を発想し，表現すること。

（文部科学省，2017，48〜49頁）

（3）指導の実際

　ここでは，浜松市立広沢小学校において実践された鈴木教諭の授業，小単元「物の温まり方」を紹介する（鈴木，2016）。単元計画は，表 7 - 2 のとおりである。

表7-2　単元計画（全11時間）

時	主な学習活動
1	• 金属や水及び空気の温まり方を体感し，物の温まり方の問題を見つける。
2 3 4	• 棒や板の金属の温まり方を調べ，金属の温まり方についてまとめる。
5	• 生活の中での金属の温まり方を利用した道具の仕組みについて考える。
6	• 水の温まり方について調べ，まとめる。
7	• 生活の中での水の温まり方を利用した道具の仕組みについて考える。
8 9	• 空気の温まり方について調べ，まとめる。
10	• 生活の中での空気の温まり方を利用した道具の仕組みについて考える。
11	• 家で見つけた「温まり方の不思議」について交流する。

出典：鈴木，2016をもとに筆者作成。

　金属，水，空気の性質の学習では，体積変化と温度変化など，変化の関係について質的・実体的に捉えて，理解できるように指導することが大切である。たとえば，第6時の水の温まり方では，試験管に入れた水を熱したときの温まり方について，「金属のように，熱したところから遠くの方に向かって温まるのではないかな」「お風呂のお湯は上の方が温かいから，上の方が一番先に温まると思う」など，既習事項や生活経験をもとに，根拠のある予想を発想する場面を設定している。その際，温まる様子を描画し児童の考えを具体的にイメージさせることで，水の温まり方と温度変化の関係を質的・実体的に捉えやすくすることができる。

　また，鈴木教諭の実践は，単元計画を見てわかるように，日常生活との関連を意図的に図っている点に特徴がある。たとえば，第5時では，金属の温まり方を学習した後に，

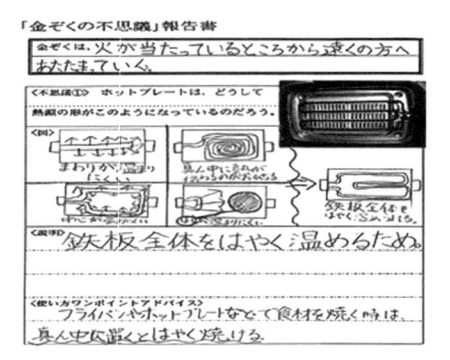

図7-3　児童が作成した報告書

出典：鈴木，2016。

ホットプレートの内部を提示し，「ホットプレートは，どうして熱源の形がこのようになっているのだろう」という課題を設定している。そして，鉄板が短時間で温まる理由を考えさせている。図7‐3のように，ある児童は「金ぞくは，火が当たっているところから遠くの方へあ

図7‐4　児童の描画例
出典：鈴木，2016。

たたまっていく」という学習した知識を活用して，ホットプレートの熱源の形がほかの形だったら，鉄板に熱がどのように伝わるのかに注目して考えていた。その結果，鉄板を効率よく熱くするために，形が工夫されているという結論に至っている。また，第7時では，水の温まり方を学習した後に，鍋を使って米を炊く様子を観察させた。そして，「鍋でご飯を炊いたとき，お米の硬さがまんべんなく柔らかくなったのは，鍋の中の水がどのようになっていたからだろう」という課題を提示し，鍋の中の水の温まり方について考えさせている。図7‐4のように，児童は学習した水の対流を根拠にして，鍋の水が温まり米が炊けることを考えることができた。

　図7‐3や図7‐4の児童の描画を見てわかるように，児童は温まる様子を実体的な視点で捉えて具体的にイメージできていることがわかる。

　このように，学習した科学的知識を日常生活と関連させて考える指導を行うことで，金属，水，空気の性質についてより深く理解することができるようになる。

[4]　第5学年の指導の実際「物の溶け方」

（1）指導のポイント

- 児童の素朴概念を生かした授業展開をすること
- 児童の考えが妥当なのかどうかを検証する授業展開を行い，結果に基づいて，物が水に溶けている様子を実体的に捉えられるようにすること

（2）学習指導要領における位置づけ

「物の溶け方」の学習は，学習指導要領における次の内容に基づいて設定される。

　物の溶け方について，溶ける量や様子に着目して，水の温度や量などの条件を制御しながら調べる活動を通して，次の事項を身に付けることができるよう指導する。

ア　次のことを理解するとともに，観察，実験などに関する技能を身に付けること。

　㋐　物が水に溶けても，水と物とを合わせた重さは変わらないこと。

　㋑　物が水に溶ける量には，限度があること。

　㋒　物が水に溶ける量は水の温度や量，溶ける物によって違うこと。また，この性質を利用して，溶けている物を取り出すことができること。

イ　物の溶け方について追究する中で，物の溶け方の規則性についての予想や仮説を基に，解決の方法を発想し，表現すること。

（文部科学省，2017，63頁）

（3）指導の実際

　ここでは，筆者が実践した授業を紹介する。単元計画は，表7-3のとおりである。

　物の溶け方の学習では，児童の素朴概念を生かした展開が考えられる。物の溶け方に関しては，たとえば，「食塩を水に溶かすと透明になるから，食塩が消えてなくなった」や「溶かす前と後では，重さが変わる」などの素朴概念が存在している。そのため，授業では事象の提示や発問によって児童の素朴概念を表出させ，それが妥当な考えなのかどうかを検証する展開をデザインすることが大切である。また，その際，物が水に溶ける量や様子といった「質的・実体的な見方」を働かせることも重要である。

　たとえば，第3時では，導入において密閉状態で約1週間放置した食塩水を提示する。そして，水に溶けている食塩に着目して「目に見えない食塩のつぶは，どのように広がっているか」と発問し，粒子モデルを用いて描画による予想をさせた。実際には均一に広がっているが，児童は，1週間経っているので，重さでビーカーの下の方に沈んでいるのではないかと考える場合が多かった

表7-3　単元計画（全14時間）

時	主な学習活動
1	• 身近なものを溶かす。水溶液とは何かを知る。
2	• 水溶液の中に溶かしたものが入っているか調べる。
3	• 約1週間放置した食塩水では，食塩の粒がどのように広がっているか実験し，考察する。
4 5 6	• 物が溶ける前と後の重さを比較し，同じかどうか調べる。 • 電子天秤と上皿天秤の正しい使い方を知り，実際に使ってみる。
7 8 9	• 食塩は水に限りなく溶けるかどうか調べる。 • メスシリンダーの使い方を知り，正確にはかってみる。 • ホウ酸が水に溶ける量には限りがあるか調べる。
10 11	• 溶け残った食塩やホウ酸を溶かすにはどうしたらよいか話し合い，検証する。
12	• ろ過の方法を知り，温度変化（冷却）によって，ホウ酸水溶液からホウ酸を取り出せるか調べる。
13 14	• 色水をろ紙や中空糸膜（東レより借用）でろ過できるか検証する。 • ろ過技術と世界の水問題との関わりを知る。

出典：筆者作成。

（図7-5）。

　素朴概念を視覚的に表出させた後，予想を確かめるために，前時の内容から実験の方法を考えさせた。実験の方法は次のとおりである。方法を考えるにあたっては，ビーカーに入れた水溶液の高さや

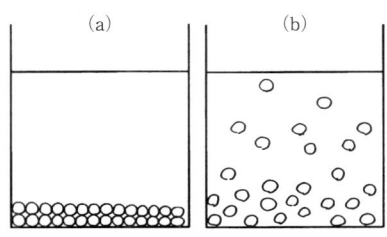

図7-5　水溶液の均一性に関する
児童の素朴概念例

採取する水溶液の量など，理科の考え方である「条件」に着目するようにした。

---

① スポイトで水溶液の高さの違うところ（上の方，中の方，下の方）から，混ぜないようにゆっくりと食塩水をとる。
② それぞれ同じ量（スポイトで3滴）の食塩水をスプーンにのせる。
③ それぞれガスコンロで加熱し，蒸発乾固させる。

　実験を行う前に，「どんな結果が出れば，予想が正しいか確かめられるだろ

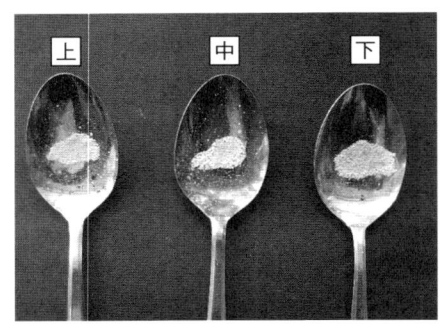

図7-6　実験結果例

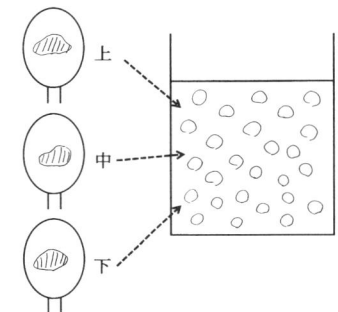

図7-7　実験後の児童の描画例

うか」と発問し，たとえば，「下の方に食塩の粒が沈んでいるなら，上と中の方より，下の方から食塩が多く出るはずだ」というように実体的な見方によって結果の予想をさせた。これにより見通しをもった実験になる。

　実際に実験を行うと，図7-6で示したように，上，中，下の3カ所ともほぼ同じくらいの食塩が析出された。この結果に基づいて，再度，目に見えない食塩の粒が，どのように広がっているか描画させ，食塩の粒が均一に広がっていることを実体的に捉えることができた（図7-7）。

　このように，児童の水溶液に関する素朴概念を表出させ，その考えが正しいかどうかを検証する授業展開によって，物が水に溶けている様子を実体的に捉えることができるようになる。

5　第6学年の指導の実際「水溶液の性質」

（1）指導のポイント

- 問題解決の過程の中で，「質的・実体的な見方」や「多面的に考える」という「考え方」を働かせること
- 児童が根拠をもった予想や解決の方法を発想し表現できるように，既習内容と関連させること

（2）学習指導要領における位置づけ

「水溶液の性質」の学習は，学習指導要領における次の内容に基づいて設定される。

　水溶液について，溶けている物に着目して，それらによる水溶液の性質や働きの違いを多面的に調べる活動を通して，次の事項を身に付けることができるよう指導する。

ア　次のことを理解するとともに，観察，実験などに関する技能を身に付けること。
　(ア)　水溶液には，酸性，アルカリ性及び中性のものがあること。
　(イ)　水溶液には，気体が溶けているものがあること。
　(ウ)　水溶液には，金属を変化させるものがあること。
イ　水溶液の性質や働きについて追究する中で，溶けているものによる性質や働きの違いについて，より妥当な考えをつくりだし，表現すること。

（文部科学省，2017，78〜79頁）

（3）指導の実際

　ここでは，淡路市立北淡小学校において実践された岨教諭の授業を紹介する。単元計画は，表7-4のとおりである。

　水溶液の性質の学習では，問題解決の過程の中で，溶けている物による水溶液の性質や働きといった「質的・実体的な見方」や「多面的に考える」という「考え方」を働かせることが大切である。また，既習内容と関連させることが水溶液の性質の深い理解につながる。

　たとえば，第9時の金属（鉄）を変化させる水溶液（塩酸：塩化水素の水溶液）の性質を探る授業では，前時に録画した塩酸に鉄が溶ける映像をタブレットPCで視聴し想起することで，「塩酸に溶けた鉄はどうなったのか」という質的・実体的な視点に基づいた学習問題を児童が設定している。予想の場面では，第5学年の「物の溶け方」の学習で扱った食塩が水に溶ける様子と比較しながら，「鉄は溶けて見えなくなったが水溶液中に存在する」や「溶けた鉄は水溶液中に存在するが，溶けた鉄は別のものに変化した」など，根拠をもった予想を発想することができていた（図7-8の上段参照）。また，蒸発乾固によって析

表7-4　単元計画（全13時間）

時	主な学習活動
1	・5年生の単元「もののとけ方」で学習した水溶液の性質を再度確認する。
2	・リトマス紙やBTB溶液を使うことで，無色透明の水溶液を酸性・中性・アルカリ性の3つの仲間に分けられることを理解する。
3 4	・身の回りにあるクエン酸，酒石酸，アスコルビン酸（ビタミンC）のそれぞれの性質を調べる。
5 6	・気体が溶けている水溶液を調べる。
7	・塩酸が金属（鉄）を溶かす様子について調べる。
8	・塩酸に溶けた金属（鉄）は，どうなったのかを考え，ノートにまとめる（一人学習）。
9	・塩酸に溶けた金属（鉄）がどうなったのか，予想したことを話し合う。
10	・水酸化ナトリウム水溶液と塩酸・食塩水に金属（鉄・アルミニウム）を入れて，それぞれの反応の様子を比較して調べる。
11	・塩酸の中でアルミニウムを溶かしているときに水酸化ナトリウム水溶液を入れるとどうなるかを調べる。 ・酸性雨について知る。
12	・身の回りの水溶液・水・液体を調べる。
13	【水溶液何でも鑑定団】 ・名前のわからない水溶液を区別する方法を話し合い，実験の計画を立て，調べる。

出典：岨教諭の学習指導案をもとに筆者作成。

出した物質を調べる際には，第3学年「磁石の性質」および第5学年「物の溶け方」の学習や本単元の塩酸に鉄が溶ける様子など，既習内容に基づいて，「磁石を近づける」「塩酸に再び入れる」「水に入れる」という3つの方法を考えていた。そして，析出した物質は「磁石に反応しなかった」「塩酸に入れると泡を出さずに溶けた」「水に溶けた」という複数の結果（図7-8の下段参照）から多面的に考え，「蒸発させて出てきたものは鉄ではない別のものである」という考察を表現することができた。

　この展開は，第6学年で重視する「妥当な考えをつくりだし表現する」という思考力，判断力，表現力等の育成にもつながる。また，既習内容と関連させたことで，塩酸が鉄を溶かす働きは，第5学年「物の溶け方」で学習した食塩やミョウバンが水に溶けることとは違うということを実感することができる。

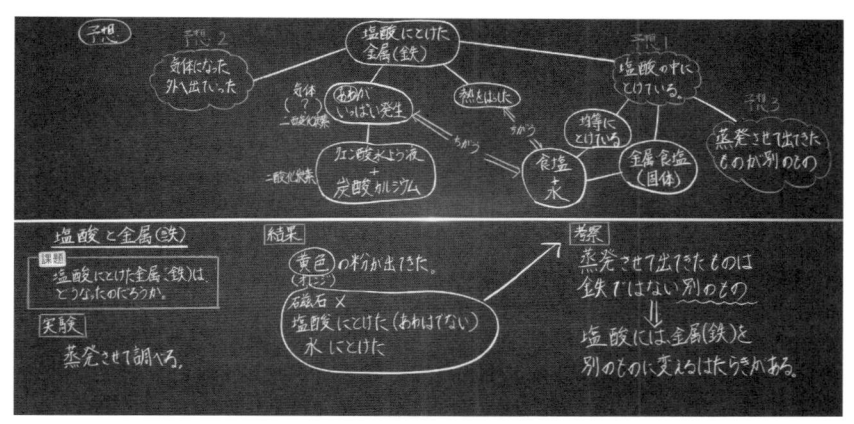

図7-8　第9時の板書

出典：岨教諭提供。

このように，問題解決の過程の中で，「質的・実体的な見方」や「多面的に考える」という「考え方」を働かせたり，既習内容と関連させたりすることで，水溶液の性質を理解できるようにしていくことが大切である。

6　粒子領域に特徴的な安全指導

粒子領域の学習内容は，実験によって現象や働きを調べることができやすいという特性をもっているため，多くの実験活動を行うことができる。小学校で扱う実験は，基本的には安全なものばかりである。しかし，残念なことに多くの事故が発生している。春日・森本（2016）は，過去30年間の小学校理科実験事故を調査し，第4学年「金属，水，空気と温度」，第6学年「燃焼の仕組み」「水溶液の性質」の単元において事故が多く発生しており，重大な事故につながりやすいことを報告している。ここで示された単元は，どれも粒子領域と関わるものである。また，理科実験における事故の代表的なものとしては，ガラス器具の破損によるけが，加熱器具に関わる火傷，薬品による皮膚等の腐食などがある。教師は予備実験を行い，操作の難易度や危険性などを十分に理解し，適切な安全指導を行う必要がある。

（1）ガラス器具に関わる事故と安全指導

　ビーカーやフラスコなど，実験ではガラス器具を使用する場合が多い。筆者の経験も交えて述べると，実験中よりも実験後のガラス器具の洗浄中に，落として割ってしまうケースが多い。また，破損した際，教師にそのことを伝えず，児童が素手で片付けようとしたときにけがをすることも多い。そのため，破損の危険性とともに，破損したときには教師に伝えること，割れたガラス器具は素手で拾わないことなど，破損した場合の注意事項も指導する必要があるだろう。

（2）加熱器具に関わる事故と安全指導

　以前は，アルコールランプに関する事故が多かった。たとえば，もらい火をしようとして，火が机に燃え広がったとか，消火の際，ふたを上からかぶせようとして火傷したなどが報告されている。これらの事故は，操作方法の理解不足が原因と考えられる。そのため，事前にアルコールランプの操作について十分に指導し，習得させた後，実験を行わせなければならない。最近ではアルコールランプに代わって，ガスコンロを使用することが多くなっている。操作は簡単だが，ガス漏れの危険性を考慮する必要がある。ボンベの接触不良やガス漏れに対する注意喚起，実験中の室内換気は必須であろう。

（3）薬品に関わる事故と安全指導

　小学校では，強酸性を示す塩酸や強アルカリ性を示す水酸化ナトリウムを扱う。どちらも劇物である。実際に使用するときは，水で希釈して使用するが，万が一，皮膚や目に付着した場合は，直ちに水で洗い流す必要がある。場合によっては，医療機関への受診も必要である。とりわけ，目への付着は大変危険であるため，危険性を指導するとともに，実験中は保護めがねを必ず装着するようにしなければならない。

（4）事故が起こった際の対応

　万が一，実験中に事故が起こってしまった場合には，まず，事故の状況を把

握し，児童の応急処置を行う。けがの程度によっては，医療機関へ受診させることもありうるので，授業者のみならず，養護教諭と連携して対処することが大切である。また，事後の対応は，校長，教頭等の管理職へ報告し，連絡を取り合って行うようにする。保護者に対しては，担任等が事故の状況や対応について説明しなければならない。事後処理としては，再発防止のため，事故の発生状況や事故後の対応などについて記録を取り，その後の安全指導に役立てることが肝要である。

〔 7 〕　教師としての自己研鑽のために

　ここでは，粒子領域に関わる内容について，さらに学びたい人，研究したい人にとって参考になる文献や WEB サイトを紹介する。

〈授業づくり，教材研究に関わる参考文献〉
片平克弘（2016）『粒子理論の教授学習過程の構造と展開に関する研究』風間書房。
吉田俊久・稲場秀明（2006）『図説 学力向上につながる理科の題材——「血を活用する力」に着目して学習意欲を喚起する 化学編』東京法令出版。
柴田義松監修，小佐野正樹・鈴木剛編（2008）『物質の学習1（理科の本質がわかる授業）』日本標準。
角屋重樹監修，福島県小学校理科教育開発研究会編（1994）『小学校理科・事象提示（170選）』ぎょうせい。
浜松版理科カリキュラム（http://rika.hama-curri.jp/ 2018年3月31日アクセス）。

〈観察・実験技能，安全指導に関わる参考文献およびURL〉
文部科学省（2011）『小学校理科の観察，実験の手引き』（http://www.mext.go.jp/a_menu/shotou/newcs/senseiouen/1304651.htm 2018年3月31日アクセス）。
左巻健男・石島秋彦・山本明利・西潟千明（2003）『理科の実験安全マニュアル』東京書籍。
佐賀県教育センター『安全な理科実験・観察ハンドブック（小学校編）』（http://www.saga-ed.jp/kenkyu/kenkyu_chousa/h18/anzennarika/top4.htm 2018年3月31日アクセス）。

引用文献
春日光・森本弘一（2016）「過去30年間の小学校理科実験事故の傾向に関する研究」

『理科教育学研究』Vol. 57, No. 1, 11～18頁。

片平克弘，(2017)「理科の改訂のポイント」『教育展望』No. 5, 教育調査研究所, 36～40頁。

鈴木尚子（2016）「理科を学ぶことの有用性を実感させるための，生活との関連付けを図った学習展開の工夫──小4『もののあたたまり方』の実践から」『平成27年度 研究員研修 研究のまとめ』浜松市教育センター（http://rika.hama-curri.jp/standard/?id=2 2018年3月31日アクセス）。

平章（2012）「比較する力を育成するための実験方法の工夫──小3 理科『ものの重さをしらべよう』の実践から」『平成23年度 研究員研修 研究のまとめ』浜松市教育センター（http://rika.hama-curri.jp/ standard/?id=2 2018年3月31日アクセス）。

玉木昌知（2017）「小学校における理科の『見方・考え方』を働かせた授業とは」日本理科教育学会編『理科の教育』No. 11, 東洋館出版社, 9～12頁。

文部科学省（2017）「小学校学習指導要領解説理科編」。

（学習の課題）

(1)　粒子領域における任意の単元を取り上げ，「見方・考え方」を働かせた授業展開を考えてみよう。

(2)　粒子領域における素朴概念を調べ，それを生かした授業展開を考えてみよう。

(3)　粒子領域における任意の実験を取り上げ，その実験に関わる安全指導をどのようにするか，考えてみよう。

【さらに学びたい人のための図書】

片平克弘・塚田昭一編（2017）『平成29年版 小学校 新学習指導要領ポイント総整理理科』東洋館出版社。
　　⇨新学習指導要領を踏まえ，理科の改訂のポイントや授業改善の視点がわかりやすく示されている。

加藤尚裕・引間和彦編（2011）『安全な小学校理科実験──基本操作ハンドブック』東洋館出版社。
　　⇨小学校理科で扱う実験の基本的な操作の仕方について，イラスト入りでわかりやすく解説してある。

高橋金三郎・若生克雄編（1976）『やさしくて本質的な理科実験 2』評論社。
　　⇨古い書籍だが，理科の本質的な展開に資する実験の方法が多数紹介されている。粒子領域の教材研究に役立つ一冊。

（小川博士）

■ コラム 5 ■

沸騰した水の中から盛んに出てくる泡の正体は？
――第4学年「水の三態変化」――

　「鍋に水を入れて加熱すると，湯気とともに，水の中から泡が盛んに出てくる」。児童にとっても身近なこの場面の中に，多くの疑問が存在する。その疑問の一つが，「この盛んに出てくる泡の正体は？」というものである。ここでは，筆者の経験を踏まえ，第4学年「水の三態変化」における沸騰した水の泡の正体を探る授業の指導方法の一例について記述する。

1 「泡の正体は水である」と捉えることの難しさ

　沸騰した水の中から生じる泡は，水が水蒸気に変化したものである。つまり，この泡の正体は「水」である。しかし，泡の正体は「空気」であると考える児童が非常に多く，学習後の小学校高学年においても，依然として「空気」と考える児童が多いという調査結果も出ている。

　私が以前に行った授業において，泡の正体について児童に予想させると，「空気」と「水」の2通りに分かれた。この予想を確かめるため，水を入れたビーカーの底に逆さにしたろうとを入れ，その先に取り付けた袋に泡を集める方法で実験を行った。水が沸騰し泡が盛んに出てくるにつれて袋が膨らみ，その後，火を消すと，袋はしぼんで中には水滴が残った。どの班も同じ実験結果となり，「空気」と予想していた児童も，泡の正体は「水」であることを理解できるだろう，と当時の私は楽観的に考えていた。しかし，実験後に児童が導き出した結論は，泡の正体は「空気と水の両方」というものだった。「火を消した後，袋の中に水滴が残った。そして，袋はしぼんだけれど，まだほんの少しだけ膨らんでいる。だから空気と水の両方だ」というのが，彼らの主張である。実験結果を根拠にした見事な主張であるだけに，その後，泡の正体は「水」であることを理解させることは非常に困難であった。

2 授業の問題点と改善の視点

　先述のとおり，この事例では泡の正体を「水」と捉えさせることができなかった。「泡の正体は何か？」に対して「空気」か「水」かという予想を立てたが，その予想が正しいならば，どのような結果が得られるかという見通しを児童にもたせるまでには至らなかった。第4学年で重点が置かれている「根拠のある予想や仮説を発

想する」という問題解決の力を育成するためにも，以下のような視点で授業を改善する必要があると考える。

（1）実験方法の計画を通して，その問題点を理解させる

　先述の事例では，実験方法が教師側から提示され，その方法に沿って児童は実験を行った。この実験方法では，ろうと内にある空気が袋の中に入ってしまうが，児童はそのことに気づいていない。そのため，沸騰した水から空気も発生したと判断してしまった。安全上，教師側で想定した方法で実験を行うことは必要であるが，児童が見通しをもった実験を行えるようにするためには一工夫が必要である。たとえば，「できるだけ出てくる泡だけを集めて確かめる」という実験の方針を明確にし，その方法を考えさせる。この実験方法を計画する活動をとおして，どのような方法であっても，"泡だけ"を集めることは難しいということを理解させておく。その後，児童が考えた実験方法と実際に行う実験方法の共通点やその良さについて説明する。これにより，児童は「少しだけ空気が入ってしまう」という実験方法の問題点も考慮に入れて実験に取り組むことができるようになると考えられる。

（2）予想と実験結果に対する見通し

　泡の正体に対して「空気」と「水」の2通りの予想が出たとしても，一人ひとりの児童がもっている実験結果の見通しは異なっている。そのため，袋に泡を集めたとき，「空気」だとしたらどの程度袋が膨らむのか，「水」だとしたら袋はどのような様子になるのかに焦点をあてて，予想の根拠や結果の見通しについて考えるよう促すことが大切である。たとえば，水槽用エアレーション等を使用して，空気を水の中に送りその泡が袋に集まる様子を確認させる。この現象が，実験結果を予想する際の根拠となり，「沸騰した水から出てくる泡が空気だとしたら同じように袋は膨らみ，水だとしたらそうはならないだろう」と見通しをもつことができると考えられる。

（3）実験結果から何を考察するのか

　（1）（2）を経て実験結果の見通しをもった後，実験を行う。しかし，どんなに見通しをもって実験に臨んだとしても，実際に得られる実験結果は児童にとって初めて目にするものであるため，この段階で「空気か水か」を判断することが難しい場合もある。そこで，まずは「空気か，空気ではないか」について考察させる。このことにより，児童は実験結果を以下のように解釈すると考えられる。

　①泡の正体が「空気」であるならば，（2）で確認した現象と同じ結果になるはずである。しかし，水の加熱をやめると袋はしぼみ，袋の中には水滴が残った。これは，（2）の現象とは明らかに異なる。

②少し空気が袋に残っているように見えるが，これは（1）で確認した，ろうと内の空気が袋に入ったものであろう。

　以上から，水の中から出てきた泡は「空気ではない」と結論づけることができる。そして，「空気でないのであれば，泡の正体は何だろう」と考えさせることで，「水としか考えられない」と納得することができるのである。

　[2]で示した改善を踏まえて授業を行ったところ，児童は「泡の正体は空気ではなく，水だ」という結論を導くことができた。つまり，「目には見えないが，そこには確かに水がある」「水（液体）は，目に見えない水蒸気（気体）に姿を変える」という質的・実体的な見方で捉えることができるようになったのである。この見方を働かせることは，水に関わる自然現象に迫る際の鍵であり，物を粒子として捉える必然性をもたらすものであると私は考えている。ここで示した指導方法はあくまで一例であり，ほかにも数多く存在する。児童の資質・能力の育成を目指し，児童の目線に立った指導がなされることを願う。

（神田周愛）

第8章 深い学びをさそう授業づくり（生命編）

この章で学ぶこと

生命に関する領域の特性や特徴を学び，深い学びとなるような授業づくり・指導のポイントを実践事例や授業展開をもとにつかむ。とくに生命に関する領域での児童の素朴概念や経験値の実態を捉えながら，科学としての概念へ導くための指導のあり方について考察する。また，野外観察や観察・実験に伴う事故および注意点について知り，安全に関する事前指導のあり方や事故が起こったときの対応を理解する。

1 生命領域の特性と指導のポイント

（1）生命に関する領域の特性

小学校学習指導要領の理科の目標には，初等教育での自然科学に関わる教育上の指針が網羅されているが，その中でも生命に関する領域の特性を端的に述べている2つの部分がある。それは文頭の「自然に親しみ」という部分と「自然を愛する心情や主体的に問題解決しようとする態度を養う」の2つである。「自然に親しみ」「自然を愛する心情」を養うことは第2章でもふれたように明治時代以来の理科の目標の一つであり，「科学」と「理科」を区分する重要なキーワードにもなっている。教科名が小・中・高等学校をとおして科学ではなく理科であることの理由には，理科の目標が生命を愛おしみ，生命尊重の立場が貫かれていることを十分に理解しておく必要がある（東・大橋・戸田，1991，317〜319頁）。その意味では，児童にとって植物の栽培体験や動物の飼育体験は重要な体験活動であり，その体験をとおして，初めて生命の連続性や神秘性，環境との関係性，さらに人間との共生の視点を育むことができるといえる。

　理科の目標の中の生命領域においては，道徳科においても深い関連があり，理科における「自然を愛する心情」の育成は，道徳科での生命尊重や環境保全に寄与することになる。

　こうした生命に関する領域の特性を踏まえた上で，「生物の構造と機能」「生命の連続性」「生物と環境の関わり」に分けて内容の構造化を図る。

（2）生命に関する誤概念と問題解決

　大学生にニワトリの絵を描かせると4本足のニワトリを描いた学生がいたり，「マムシは口から卵を生みますか？」と真顔で尋ねてきたりして笑ってしまったことがある。身近な生物であっても見ていない部分，あるいは見ようとしていない部分は修正のきっかけがない限り，何も気づかないままの状態が続いていく。第3学年に好きな昆虫の絵を描かせると，普段よく飼育活動をしている児童であっても，飼育している昆虫の脚の数や翅（はね）の数が正確ではないことはよくあることである。

　児童の誤概念を把握するにはイメージが伴った図を用いることが有効である。これによって児童の生命に対する見方や考え方を知ることができるとともに，指導によってどのように変容させていくかを検討していくことが求められる。花のおしべやめしべの存在，土の中の植物の根の様子，種子の中の養分が成長に使われていく様子など様々な場面で，図をもとに議論することで問題が焦点化され，考え方が整理され，問題解決に導かれる。自分自身で「自分は何を知っていて，何を知らないのか？」「自分は何を理解していて，何を理解していないのか？」といったメタ認知を伴う姿を，児童自身に求めていきたいものである。

　2 　第3学年の指導の実際「身の回りの生物」

（1）学習指導要領における位置づけ

　理科学習は第3学年から開始されるが，実際には児童は生活科で自然に関わ

る体験を十分に積んできている。これらの体験をもとに，主体的に問題解決する力や態度や自然を愛護する態度を養うことが第3学年の目標となる。内容としては，身の回りの生物を探したり飼育栽培を行ったりしながら，比較をとおして，環境との関わりや昆虫や植物の成長のきまり，体のつくりを捉えるようにする。

　初めて理科を学習する第3学年にとって，嗅覚・味覚・触覚・聴覚・視覚といった五感を最大限使って生物に対する感覚を養っていくことはきわめて重要である。時間をかけてじっくり観察できる場が確保されているかどうかで，観察の質・量ともに異なってくるものである。身の回りの生物に旺盛な興味をもつ年齢層でもあり，日常的に身の回りの生物を探したり飼育栽培を行ったりする児童の行為を尊重し，勧めたい。そのためには学校や家庭において，飼育栽培が可能な場やケージなどの確保を支援してほしいものである。

　第3学年の生命領域では，問題解決の力を育成するために五感を使って，複数の事物・現象を比較し，色や形，大きさといった観点から差異点や共通点を捉える授業づくりを目指す。生物はそれぞれ固有の色や模様・形・大きさをもっている。しかも微妙に異なっている場合も少なくない。しかしこれらの差異点や共通点はあくまでも相対的な表現であり，何かを基準にしなければ色や模様・形・大きさは表現できない。それぞれの児童なりの比較があってよい。

　観察を促進するためにスケッチを取り入れることはきわめて効果的である。第3学年では是非観察時に生物サイズを測らせ，スケッチの中にスケール（実際の長さ）を入れて大きく描く習慣も，技能の一つとして身に付けさせてほしい。また，五感で感じたことはスケッチの中にメモを入れるようにし，多くの情報から生物の多面的な特徴に気づくような学習にしたい。とくに昆虫は動きやすく，観察に時間を要することもあるため，適当な長さの透明なビニールの管に昆虫を入れ，管の両端をティッシュペーパー等でふさいでやると，背面や腹面両方から観察できる。その際，ルーペはぜひ自由に使用させたい。身の回りの生物の世界はルーペによって大きく広がる。教科書の最初にルーペの使用法が掲載されているのは，その世界の広さゆえである。児童が自由にルーペを用いて生物を観察できる教室環境は是非ほしい。もちろんルーペで直接太陽を

見ることは厳禁であり，安全面の指導を十分に行った後のことであることはいうまでもない。

　生物の成長には一定の順序があることも，第3学年で学習する。ここでは昆虫と植物が取り上げられているが，動物の分類群の中でもとくに昆虫が取り上げられているのには理由がある。昆虫は生物の中でも最も進化発展を遂げた分類群の一つであり，かつ人類の農業生産に最も大きな影響力をもつグループであるからでもある。また，植物は農業生産の対象であるだけでなく，生活環境としても人間にとって欠かせない重要な生物であることはいうまでもない。

　昆虫や植物の成長の順序には決まりがあり，昆虫の成長には，「卵→幼虫→蛹（さなぎ）→成虫」という順序をたどる完全変態型と，「卵→幼虫→成虫」という蛹のステージがない不完全変態型とに分かれる。それぞれの型にはそれぞれの長い生命史があり，環境に応じた体のつくりに生命の素晴らしさが感じられる。昆虫の成虫の形状は頭・胸・腹の部分をもつ。頭には感覚器である目や口・触角が，胸には3対6本の脚と2対の翅（はね）をもつが，種によっては翅をもたない昆虫も存在する。腹には節があることにも気づかせたい。一般的に背側からの観察は頭・胸・腹の部分がわかりにくく，とくにカブトムシやテントウムシのような甲虫類では誤解が生じやすい。基本は腹側からの観察である。それぞれの部位をいつ・どのように使っているかを予想して観察させると，それぞれの機能性のよさがわかりやすい。いずれにしても実際の昆虫の飼育や観察は是非チョウ類を含む完全変態型と，カマキリ類を含む不完全変態型の両方に挑戦してほしい。

　植物については，植物の形状は根・茎・葉の3つからなる共通点や色や大きさ・形といった差異点を議論して，主体的・対話的で深い学びに導きたい。

　これらの学習での注意点として，昆虫によってはヒトに危害を及ぼす種類があることを指導者は知っておくべきである。ハチやサシガメの仲間等は刺すことがあり，飼育や観察は避けるべきである。最近ではヒアリが日本各地で発見されており，十分な注意が必要である。皮肉なことに，昆虫の頭・胸・腹の観察においては，ハチやアリが最も観察しやすいのであるが，危害を加える種かどうかの同定は専門家に確認すべきである。また，生物の採取は生物保護の観

点から最小限にとどめ，生命尊重の観点から観察を終えた後は採取した場所へ放す配慮を忘れないようにしていきたい。

（2）指導の実際

目標　○昆虫の成虫の体のつくりは，頭・胸・腹からできていることがわかるようにする。

　　　　○昆虫の飼育をとおして，昆虫の育ち方には一定の順序があることがわかるようにする。

　　　　○差異点や共通点をもとに，環境との関わりや成長のきまりについての問題を見出すことができるようにする。

計画　第1次　モンシロチョウの成長の様子と体のつくりがわかる（完全変態）。

　　　　第2次　オオカマキリの成長の様子と体のつくりがわかる（不完全変態）。

教材　完全変態（モンシロチョウ）　不完全変態（オオカマキリ）

授業展開

学習内容と方法	指導上の留意点
1．本時のめあてを考える。 ○モンシロチョウとオオカマキリの，同じところと違うところをさがしてみよう。	○モンシロチョウの成虫とオオカマキリの両方を，教師が捕まえたり児童に持ってこさせたりして提示する。まずは身近な2種類の昆虫から始め，種類数を増やしながら一般化を図る。
2．予想を立てる。 3．体のつくりを脚や翅に着目しながら観察する。 4．観察したことを発表する。	○言葉でもいいが，スケッチ等で記録・表現させ，焦点化させる。 ○同じところと違うところを分類して板書する。
5．他の昆虫の特徴を話し合う。 6．昆虫の特徴をまとめる。	○教師は他の種類の昆虫を準備しておく。

（3）指導のポイント

　モンシロチョウは個体数も多く，人家近くに生息していることが多いため，採集しやすく，飼育も容易なので成虫や卵，幼虫の採集から挑戦させたい。飼育はどのステージからでも可能である。幼虫探しは緑色の植物の中から探すこ

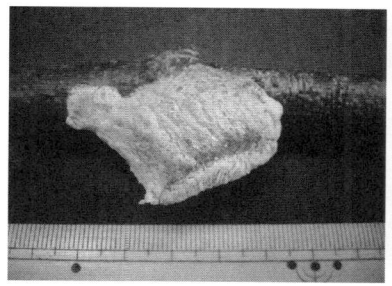

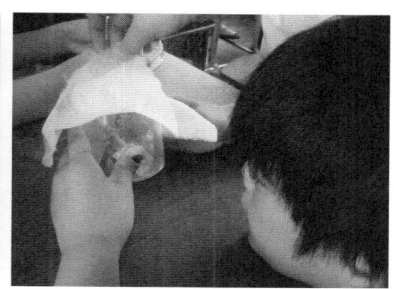

図8-1　オオカマキリの卵嚢　　　　図8-2　オオカマキリを飼育する児童

とになり，隠蔽色（いんぺいしょく）によりなかなか発見しにくいが，それが逆に生命のたくましさを感じさせてくれる。児童が幼虫を発見したときは歓声をあげることであろう。ただ，気温が上がるにつれて，幼虫はアオムシコマユバチ等の寄生バチに寄生されることが多くなるのが難点であることと，幼虫に対して積極的に関わろうとしない児童が出てくるおそれがあることは注意すべきである。いきなり幼虫を提示するよりも，モンシロチョウの卵を探してみるというのも面白い。モンシロチョウの食草はアブラナ科の植物であるので，あらかじめキャベツ等を学級園に植えておけば，たくさんの黄色の卵を探すことができる。スケールは小さいが，ルーペ使用のきっかけにもなる。周囲に栽培種のダイコンやイヌガラシのような野草が見分けられると，探す範囲はますます広がってくる。卵が採集できない場合は，成虫を採集して食草に産卵させる。寄生バチを避ける意味では，卵や成虫の採集の方が安全である。ケージの中に採集したモンシロチョウのメスの成虫と（オスは不要）土に植えたアブラナ科の植物を入れておくと，一晩で多いときには数十個の卵を生む。キャベツは腐りやすいので孵化（ふか）するまでもつように，なるべく新鮮なキャベツを用い，水を与える。児童にはスケールをいれてスケッチをさせ，小さな変化を見逃さない観察力を養っていくようにする。

　図8-1に掲げたオオカマキリの卵嚢（らんのう）は河川沿いから山間部の植物に至るまで，容易に探し出すことができる。1つの卵嚢に200個以上の卵が納まっており，ほぼ同時に孵化が始まるので必要な個体数だけ飼育し，残りの個体は卵嚢を見つけた場所に返す。まずは図8-2のように小さなケージに1匹ずつ分け

図8-3　飼育中の昆虫を観察する児童

て入れる。オオカマキリは肉食で，動く物にしか興味を示さず，脱皮ごとに成長していくので，幼虫のステージごとの餌の確保が飼育の大きなポイントである。モンシロチョウとの共通点や差異点を様々な様子から探り出し，議論させたい。図8-3は飼育ケージの中の昆虫の様子を児童が観察している写真である。児童は様々な昆虫に強い興味を向けていく。

3　第4学年の指導の実際「季節と生物」「人の体のつくりと運動」

（1）学習指導要領における位置づけ

　第4学年の生物領域における理科学習は大きく「季節と生物」と「人の体のつくりと運動」の2本立てになっている。

　まず「季節と生物」について考えてみよう。第3学年と同様に第4学年でも身近な動物や植物を探したり，飼育栽培したりすることがまず基本となっている。とくに第4学年では「季節と生物」において，動物の活動や植物の成長と季節の変化に着目し，関係づける活動をさせるわけであるから，成長の変化をある程度長期間観察できる対象動物や植物を用いて，気温や天候の変化に伴った活動の変化の様子を捉えさせるようにする。動物は気温によっては行動に緩慢の差が出たり，卵で越冬する種も観察されたりする。「卵→幼虫（幼体）→交尾→産卵」といった順序性を，2種類以上の様々な動物から一般化させていきたい。そして是非，動物の大きなグループごとにどのような行動を取っているかを，気温と関係づけながら季節ごとにまとめていき，最後に1年間のサイクルを振り返るようにしたい。植物も同様に栽培等をとおして，「種子→発芽→成長→開花→結実→種子」という順序性を，2種類以上の様々な植物から一般化させていきたい。

　動物や植物の1年をとおしての観察は，やはり定点観測が好ましい。学級園

や近くの公園など児童それぞれ自由に観察のポイントを決めさせ，一人ひとりにその変化がわかるような記録を定期的に取るように仕向け，グラフや図表などに整理させたいものである。

　この学習では野外に出て学習する機会が多くある。野外は教材が豊富であり，自由なアプローチが可能であるため，学習者である児童は大変開放的になりがちである。万が一事故が生じた場合は，適切な処置ができるようにしておくことは大前提である。安全面を確保して，学習効果の高い野外を大いに利用したい。

　「人の体のつくりと運動」については，骨や筋肉のつくりや働きに着目し，体の動きがどのような仕組みになっているかを骨と筋肉を関係付けて，根拠のある予想や仮説をもとに表現させる。まずは自分の体を触りながらどの部分に硬い部分と柔らかい部分があり，また，関節によって様々な運動の方向性を変えられることを数多くの観察ポイントから探していく。骨と筋肉，関節の関係は，モデルを使用することが大変有用である。骨や筋肉，関節には様々なタイプがあり，部位に応じて大きさや形状，役割が異なっている。教科書では上腕三頭筋や上腕二頭筋が取り上げられるが，体の様々な部分を観察させることで，体のつくりがいかに運動を容易にするようにつくられているかを感じ取らせる。それによって，動物それぞれが生活環境に応じた体をもっていることのよさを考えさせることができる。ほかの動物の骨や筋肉に関しては，動物園や博物館からも標本を借用することができるし，ウサギなどの学校飼育動物の利用も大いに勧めたい。ただ，児童によっては対象となる動物にアレルギーをもつ場合があるので，指導者は事前に児童の状況を十分に把握し，配慮を行うようにする。

（2）指導の実際

目標　人やほかの動物について，体には骨と筋肉があり，体を動かすことができるのは骨と筋肉の働きによることを理解し，観察・実験などに関する技能を身に付ける。

計画　第1次　人の骨と筋肉のつくりや仕組みがわかる。
　　　　第2次　動物の骨と筋肉のつくりや仕組みがわかる。

教材　上腕の骨と筋肉のモデル

授業展開

学習内容と方法	指導上の留意点
1．本時の目標を確認する。 ○人の腕が曲がるとき，骨や筋肉にはどんなしくみがあるのだろう。	○自分の腕を十分に触ったり確認したりしながら活動をもとにして学習を進めていく。
2．腕が曲がるときの予想を立てて話し合う。 3．モデルを使って骨と筋肉の動きを検討する。 4．検討したことを発表する。 5．ほかの骨と筋肉について同じことがいえるのかどうか話し合う。	○児童それぞれ，図に書くようにし，どれが一番腕の動きに近くなるか話し合う。 ○モデルはあらかじめ準備しておく。 ○一般化を図りながら，骨と筋肉が相互にバランスをとりながら体を自由に動かしていることに素晴らしさを感じさせる。

（3）指導のポイント

　一般的に普段扱い慣れているものや見慣れている事象に対して，強い疑問をもつことは少ない。「人の体のつくりと運動」の学習では，骨・筋肉・関節の関係を扱うが，日常的に無意識に運動させている骨格・筋肉系の仕組みについても同様である。ましてや人の体の内部は直接観察することができない。したがって，外部からの観察とモデルを利用した学習は大変有効である。

　動物は骨格をもつ動物と骨格をもたない動物に分かれる。前者には内骨格をもつ，ヒトを含む脊椎動物を，後者にはミミズなどの環形動物をあげることができる。形状が似ている脊椎動物のヘビと環形動物のミミズを比較してみると理解しやすい。あるいは粘土を棒状にして立てた場合と，粘土を芯に巻き付けた場合の比較でもいい。重力に逆らうような姿勢を長時間保ち続けられるのはどちらであろうか。あるいは脳や心臓など重要な臓器を保護するとしたらどうだろうか。ほかの動物と比較しながら，ヒトにとっての骨の有用性を捉えるようにする。

　自分の体を触ってみると，手や足のように細かい動きができる部分と大きい動きができる部分がある。ここでは上腕骨とその周辺の筋肉を取り上げてみる。

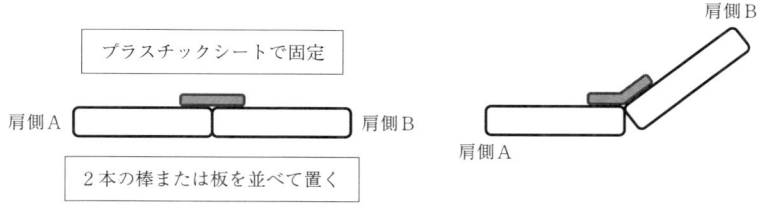

図8-4　上腕に模したモデル

図8-4のように上腕に模したモデルをつくり，右のように曲げるにはどうすればいいか児童に自由に発想させてみる。Aは上腕骨，Bは橈骨・尺骨を一体化させたものとする。Bを曲げるにはどんな方法があるだろうか。また，いくつあげることができるだろうか。ゴムや紐を使うと何が違ってくるだろうか。

　また，右の状態を左の状態に戻すにはどんな方法があるだろうか。骨と筋肉を関係付けながら，自分の体を使って表現し，議論する学習を望みたい。

　関節についても，自分の体の動きからどのような関節が考えられるか想像させてみたい。関節は回転運動や一方向のみの運動を担うものなど種類も豊富で，関節の場所と役割との関係付けを行いながら表現させる。

　ここで注意が必要なのは，骨をもつ動物は生息する環境に対して骨に意味があるということであり，骨をもたない動物は，それぞれの環境に対して骨をもつ意味が生命史上なかった結果であるといえる。ヒトの体の素晴らしさと同様，生命として存在している種も環境に適応した素晴らしさをもっていることを強調したい。

4　第5学年の指導の実際「植物の発芽，成長，結実」「動物の誕生」

（1）学習指導要領における位置づけ

　第5学年の生物領域におけるテーマは，「生命の連続性」である。植物においては「植物の発芽，成長，結実」が，動物においては「動物の誕生」が内容の柱となっている。ここでも飼育や栽培をとおして，ヒトや魚類の発生や植物の受粉・結実に至るまでのプロセスを時間の経過と関係付けて調べていく。

「植物の発芽，成長，結実」では，条件を制御しながら次の4点を主に調べる。

①発芽前後の種子の中の養分量を比較することで，発芽には養分が使われていること，また養分は主にデンプンであること

②発芽には水・空気・適当な温度が必要であること

③植物の成長には，日光や肥料が必要であること

④主に植物は，受粉によって結実し，花粉の散布方法は風や昆虫など植物によって異なること

第5学年での問題解決の能力の育成として，条件を制御しながら観察実験を行うことが求められる。①〜④の実験計画において変える条件と変えない条件を区別し，実験を計画することがきわめて重要である。実験計画や予想される結果の表をわかりやすく整理して，主体的に問題解決できるように工夫していく。

最後に生命尊重の立場から，実験に使用した植物はそのまま栽培し，枯らさないような配慮を心がけるようにする。

「動物の誕生」では魚とヒトを比較しながら，卵や胎児の様子を，時間の経過と関連付けてその変化に着目させる。まず，魚とヒトの共通点としてはいずれも雌雄があり，それぞれ体の形状が異なることを魚の観察をとおして捉えるようにする。差異点としては魚の卵は体外に排出され，卵の中の養分を取りながら発生するが，ヒトは母体内でへその緒をとおして養分を取って成長することである。生命の連続性という観点からみて，それぞれの卵が育つ環境は異なっているもののそれぞれの動物には最適な環境であり，その環境の重要性と生命尊重の立場を十分に理解させたいものである。残念ながら母体内での胎児の成長の様子は直接観察することはできないため，資料を十分に活用して母体内の胎児の成長が感覚として捉えられるように工夫したい。たとえば，胎児の成長期ごとの重さをペットボトルの水で実感したり，子宮をビニール袋に見立ててその中に羊水としての水を入れ，それが胎児への衝撃を緩和させていることを体感したりすることで，生命へのいとおしさや素晴らしさが感じ取れるようにする。

なお，「植物の発芽，成長，結実」「動物の誕生」のいずれも生物顕微鏡およ

び双眼実体顕微鏡の操作は必須であり，適切に操作できるように指導していく必要がある。直射日光で観察しないことを十分に注意する。

（2）指導の実際

目標　植物の育ち方について理解するとともに，観察・実験などに関する技能を身に付けることができる。

計画　第1次　植物は，種子の中の養分をもとにして発芽することがわかる。

　　　　第2次　発芽の条件を調べることができる。

　　　　第3次　植物の成長には，日光は肥料が関係していることがわかる。

教材　インゲンマメ，パーライトまたはバーミキュライト，液体肥料

授業展開

学習内容と方法	指導上の留意点
1．本時のめあてをつくる。	○生活科を含めたこれまでの栽培の経験を十分に想起させる。
○種子が発芽するために，空気は必要だろうか。	
2．予想を立ててみる。 3．実験計画を立てる。	○この時間の実験計画では，条件制御の問題を児童が理解できたかどうか評価する。
4．実験方法を検討し，話し合う。	○「変える条件」はただ1つであるという条件制御を全員が共通理解できるよう，グループで議論できるようにする。
5．考えた実験方法で実験をする。	○それぞれの実験方法で実験を開始する。

（3）指導のポイント

　「植物の発芽，成長，結実」の単元では，動物における発生・成長・交尾・産卵と対比させ，生物共通の営みを学習する。まず発芽の条件を調べる場面から始まる。条件の設定において，条件制御の問題は格好の学習の場であるといってよい。

• 「変える条件」は1つのみであること

• 残りの条件はすべて「変えない条件」であり，実験群・対照群ともに同じにすること

　以上を，自分で考えた実験計画の中に要素として組み入れ，ほかのメンバーとの議論をとおして整理されていく過程はきわめて重要な場面である。また予想を立てる際にも議論をとおして自分なりの十分な根拠をもたせ，検証実験となるようにする。

　発芽の条件は，一部の光発芽種子を除いてほとんどの場合，当てはまる。したがってここで学習した内容が体験を伴った理解となり，今後の栽培活動において適用されていることで十分に目標が達成されたことになる。

　5　第6学年の指導の実際「人の体のつくりと働き」「植物の養分と水の通り道」「生物と環境」

（1）学習指導要領における位置づけ

　第6学年では「人の体のつくりと働き」「植物の養分と水の通り道」「生物と環境」の3つの内容ついて学習する。

　「人の体のつくりと働き」については，これまで第4学年で学習してきた体の運動機能の中心となる骨格・筋肉系に加え，呼吸器系，消化器系，排出系および循環器系について学習する。主な内容は次の4点に集約される。

①動物は体内に酸素を取り入れ，体外に二酸化炭素を排出しているが，人の場合はその交換を担っているのが肺であり，この臓器を多面的に調べること

②口・食道・胃・小腸・大腸などの消化器によって消化された養分は腸から吸収されて血液中に入り，消化されなかった物は糞として肛門から排出されることを多面的に調べること

③血液に入った養分や酸素は心臓の働きで体内をめぐり，体の隅々まで運搬されていることや，肺から心臓に戻る血液には酸素が多く含まれ，全身から心臓に戻る血液には二酸化炭素が多く含まれることを多面的に調べること

④呼吸器系や消化器系，排出系および循環器系に加えて肝臓や腎臓，心臓などが相互作用しながら，生命が維持されていることを多面的に調べること

人の体の内部については観察が困難な場合が多いため，もっぱらほかの動物

の標本や模型を用い，比較しながら妥当な考えを見出し，より科学的に問題を解決することが必要である。魚の解剖も有効であるが，生命尊重の精神や児童への影響などあらゆる面を検討した上で実施する必要がある。呼気や吸気を調べる活動では気体検知管等を用いて実際に測定し，数量化させる。

「植物の養分と水の通り道」については，植物の体のつくり，水の通り道や養分をつくる働きについて学習する。

まず葉の中のデンプンの存在に着目し，日光によって植物は自らデンプンをつくり出していることを条件制御しながら実験で確かめられるようにする。また，光合成には日光のほかに水の存在が必要であるが，それらの水は植物体のどの部分を通り，排出されているのかを多面的な活動をとおして調べるようにする。ここでは様々な種類の植物を用いて，同様の結果が得られることから，児童それぞれが多面的に調べていく活動が可能である。

「生物と環境」は，生物と環境の関わりを主な内容とし，水や空気，食べ物の存在が生物の生命維持を支えていることを多面的に捉えていくようにする。水や空気は地球の中で循環し，動物と植物は酸素や二酸化炭素を介して生存し，食物連鎖によって生物はそれぞれの種を維持している。こうした生物同士の絶妙な関係を，持続可能な環境という観点から議論させたいところである。これまでに学習した様々な生物への見方・考え方をとおして，環境への負荷の軽減や大幅な環境の変化を予防する方法を議論し，どのような姿勢を取るべきかをデータをもとにして，より科学的に考えさせたい。

（2）指導の実際

目標　○体のつくりと呼吸・消化・排出および循環の働きに着目して，生命を
　　　　維持する働きを理解する。

　　　○解剖をとおして，体の内部を観察し，ヒトの体と比較しながら臓器の
　　　　役割を多面的に調べる。

　　　○それぞれの部位が環境に適応していることを，環境と関係付けながら
　　　　妥当な考え方をつくり出し，多面的に捉えることができるようにする。

計画　第１次　呼吸によって体内に酸素が取り入れられ，体外に二酸化炭素が出されているという妥当な考えをもつことができる。

　　　　第２次　食べ物は，口・胃・腸などを通る間に消化・吸収され，吸収されなかった物は排出されるという妥当な考えをもつことができる。

　　　　第３次　血液は，心臓の働きで体内を巡り，養分・酸素および二酸化炭素等を運んでいるという妥当な考えをもつことができる。

　　　　第４次　体内には，生命活動を維持するための様々な臓器があるという妥当な考えをもつことができる。

教材　スルメイカ

授業展開

学習内容と方法	指導上の留意点
1．本時の目標を確認する。 ○スルメイカを解剖して消化の働きを調べよう。 2．予習してきた図をもとに主に消化管を丁寧に解剖する。 3．気づいたこと，疑問に思ったことを記録し，次時での発表に備える。 4．後片付けを行う。 解剖のポイント ○手順と観察の視点を確実に予習しておく。	○教師はあらかじめ児童の十分な実態を把握し，無理に解剖に参加させるようなことはしないようにする。見学あるいは別室での学習にも理解を示す等の配慮を行う。 ※途中で気分が悪くなった児童についてはすぐに対応し，休ませる等対処する。 ○観察したことや測定したことは予習してきた図に逐一記入させる。 ○解剖後，使用したスルメイカには十分な謝意を表し，扱い方に注意させる。花を手向けるなど，生命に対する敬意と尊重の精神を児童に意識させるようにする。 また，後片付けは熱湯やアルコールを用いるなどして滅菌を行う。

（3）指導のポイント

　解剖実習の実施率は近年10％程度と低迷が続いている（西川・鶴岡，2007，149頁）。その理由については様々であるが，多方面の配慮をとおして解剖実習を行うことはそれなりに意味がある。生命の素晴らしさは生物と対峙して初めて感じられるものである。小学校理科教科書（有馬ほか，2014）にもギンブナが掲載されているが，ここではスルメイカを紹介する。スルメイカは食材であるため衛生上安全で，スーパーで入手できる。生体解剖とは異なり，学習者の

ショックも緩和される。また，血液の色が赤色でないことから，取り扱いはほかの動物よりむしろ容易である。解剖器具も料理ばさみ1本で十分である。学習の前にはドライラボの作製を勧めたい（図8-5）。ドライラボとは紙を重ねて貼り合わせ，解剖の手順どおりに開くと内臓の各部位を見ることができる教材である。児童は事前に作製したドライラボに部位の名称や役割を書き込み，解剖実習時は児童各自のめあてに沿って主体的に解剖実習を進めていく。解剖実習はややもすると，切り刻んで終わりという，きわめて残念な学習が行われやすいが，解剖実習の本質は生命と対峙する姿勢と感謝の思いを常にもちながら学習することであり，生命尊重の精神を，感動を伴って理解させることができると考える。学習の最後には，使用した教材に対して各自準備した野の花を手向ける等の配慮を是非学習の中でも取り入れてほしい。これらの学習をとおしてヒトの体との違いを多面的に調べて

いくようにし，それぞれの臓器が環境との関わりの中で変化したものであることが妥当な考えとして捉えられるようにする。ただ，解剖実習は児童の実態や状況を十分に判断した上で，学習計画に入れるかどうかを決定していく。教師側の十分に細やかな配慮なくしては解剖実習は成立せず，逆効果になることを心得ておいてほしいところである。

図8-5　ドライラボを作製する児童

　「植物の養分と水の通り道」については，茎が太くて観察しやすいホウセンカが用いられやすい。まず水が植物全体をどのように移動しているのか想像させたい。植物は光合成に必要な水をどこから汲み上げ，どこを通しているのかイメージ図等で全体像を考える。維管束は食紅

図8-6　ドクダミを用いた蒸散

を入れた水で確認することができる。ホウセンカだけでなくほかの植物でも是非試すとよい（図8-6）。

　気温や湿度が高い時期は蒸散も激しくなり，蒸散量の定量観察が可能になる。ぜひビニール袋を植物体にかぶせて，ビニール袋内に得られた一定時間当たりの水を10mLのメスシリンダーで計り取るようにする。その際，葉がついていない植物体と比較すると，蒸散のほとんどが葉に起因していることが理解しやすい。

6　生命に関する領域での安全指導

（1）野外観察や観察・実験における注意すべき点

　各学年での指導の実際の中でもふれているが，あらためて安全面での指導について考えてみたい。

　まず野外での指導計画を立案したら，学年で趣旨や目的，内容等を十分に共通理解し，管理職に相談して了解をもらうことである。そのためには以下の点をクリアしておくことが必要である。

①土地の所有者あるいは管理者への許可をとる

②下見をいつの時期に何回行うか決定する。海の場合は当日の干潮満潮の時刻を調べておかなければならない。水場・トイレの状況等も把握する

③危険箇所の把握や立ち入りの制限区域を設ける

④児童の身体的あるいは心理的状況を把握する

⑤危険生物および光学機器の取り扱いについての事前指導を行う。前者の危険生物については，ハチ，ヒアリ，セアカゴケグモ，サシガメ，アブやブユ，ムカデ，マムシやヤマカガシ，サルやイノシシなど現地の下見をとおして，どのような生物が生息していそうかを地元の人等から情報を得ることも必要になってくる。また，それぞれの生物に出あったときにどのような対処法が最も安全かを事前指導しておく。生物を刺激しなければ襲ってこない場合も多々あるものである

⑥当日の教師側スタッフの人数と役割分担を決める。また，万一事故が生じ

た場合のマニュアルを作成しておき，管理職（本部）との連絡が直接とれるようにしておかなければならない。さらに，教師・児童ともにパニックにならないよう，様々な場合を想定しておく

⑦天候等が急変した場合の避難の仕方を検討する

⑧児童に持ってくるものの事前指導を行う。たとえば必要に応じて傘・レインコート・軍手・帽子など安全上必要な細かい指導が必要である

⑨教師側は救急箱やポイズンリムーバー，忌避剤入りスプレーなどあらゆる対応ができるように準備を行う

⑩グループごとにリーダーを決め，人員点呼と健康観察を徹底させる

⑪現地に到着するまでの歩行の仕方や隊列の指導を事前に行う

　安全面の確保については，過剰なのではと思われるぐらいの配慮をすべきである。保護者の協力を得ることも重要である。趣旨や目的を保護者全体に説明し，保護者の十分な理解を得るとともに，可能な限り保護者にも当日参加してもらうことである。魅力ある野外活動であれば保護者にも喜んでもらえるばかりでなく，野外学習時に多くの眼で児童の様子を観察することは確実に事故防止につながるはずである。

（2）事故が起こったときの対応

　まず，けが人や病人が出た場合は，あわてずに病状や被害部位など現状を把握する。危険物をまず遠ざけたら応急処置をすると同時に本部に連絡を入れ，保護者への連絡を行う。場合によっては救急車の手配を行い，救助を依頼する。この間，二次被害を避けるためほかの児童の安全確保と避難指示をほかのスタッフが行う。ここまでのプロセスは極力スピーディに行わなければならない。また，一つひとつの行動を時系列に並べて，時刻と行動を正確に記録しておくことが重要である。後の報告や説明，ひいては裁判等になった場合にも，教師側の対応の事実が最も問われることになるからである。

　事故への対応は，事故後にとっさに考えるべきものではなく，普段の日常生活の中でこそ様々なケースに対応できるマニュアルを作成し，備えておくべき

ものである。これはあらゆる災害すべてにおいていえることであり，防災意識が高いか低いかで事故時の被害の大きさは確実に変わってくる。

7 教師となってからの研修と修養のために

　小学校の教科書で取り扱われる昆虫や植物は，ごく限られた数種類である。しかしながら，身近に見られる昆虫や植物だけでも多様性に満ちている。児童を野外に連れ出すと，児童は昆虫や植物の名前を指導者に尋ねてくるのが通常だ。そのときのために備えておこう。研究者であっても最初はゼロから始まる。教師自身が外に出たときに見つけた昆虫や植物を実際に観察し，スケッチをし，昆虫や植物の特徴を楽しんでおくことだ。1つでも覚えたら，児童が質問する前に教師が質問するとよい。そして自分自身が観察した特徴を面白く伝えたらよい。教師が面白いと思ったことは必ず児童にも伝わるものである。先日，ある教育学部の学生が私に目を輝かせて話しかけてきた。

　「この前，ボランティアで小学校に行ったとき，自分が観察して覚えたいくつかの昆虫や植物のことを児童に教えたんです。すると児童は喜んだばかりか，先生すごいと言ってくれました。ぼくもううれしくなっちゃって。真剣に覚えていくつもりです。」

　名前を覚えるだけでは面白くないので，名前の由来や原産地，特徴，天敵，科名など自分なりの面白さを発見してみてほしい。もっと興味が湧いたら地域の同好会*等に入るとさらに見識が深まってくる。ちなみに被子植物と昆虫は共進化の関係にあるので，植物はどんな昆虫を呼び寄せようとしているか，昆虫はどんな花を探しているのかが見えてくるともっと面白くなるだろう。知識は観察の道具であり，眼鏡でもある。知識を得ることで疑問がますます増え，知識（道具）を使うことで解決され，新たな知識（道具）が増えていく。これは理科だけでなく，すべての学習に通じることでもあるのだ。

　*　インターネットで「植物同好会」と検索すると，近くの地域の同好会が探せる。

引用文献

東洋・大橋秀雄・戸田盛和編（1991）『理科教育事典——教育理論編』大日本図書。

有馬朗人ほか（2014）『たのしい理科』3年〜6年, 大日本図書。

西川浩輔・鶴岡義彦（2007）『小・中学校理科授業における動物解剖の現状』生物教育。

文部科学省（2017）「小学校学習指導要領解説総則編」。

文部科学省（2017）「小学校学習指導要領解説理科編」。

(学習の課題)

(1) 第6学年での解剖実習の是非を論じてみよう。実施する場合はどのような問題点が存在し, それらをどのようにしたらクリアできるかを述べてみよう。実施しない場合にはどのような問題点が存在し, それに代わるどのような教材が適当かを述べてみよう。

(2) 第4学年に対して「季節と生き物」の学習を行う際, 学校周辺の公園で野外学習を計画した。下見を行う際, 何を見てこなければならないか考えてみよう。

(3) ある第3学年の児童が, 教師が観察対象にしようと考えていたチョウの成虫をどうしてもさわれないと言い出した。教師としてあなたはどのような考えをもって, この児童にどのような対処をするか述べてみよう。

【さらに学びたい人のための図書】

岩田好宏（1998）『植物観察学入門——校庭の植物誌』新生出版。

　　⇨小学校における植物観察では, 定性的な変化を見る例がほとんどであるが, この本では定量的な見方の例を数多く取り上げ, 奥深い学習ができる。

グリン, S.M. ほか著, 武村重和監訳（1993）『理科学習の心理学——子どもの見方と考え方をどう変容させるか』東洋館出版社。

　　⇨この本は生物領域のみならず理科の領域全体から, 児童の思考方法の実態と変容の可能性を興味深く論じている。

キャンベル, N.A. ほか著, 小林興監訳（2007）『キャンベル生物学』丸善。

　　⇨生物学オリンピックの教科書になっている1冊。内容はきわめて豊富で深く, 簡単には読破できないが, 図版が美しく, 図版だけでも楽しめる。高学年の教室に1冊置いておくと, 興味をもつ児童が必ず出てくる。

（山下浩之）

■ コラム６ ■

モンシロチョウの飼育・観察から学ぶ驚きの寄生蜂の世界

　第３学年の理科では昆虫について詳しく学習します。モデル昆虫としてモンシロチョウを扱う教科書が多く，モンシロチョウの育ちと体のつくりなどを学びます。

　実際にモンシロチョウを飼育して観察する学校も多いようですが，観察途中にしばしば驚くことが起こります。それはモンシロチョウの幼虫が蛹（さなぎ）になる前に，アオムシサムライコマユバチという寄生蜂の幼虫がモンシロチョウの幼虫の体内から出てきて繭をつくり，その後モンシロチョウの幼虫は死んでしまうのです。これにより，ほとんどの子どもたちは落胆し，また教師は初めから飼育をし直すという試練にさらされます。

　しかし，初めて寄生蜂を目にする子も多く，また６年生の理科で食物連鎖を学習する上では貴重な教材になります。そこで，寄生という概念を学習することで，子どもたちの興味関心をいっそう高めることができるのではないかと考え，表のような寄生蜂を教材とした新しい授業を考案しました（表１）。

　アオムシサムライコマユバチはコマユバチ科の内部捕食多寄生蜂で，モンシロチョウの若齢幼虫に約30〜50個の卵を産み付けます。同じコマユバチ科の内部捕食多寄生蜂のカリヤサムライコマユバチ（以下，コマユバチ）は，アワヨトウというヤガ科の幼虫に80〜100個くらい卵を産み付けます（図１）。コマユバチはアオムシサムライコマユバチと外見上そっくりで，なおかつよく似た生活史を送ります。また，アワヨトウはモンシロチョウの幼虫よりも体が大きく解剖しやすいため（図２），今回はアワヨトウ幼虫とこれに寄生するコマユバチを継代飼育している皇學館大学に提供してもらって供試しました。

　コマユバチはアワヨトウ幼虫体内に寄

表１　授業の流れ

①アワヨトウとカリヤサムライコマユバチの説明
②コマユバチが寄生していないアワヨトウ幼虫の解剖
③アワヨトウ幼虫の内部構造の観察
④コマユバチが寄生したアワヨトウ幼虫の解剖
⑤コマユバチ幼虫がエサとしている部分を見つけさせる

図１　アワヨトウ幼虫にカリヤサムライ
　　　コマユバチ成虫が産卵している様子

図２　アワヨトウ終齢幼虫

生しますが，寄生されてもアワヨト
ウ幼虫の外見は寄生されていない幼
虫とほとんど変わりません。そこで，
コマユバチが寄生していない幼虫の
体内を解剖して観察してみることに
しました。慣れないピンセットとハ
サミを使って慎重に幼虫の皮膚を切
る子どもの視線は真剣です。解剖が
できた幼虫を持ってきては「先生見
てください！」「上手にできてます

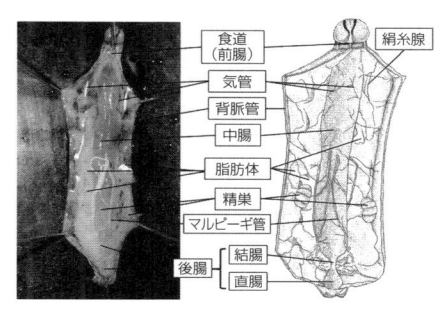

図3　アワヨトウ終齢幼虫の内部構造と解剖図

か？」「なんか出てきた！　これなんですか？」と質問が矢継ぎ早に出されます。
せっかくなので解剖したアワヨトウの内部構造をまずみんなで観察しました。体内
には大きな腸，脂肪体（ヒトの肝臓にあたる），気管，背脈管（ヒトの心臓にあた
る），神経系，マルピーギ管（ヒトの腎臓にあたる），精巣などが観察できました
（図3）。

　一方，コマユバチが寄生したアワヨトウ幼虫を解剖すると，中からコマユバチの
幼虫がたくさん現れました。それを見た子どもたちは「出てきたー」「キャー！」
と悲鳴を上げたり，「動いてる！」「まだ生きてるの？」「小さい」「かわいい」「た
くさんいる」などと口々に反応しました。

　最後に寄生蜂が寄生したアワヨトウ幼虫と寄生していないアワヨトウ幼虫を比較
して，寄生蜂の幼虫はアワヨトウ幼虫のどの部分をエサとしているのかを観察させ
ました。そうすると，「脂肪体がなくなっている」「そうか脂肪体を食べているの
だ」と反応する子どもが多く見られました。脂肪体というのはヒトの肝臓に相当し
ます。子どもたちの中には「お肉でいうレバーだ」という声もあがりました。人間
も一人ひとりが，ほかの生き物から命をもらって生きていますが，普段は気にもと
めないような小さな寄生蜂であっても，子孫を残すためにアワヨトウ幼虫を生かし
たまま栄養価の高い部位を食べるなどの工夫をして生きている，という驚きの世界
を知ることができました。

　授業を進めるコツとして，観察・実験はすべてグループ活動で行います。積極的
な子や器用な子，物怖じをしない子などを各グループに配し，これにより苦手な子
どもたちは積極的に活動する子どもたちに引っ張られて興味をもつようになります。
また，自分ができないことを，他人にやってもらうことで，グループ内にお手本が
でき，自分もやってみようかなと友達にアドバイスをもらいながら挑戦することが

できます。

　さらに，この授業では生き物の命をいただいて観察・実験をすることで，命の尊さを考える機会にもなりました。子どもの中には解剖された幼虫を見て，可愛そうと言って泣き出す子もいました。そこで，すかさず「命をいただいて勉強しているのだから，真剣に取り組んで深い学びを得て，できれば将来，社会に還元できるようにしましょう。そして，いただいた命に感謝の気持ちを忘れないようにね」と子どもたちに話しました。すると，涙を流していた子どもも，解剖をするときに悲鳴を上げていた子どもたちも，真剣に取り組むようになりました。

　また，どうしても虫が苦手な子どももいます。そうした子どもには無理やり解剖させず，ほかの子の解剖したアワヨトウに目を向けるまで待ちます。大抵の子は少しずつ興味を持ち始めるので，そのときが褒めるチャンスです。苦手であると自覚していた子どもも先生に観察していることを褒められることで，自然とこわばっていた表情が緩みます。

　理科の実験というのは準備にとても時間がかかります。しかし，事前に予備実験を行い，見通しを立てて準備をしたときは，子どもたちが自ら実験を進めることができ，ある一定の結果を導き出して笑顔があふれます。この瞬間が理科を教える教員にとって至高のときではないでしょうか。

　いかに実験準備を十分かつ効率よく行うかについては，今後議論の余地がありそうです。

参考文献

高林純示・田中利治（1995）『寄生バチをめぐる「三角関係」』講談社。

中松豊（2002）「アワヨトウ *Pseudaletia separata* に寄生する内部寄生蜂と外部寄生蜂」『日本比較内分泌学会ニュース』第105号，5〜8頁。

（澤　友美）

第9章　深い学びをさそう授業づくり（地球編）

この章で学ぶこと

　地球領域は宇宙の創成から地球の成り立ち，地震や火山，気象現象，自然災害などの身近な問題を扱う領域である。本章では，以下，地球領域における「時間的・空間的」な見方をもとに，

- ・時間的・空間的な見方を働かせた深い学びの実現
- ・自然災害と防災について単元と連携した学びの実施

といった指導のポイントを解説する。とくに，新設単元である「雨水の行方と地面の様子」（第4学年）については，設定意義と指導法について言及する。あわせて教員が保持しがちである誤った概念についても例を紹介する。これらを踏まえ，学習内容の正しい理解のもと学習指導が行えるよう，各学年の地球領域における具体的な事例を交えながら概説する。

　1　　地球領域の特性と指導のポイント

（1）地球領域の特性とねらい

　地球領域は宇宙の創成から現在の地球に至る内容を取り扱う境域である。時間の流れでみてみると，宇宙誕生の138億年前から，地球誕生の46億年前，生命誕生と進化を経て現在までを扱っている。空間的な広がりでみてみると，宇宙という想像を超える「広がり」から，みることのできない地球の内部，身近な水の循環や川の流れなどを扱っている。学問領域では，地質学で扱う地震や火山，地層，岩石，風化・浸食・運搬・堆積などの地質現象がある。天文学で扱う日周運動，年周運動，月の満ち欠け，太陽系，恒星などの天文現象がある。気象学で扱う天気の移り変わり，四季の特徴的な天気，高気圧・低気圧や前線，台風などの気象現象がある。

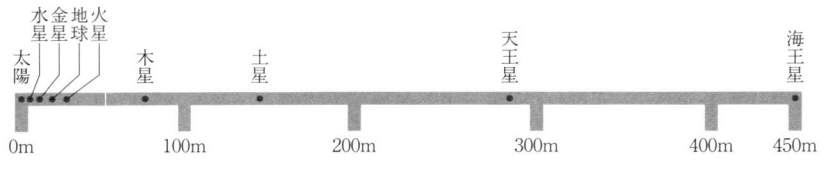

図9-1　100億分の1スケールで比べた太陽からの各惑星の距離

出典：JAXA，YAC，2009。

　このように地球領域は生活に身近な内容を扱う。しかしながら，学習指導に
おいては苦手意識も多く，指導に自信のもてない教員も多い。それはなぜだろ
うか。理由としては，次の2点が考えられる。1点目は地球領域の学習指導に
おいて，指導者側にも地球領域特有の「時間的・空間的」な視点（以下，下線：
筆者）が確立されていないという点である。2点目は観察や実験が困難であっ
たり，再現性が確実でなかったりするという点である。

　1点目の例をあげてみる。砂や泥が運ばれてきて堆積し，砂岩や泥岩となる
期間はどれくらいか。花崗岩がゆっくり冷えて固まる期間はどれくらいか。地
震の活動周期，火山活動の期間はどれくらいか。地球領域における時間スケー
ルは，人のおよその生涯（約100年としても）と比べて圧倒的に長大であり，ス
ケールに大きな隔たりがある。空間的な広がりにしても，太陽系の模式図はよ
く目にしているが，実際の距離の比で表してみると図9-1のようになってい
る。火星以降，木星，土星といくにつれて圧倒的に遠くなっていく。夜空に輝
く太陽系外の星々はもはや何十光年，何万光年も先にある。

　2点目の観察や実験についてよく聞かれるのが，「天体観測は夜にしかでき
ないので直接指導できないから」「天気の様子も理想どおりにはなっていなく
て」「流水の実験で砂山に水を流すのだが，なかなか想定どおりの結果になら
なくて」などがある。天体の運行は物理法則にしたがって規則的ではあるが，
気象現象や大地の変化はその要因が多くあり，多様な自然現象を示す。そのた
め教科書どおりの結果にならないことが通常であると捉えている方がよい。

　最後に繰り返しになるが，地球領域では生活に身近な内容を扱っている。空
を見上げれば太陽や月，星があり，天気は毎日変化し，日本列島では風水害が

毎年起こり，地震や火山も多く話題になる。それぞれの現象をよく観察し，「時間的・空間的」な概念を教師自身が念頭に置き学習指導を進めていく。その際に，各学年に応じた問題解決の能力を身に付けさせるために必要な「比較」「関係付け」「条件制御」「多面的に考える」を導くための工夫を施していく。そして，子どもたちの自然事象への見方・考え方をさらに広げ深めていくことにつなげていってほしい。何より地球領域は，過去から未来へ延々と続く時間の流れや，宇宙空間から地球の内部といった途方もない空間の広がりのもとで，多くの要素が複雑に関係し合っている現象を扱う。その多様性やダイナミック性に教師自らが興味をもち，楽しんでいくことのできる領域である。

（2）地球領域の系統性

　地球領域には前項で紹介した学問領域と対応したサブの柱として，「地球の内部と地表面の変動」（地質学），「地球の大気と水の循環」（気象学），「地球と天体の運動」（天文学）が設定されている。それぞれが小学校から中学校へと系統的に配置されている（表9-1）。

　たとえば「地球の大気と水の循環」系列では，第4学年で「天気の様子」単元で，1日の気温の変化について，時間の経過と気温の変化を関係付け，根拠のある予想や仮説を考えることができるようにする。これには第3学年での，日陰の位置の変化（時間的な見方）と太陽の位置の変化（空間的な見方）を考えてきたことをもとに学習を重ねていく。同様に，水の蒸発と結露でも，時間的な考え方としての蒸発（例：洗濯物が乾く）や結露（例：氷水の入ったコップの周りに水滴がつく），空間的な考え方として蒸発した水はどこにいったのか，コップの周りについた水滴はどこからやってきたのか，といった見方をもとに，根拠のある予想や仮説を立てることにつなげていく。第5学年「天気の変化」では，雲に着目し，雲が天気の変化の一つの要因であり，雲の動きから天気を予想することができることを見出させる。そのためには，天気図と実際の雲の変化を，時間経過をもとに考えたり，日本列島上空での空間的な移動をもとにして考えたりしていく。そして，時間的・空間的な見方をもとに，天気変化の規

表 9 - 1　小学校・中学校理科の「地球」を柱とした内容の構成

		地球の内部と地表面の変動	地球の大気と水の循環	地球と天体の運動
小学校	第 3 学年		太陽と地面の様子	
	第 4 学年	雨水の行方と地面の様子	天気の様子	月と星
	第 5 学年	流れる水の働きと土地の変化	天気の変化	
	第 6 学年	土地のつくりと変化		月と太陽
中学校	第 1 学年	大地の成り立ちと変化		
	第 2 学年		気象とその変化	
	第 3 学年			地球と宇宙

出典：文部科学省，2017，25頁をもとに筆者再構成。

則性の条件を制御しながら見出していくようにする。中学校になると，第2学年「気象とその変化」でしか，このカテゴリーは扱われない。その内容は，小学校での問題解決の能力をもとに，気象現象について科学的に探究する力を養う。そこでは前線の通過と天気の変化のように，立体的構造をもったものが時間とともに変化していくという現象を，時間的・空間的な見方を用いてそのメカニズムを探究していく。このように地球領域では，「時間的・空間的」な見方をもとに，学習を進めていくことになる。

　以下の節では，第3学年から第6学年の単元をとおして，深い学びをさそう授業づくりを具体的にみていく。

2　第 3 学年の指導の実際「太陽と地面の様子」

　第3学年では，主に差異点や共通点をもとに，問題を見出すといった問題解決の力（比較）の育成を目指していることは各領域共通である。地球領域では，さらに時間的・空間的といった科学的な見方を取り入れた授業としていく必要がある。

　第3学年の単元である「太陽と地面の様子」を例に解説していく。

（1）目標と指導内容

> (2)　太陽と地面の様子
>
> 　太陽と地面の様子との関係について，日なたと日陰の様子に着目して，それらを比較しながら調べる活動を通して，次の事項を身に付けることができるよう指導する。
>
> ア　次のことを理解するとともに，観察，実験などに関する技能を身に付けること。
>
> 　(ア)　日陰に太陽の光を遮るとでき，日陰の位置は太陽の位置の変化によって変わること。
>
> 　(イ)　地面に太陽によって暖められ，日なたと日陰では地面の暖かさや湿り気に違いがあること。
>
> イ　日なたと日陰の様子について追究する中で，差異点や共通点を基に，太陽と地面の様子との関係についての問題を見いだし，表現すること。
>
> （文部科学省，2017，42頁）

○ねらい

　建物などの大きなものの日陰の位置の変化の観察から始め，木やポールなどの棒状の影の位置の変化についても同一性を見出すようにする。次に，鉄棒などにできる平行な影についての観察を行い，影は平行にできることを確認しておく。また，太陽の高度によって影の長さ（伸び方）も変化することを見出すようにする。その際に，影は平行にできることを実感として理解させていくことに伴い，深い学びとなるように，児童の生活経験からくる影のでき方の予想（素朴概念）と，実際の観察をとおして得た影のでき方（科学概念）の相違を意識した授業展開としていく。

（2）指導事例

　太陽の入射光は平行光線であり影は平行にできるということを実感させる。これは，太陽光を虫メガネで集めることができることにもつながる内容である。

○本時の目標

　日陰の伸び方と太陽の位置（高度）とを比較して考え，時間経過に伴う変化を説明することができる。

○指導過程

学習活動	留意点および評価の観点
• 前時の観察結果と考察を振り返る。 　1日にわたって日陰の位置の変化を調べると日陰の位置が変わっていった。 　太陽の位置が変わると日陰の位置も変わっていった。 　太陽が午前中の東から南，午後にかけて西へ動いていくと日陰は逆に移動していった。	• 日陰の位置と太陽の位置（方角）と比較して考える。 • 太陽が東寄りのときには西寄りの日陰となる。 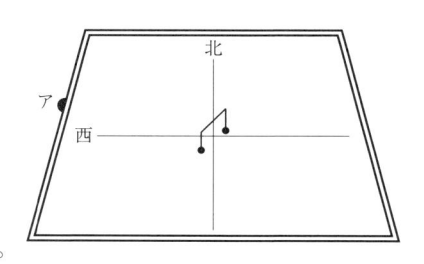
木や鉄棒の影の位置も同じように変わっていくのだろうか	
• 木の影の移動の様子を予想する。 • 鉄棒の影の移動の様子を予想する。 　それぞれの予想を図に示す。 • 時間ごとの観察を行い，観察結果と自身の予想を比べる。	• 影が平行にできることを表現できているか。 • 夕方になると影の長さが長くなることを太陽高度と比較して考えることができているか。

（3）指導のポイント

　次のような問題に正しく解答できるようになることが1つの到達目標となる。
（問）　右の図で太陽がアの方角の地平線上に沈もうとしています。このとき，鉄棒状の物体の影はどのような形になりますか。図示しなさい（本書161頁に（答）あり）。

3　第4学年の指導の実際「雨水の行方と地面の様子」

　第4学年では，主に既習の内容や生活経験をもとに，根拠のある予想や仮説を発想するといった問題解決の力（関係付け）の育成を目指していることは各領域共通である。そこに，時間的・空間的といった科学的な見方を取り入れた授業としていく必要がある。

　第4学年の「雨水の行方と地面の様子」は新設された単元である。以下は，

目標と指導内容からどのような指導実践が可能かを紹介する。

（1）目標と指導内容

> （3）　雨水の行方と地面の様子
>
> 　雨水の行方と地面の様子について，流れ方やしみ込み方に着目して，それらと地面の傾きや土の粒の大きさとを関係付けて調べる活動を通して，次の事項を身に付けることができるよう指導する。
> ア　　次のことを理解するとともに，観察，実験などに関する技能を身に付けること。
> 　（ア）　水は，高い場所から低い場所へと流れて集まること。
> 　（イ）　水のしみ込み方は，土の粒の大きさによって違いがあること。
> イ　　雨水の行方と地面の様子について追究する中で，既習の内容や生活経験を基に，雨水の流れ方やしみ込み方と地面の傾きや土の粒の大きさとの関係について，根拠のある予想や仮説を発想し，表現すること。
>
> 　　　　　　　　　　　　　　　　　　　（文部科学省，2017，56頁）

（2）指導事例——記述内容の展開の仕方

問題提起　雨の日の運動場はどのような状況になっているだろうか。

問題把握　雨として降ってきた「水」はどこへどのようにして移動していくのだろうか。

　（ア）では水の流れ方と地形（傾き）を関係づけていく。

　（イ）では水のしみ込み方と土地の性質（地質）を関係付けていく。

○第1次（ア）

- 雨の日に運動場での雨水の様子を観察する（問題発見から予想や仮説，図9-2）

　雨水が流れている場所は高くなったり傾いたりしていることを捉える。

　雨水がたまっているところは低くなったり，くぼんだりしていることを捉える。

　水の流れる向きと地面の傾きとの関係

図9-2　雨の日の運動場の様子

図9-3　地面の傾きを調べる装置
上は板とビー玉を用いた例，下はペットボトルを用いた例。

について，根拠のある予想や仮説を発想し表現できることにつなげていく。

• 地面の傾きを視覚的に捉えるための工夫（仮説検証）

　後日グラウンドにて，地面に置いた下敷きなどの板の上にビー玉などを置き，転がる様子を観察する。また，水を半分くらい入れた2Lサイズのペットボトルを地面に横向きに置き，水面の傾きを観察したりする（図9-3）。

　モデル実験として，傾いた場所に水を流してみて，水が流れたりたまったりする様子を観察する。これにより，水の流れと地面の傾きとを関係付けることができる。

• 生活の中で水の流れる場面について考える（一般化）

　水は（時間的経過）低いところへ（空間的上下関係）流れていく。

　学校の手洗い場の流しや家の風呂は，平らではなく傾いていることで水がたまらずに流れていく。

> 今後の展開：空間的な見方を活用し，地域の地形と大雨のときに側溝や地域の用水路などがあふれる場所を関連付けて考え，防災学習（社会科・理科）へつなげることができる。

○第2次 (イ)

• 雨の日などに土の地面のうち，水たまりのできやすい場所とできにくい場所があることを発見する（問題発見から予想や仮説）

　たとえばグラウンドと砂場を比べてみる。土の構成物（粒の大きさ）の観点から，採取してきたグラウンドの土と砂場の砂の粒の大きさを観察し，粒の大きさの違いに着目した根拠のある予想や仮説を発想し表現できることにつなげていく。

• 水たまりのできやすさの違いは，グラウンドの土と砂場の砂の粒の大きさの

違いによることを確認する（仮説検証）

モデル実験として，500mLのペットボトル2本を用意し，土と砂を同じ高さになるように入れる（図9-4）。それぞれに100mLの水を流し入れ，しみ込む速さを比べる。粒が大きいと水が速くたくさん流れ落ちることから水のしみ込み方と土の粒の大きさとを関係付けることができる。

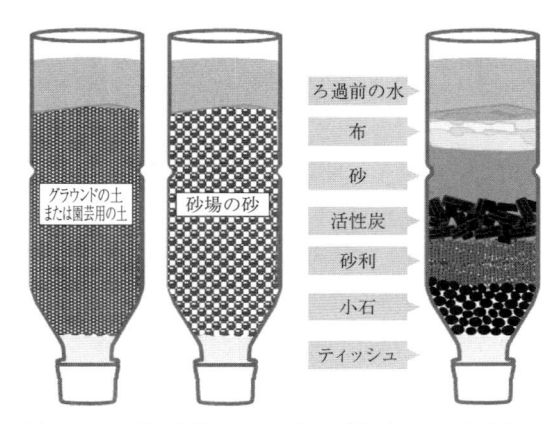

図9-4　モデル実験のペットボトル例，右はペットボトルろ過器の例

出典：右は喜多方市水道課のホームページより。

• 水がたまる場所の土の粒は小さいのだろう（一般化）

　日常生活との結びつきとしては，田んぼの土の大きさがある。稲の栽培活動を行っていると，田んぼの土＝泥という小さい粒であることをもとに，田植えの時期に田んぼに水が溜まっていることを説明することができる。

> 今後の展開：土を構成する粒の大きさは（日常用語としての石や土よりも），科学用語として定義されている，れき，砂，泥といった科学概念が重要（第5学年や第6学年の単元につながる）。社会科の浄水場見学に際し，水のろ過の過程と粒の大きさとも関連づけて活用していくことが可能である（図9-4右）。

（3）指導のポイント

　「地球の内部と地表面の変動」系列では，第4学年で「雨水の行方と地面の様子」単元で，地面の傾きと水の流れを関係づける，土の粒の大きさと水のしみ込み方を関係付けるといった学習活動を行い，水に着目し，水の時間的・空間的移動を考える活動を行い，第5学年へとつなげる。

4　第5学年の指導の実際「流れる水の働きと土地の変化」

　第5学年では，主に予想や仮説をもとに，解決の方法を発想するといった問題解決の力（条件制御）の育成を目指していることは各領域共通である。地球領域では，さらに時間的・空間的といった科学的な見方を取り入れた授業としていく必要がある。

　第5学年では，小学校教員が苦手意識をもっている単元であり，誤概念が多く存在すると指摘されている単元である「(3) 流れる水の働きと土地の変化」を取り上げていく。

（1）目標と指導内容

> (3)　流れる水の働きと土地の変化
>
> 　流れる水の働きと土地の変化について，水の速さや量に着目して，それらの条件を制御しながら調べる活動を通して，次の事項を身に付けることができるよう指導する。
> ア　次のことを理解するとともに，観察，実験などに関する技能を身に付けること。
> 　(ア)　流れる水には，土地を侵食したり，石や土などを運搬したり堆積させたりする働きがあること。
> 　(イ)　川の上流と下流によって，川原の石の大きさや形に違いがあること。
> 　(ウ)　雨の降り方によって，流れる水の速さや量は変わり，増水により土地の様子が大きく変化する場合があること。
> イ　流れる水の働きについて追究する中で，流れる水の働きと土地の変化との関係についての予想や仮説を基に，解決の方法を発想し，表現すること。
>
> （文部科学省，2017，71頁）

　(イ)については，とくに川の上流と下流によって，川原の石の大きさや形に違いがあることを捉えること，上流から下流まで，川を全体として捉え，上流では侵食の働きがよく見られ，下流では堆積の働きがよく見られることなど，流れる水の働きの違いによる川の様子の違いを捉えるようにする。

　流れる水の働きである「侵食」「運搬」「堆積」といった3つの働きが、実際の河川においていつ（どのような状況のときに）、どこで（山間部や扇状地、平野部など）、どのように（どんな様子で）起こっているかを考えていく。

○ねらい

　ここでは、誤概念をもとにした授業展開を行い、誤概念から科学概念への修正を行う。あわせて、条件制御の実験や観察、考察を導入していく。とくに誤概念として強固なものを2つ示すこととする。

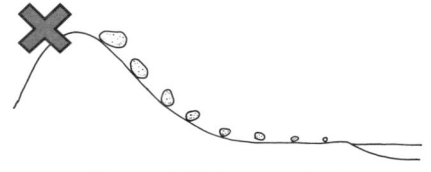

図9-5　誤概念1のモデル図

誤概念1　「川の石（礫）が上流から下流にかけて細粒化していく要因は、上流の大きな石が流されて下流へと運ばれていくうちに、だんだんと石の周りが削られていくこと（摩耗）によって小さくなっていくから」（図9-5）、転がっていくうちに、摩耗してだんだんと小さくなっていくわけではないということ。

科学概念1　上流から下流に向かって石（礫）が細粒化していく要因は、流水によるふるい分け作用（山本、1994）である。同じ川の同じ場所であっても、洪水時のように流れの速いときには流されやすい大きさの石が「選択的に」下流へ流されていき、大きな石はその場にとどめ置かれる（図9-6）。上流には大きな石（礫）から小さな石（礫）や砂

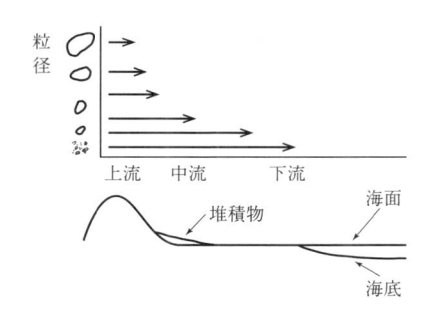

図9-6　粒径のちがいによる選択的運搬

図9-7　土砂くずれのようす
　山間部（上流部）においてすでに"砂"が風化によって形成されていることがわかる。

まで存在しているが，特徴としては大きな石がある（目立つ）ということとなる。下流には，小さな礫や砂がたまっており，大きな礫は通常見られない（ただし，河川の状況により一概にいえない部分がある）。

$\boxed{誤概念2}$　「砂のでき方として，上流の石が流されていくにしたがって小さくなっていき，やがて砂になる」，砂は石（礫）が川を転がっていくうちに削られて小さくなってできるわけではないということ。

$\boxed{科学概念2}$　礫形成と砂形成を混同している。砂は山で風化作用によってできている。大雨などで起こる山崩れ，土砂崩れ等の土砂災害の折には大量の砂（礫を含む砂や泥）がすでに含まれている（しかも山間部（川の上流部）で）（図9-7）。小学校の教科書記述は，あくまで上流から下流に向かっての礫の細粒化を説明しているにすぎない（表9-2）。

表9-2　川の上流と下流の特徴

| | ロケーション | | | | 侵食・運搬・堆積作用 | | 石（礫）の大きさや形 | |
	場所	土地の傾き	川幅	特徴	流速	作用	大きさ	形
上流	山間部	大きい	狭い	谷をつくる（下方侵食）	速い	侵食作用が主	大きいものが目立つ	角は少し丸みを帯びているものの，角張った感じが残っている
下流	平野部	小さい	広い	蛇行する（側方侵食）	遅い	堆積作用が主	小さいものが多い	丸みを帯びた形になっており，丸い感じになっている

出典：筆者作成。

（2）指導事例

$\boxed{問題提起}$　上流から平らな下流に流れていくうちに，川原の石が小さくなったり丸くなったりするなど，川の様子が変わっていく。

$\boxed{問題把握}$　川原にある石の形状が川の上流と下流とで異なるのはなぜか。

　ここでは，川の上流と下流とで石の大きさの異なることを教科書の写真や資料等から見出し，その要因となる「流速の違いによって運ばれる大きさが異なる」ということを，実験の条件を制御しながら考察する。

• 地域の河川や地形を立体地図などで確認し，川がどこにあるかを確認する（課題設定）

　地域の川の立体地図や航空写真，地形を撮った衛星写真などを提示し，上流

（山間部）や下流（河口付近）など，流域全体に目を向けさせる。場所による川の流れ方や川岸の様子について予想や仮説をもたせる。

- 川原の石に着目させ，大きさや形の違いを注目させる（問題発見から予想や仮説）

このときに，「大きさ」と「形」の違いができる要因を分けて考えるようにしていく。大きさの違いができるの

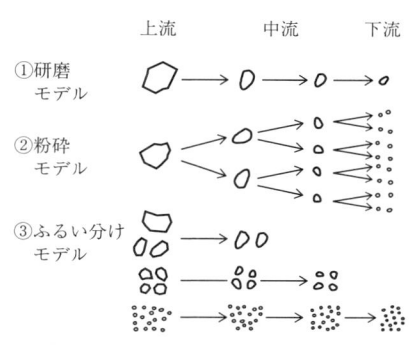

図9-8　礫の下流に向かって細粒化していく仮説モデル

は主に運搬力（流速の6乗に比例して大きくなる）の違いによること，形の違い（角がだんだんと円みを帯びていき，やがて円形に近い形となっていく）は，流水の作用による石どうしの相互研磨や流されるときの研磨作用などによること。

疑問　石の大きさは，上流では大きく下流は小さくなるという違いはなぜできるのだろうか（実際に川原にある石を見て特徴をつかんでおくようにする）。

仮説　①下流へ転がっていくうちにだんだん削れて小さくなっていく（摩耗モデル）。

②割れたりぶつかったりしながらだんだん小さくなっていく（粉砕モデル）。

③もともと大きいものと小さいものがあったのが，小さいものが選択的に下流へ運ばれていった（ふるい分けモデル）（図9-8）。

- 流速の違いによる運搬力の違いの実験（仮説検証）

③のふるい分けモデルの検証実験は，図9-9のように板の上に，砂・小石（いろいろな大きさ）を置き，流れの遅い

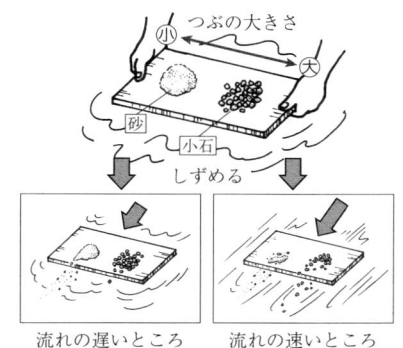

図9-9　流速の違いによる運搬力の実験例
出典：『たのしい理科5』（大日本図書）をもとに筆者作成。

ところと速いところに沈めてみて，流れるかどうかを調べてみる。

結果　流れの遅いところでは砂だけが流され，流れの速いところでは砂・小石が流された。

- 石（礫）や砂はどんなときに移動するのだろうか（一般化・新たな疑問）

通常上流の山間部では谷が深く流れが速く，大きくて角ばった石が多い。下流の平野部では，河川勾配がゆるいため水の流れが遅く，川原には角のとれた円みを帯びた小石や砂が多い。

台風や集中豪雨のときなど大雨が降ると，水の量が増え流れが速くなる（洪水）。このときに土地を削り（侵食），砂や石などを運ぶ働き（運搬）が大きくなる。ときには土砂災害や河川の氾濫を伴うこともある。川原の礫は洪水のときの強い流れにより移動するため，非常に長い年月をかけて移動している。

疑問　川原の石の形が円みを帯びているのはなぜか。

仮説　川原で互いにこすれ合ったり，より小さな粒が衝突して研磨されるから。

- 石（礫）の「形」が下流へ行くにしたがって，円みを帯びていくモデル実験
　→この実験では，流水の働きで石が円みを帯びていく過程と，下流ほど円みを帯びているということを確認する。その際，実験の作業等が調べたい自然現象の何にあたるのかを正しく把握しておくこと。

- 準備物：フラワーアレンジメント用吸水スポンジ（約2cm角程度に切り分ける），ふた付きびん（図9 - 10左のびん），砂利（2cm角程度の角ばったもの，なければバラス等をハンマーで細かくする），ふた付き缶容器（お茶等が入っているようなもの）

- 方法：切り分けた吸水スポンジ10個をびん容器に入れ，水を3分の2くらい入れて振る。振る回数を班ごとに設定して行う（200，400，800，1000回）（条件制御：振る回数だけを変える）。

砂利12個を缶容器に入れ，水を3分の1程度入れ，1500回程度振る（途中400回ぐらいで1つ取り出し，1000回ぐらいでもう1つ取り出す）（条件制御：吸水スポンジと本物の石との削れ具合の違い）。

結果　吸水スポンジでは，振る回数が増えるにしたがってスポンジの角がと

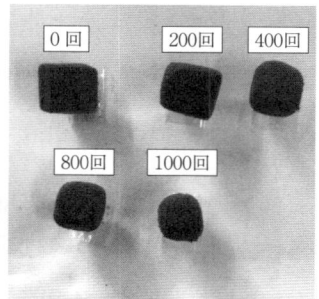

図9-10　モデル実験と自然現象との対応

注：振る行為→石どうしの研磨（川の流れ）。
　　振る回数→年数（長い年月）。

れて円くなっていった。粉のようなものができていた（図9-10右）。

　砂利では，石の角がとれてほんの少しだけ円みを帯びていた。石が割れた破片ができていた。粉のようなものができていた。

　つまり，砂利は吸水スポンジに比べて容易には円くなっていかない→自然界では簡単に円みを帯びていくわけでなく，長い年月をかけて円くなっていく。

・礫は流水の働きを長い年月の間受け続けることで，しだいに角がとれ円みを帯びるようになる。このときに，互いにこすれたりしながら，割れたり角が円くなったりする。礫や砂（泥）は川が増水したときに下流に流されていく。その際に大きさによるふるい分けを受け，流速（運搬力）に従って下流へと運ばれる。運ばれる過程でこすれたりするため，石の角がとれてより円くなる。このような作用には長大な時間がかかっている（時間的な見方）。

（3）指導のポイント

　台地や市街地で適切な河川がない場合は，児童が知っている近くの大きな河川を取り上げ，教科書などの写真や県の立体地図，川原の石などを用意する。

　安全面では，川の流れや川原での観察や実験には，入念な下見に基づく確実な安全対策が求められる。

小学校理科の観察，実験の手引き
- 実際の河川の川原の観察をするときは，石に足を取られたり，濡れて滑りやすくなった石にのったりしての転倒に気を付けるように指導する。また，川に入って流れの様子を観察したり，水の力を体感したりするときは，水の深さや勢い，転倒などに十分気を付けるように事前及び現地での指導を十分に行う。
- 川原の石を観察したらもとに戻すなど環境保全に配慮するようにし，ダムの放水情報の確認や上流での降雨など急な増水への警戒を怠らないようにする。

（文部科学省，2010，136頁）

参考になるホームページ：国土交通省「河川水難事故防止！『川で遊ぶ前に』」。

　第4学年から第5学年にかけては水に関連したつながりだったが，第5学年と第6学年をつなぐものは礫や砂などである。この「流れる水の働き」単元で学んだことは，第6学年の「土地のつくりと変化」へとつながっていく。流水の働きで大地が侵食され，運搬され堆積した土砂が，やがて地層を形成し大地の変動により陸上へと顔を出す。そしてまた風化・侵食・運搬・堆積を繰り返す。このような大地の変化の長大な時間や空間的移動を考える活動を第6学年で行っていく。

5　第6学年の指導の実際「土地のつくりと変化」

　第6学年では，主により妥当な考えをつくりだすといった問題解決の力（多面的に考えること）の育成を目指していることは，各領域共通である。地球領域では，さらに時間的・空間的な科学的な見方を取り入れた授業としていく必要がある。

　第6学年では，小学校教員が苦手意識をもっている単元であり，とくに地質学的時間スケールや地層の広がりなどの空間的認識において，概念理解が難しいと指摘されている単元である「(4)　土地のつくりと変化」を取り上げていく。

（1）目標と指導内容

(4)　土地のつくりと変化
　土地のつくりと変化について，土地やその中に含まれる物に着目して，土地のつ

くりやでき方を多面的に調べる活動を通して，次の事項を身に付けることができる
よう指導する。
ア　次のことを理解するとともに，観察，実験などに関する技能を身に付けること。
　(ア)　土地は，礫，砂，泥，火山灰などからできており，層をつくって広がってい
　　るものがあること。また，層には化石が含まれているものがあること。
　(イ)　地層は，流れる水の働きや火山の噴火によってできること。
　(ウ)　土地は，火山の噴火や地震によって変化すること。
イ　土地のつくりと変化について追究する中で，土地のつくりやでき方について，
　より妥当な考えをつくりだし，表現すること。（文部科学省，2017，89〜90頁）

　いま見えている大地の姿は昔から未来まで同じではなく，地震や火山，海水
準の変動などによって常に姿を変えている。しかしながら，その変化は私たち
の時間感覚ではなかなか捉えられるものではない。いわゆる地質学の時間ス
ケール（何万年，何百万年，何億年）である。地層の観察などをとおし，地層の
つながりや大地の変動などについて推論を行い妥当な考えを導き出していく。
○ねらい
• 地層は面としてつながっていること。ただし一様に広がっているわけではな
　いこと（空間的観点）
• 地層ができるには長い年月が必要であること（時間的観点）
• 地震や火山噴火による大地の変化（時間的観点）

図 9 - 11　堆積層と岩石層の違い
注：左は，礫層，砂層，泥層が重なる地層（メジャーは100cm），神奈川県小
　田原市。右は，砂岩と泥岩が重なる地層，和歌山県田辺市。
出典：左は，コーベット・フォトエージェンシーより。

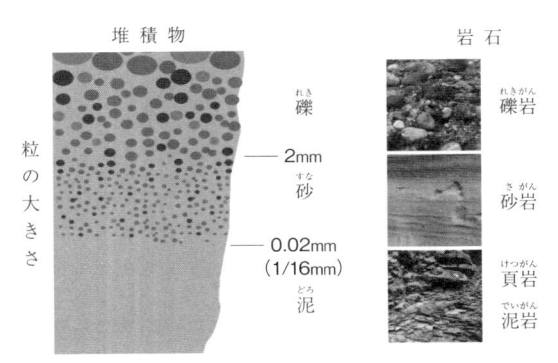

図 9 - 12　堆積物の粒の大きさによる分類

出典：おおだ web ミュージアム書庫を参考に筆者加筆。

• 岩石の地層と未固結の地層の違い（図 9 - 11）（誤概念）

礫岩・砂岩・泥岩と礫層，砂層，泥層の違いを区別しておく必要があり，日常用語としての「石」「岩」と，科学用語としての「岩石」の違いを区別しておく必要がある。礫・砂・泥の違いは粒の大きさの違いによる分類である（図 9 - 12）。たとえば砂が堆積しただけの柔らかい地層であれば砂層という。砂が堆積し，長い時間（少なくとも数百万年以上）をかけて押し固められて岩石になったものを砂岩という。

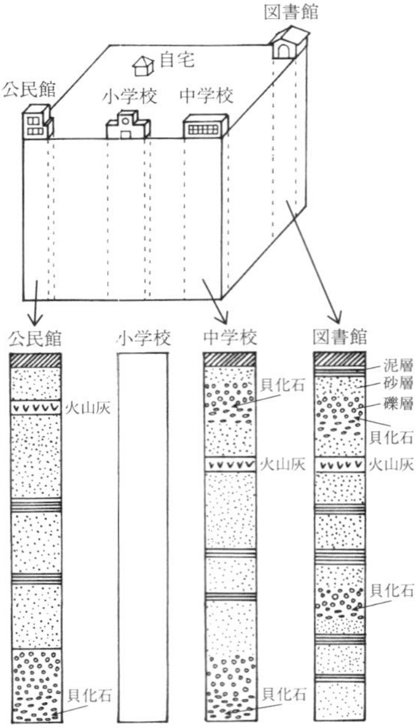

図 9 - 13　小学校周辺施設のボーリングデータ

（2）指導事例

ボーリング資料をもとに学校の地下の地層の様子を推論する。

公共施設のボーリングデータを柱状図に整理しつなげていくことで，地層の広がりを空間的な見方をもとに推論し，より妥当な考え方を導き出していく。

○本時の目標

　周辺施設のボーリングデータ・柱状図をもとに，小学校の地下にある地層の様子を推論する（図9-13）。

○指導過程

学習活動	留意点および評価の観点
・学校地下の地層の様子を予想する。 ・学校周辺のデータから妥当な考え方をもとに地層の様子を考える。	・既習事項をもとにまずは自由に予想させる。 ・図を提示し，各自が地層の様子を考えるように促す。考えた自分なりの理由を表現できるようにする。
学校の下の地層はどのように重なっていると考えることができるか	
・自身の考えをグループ内で紹介する。 ・それぞれが考えた理由とともにグループ内でより妥当な考えをつくりだし，地層の様子を表現する。 ・学校地下の地層の様子を妥当な考え方をもって表現する。 ・自宅地下の地層の様子についても考える。	・正解・不正解，同一の図・異なる図ということではなく，推論した根拠や理由について評価する（思考・表現：地層の様子として妥当な考え方をつくりだせているかどうか）。 ・地層の広がりについて妥当な考え方をもとに表現できているか。

（3）指導のポイント

　第6学年の「土地のつくりと変化」では，時間的・空間的な見方や考え方を活用し，大地の見えない地層部分や，経験値のない地震や火山の活動について，妥当な考え方をつくりだしていく。大地の変化特有の長大な時間や空間的認識を身に付け，中学校第1学年「大地の成り立ちと変化」へとつなげていく。

6　地球領域に特徴的な野外観察・安全指導

　第1節で取り上げた地球領域の指導の困難さの第2点目である「観察や実験の困難さや，再現性の不確かさ」という点に関わって，とくに野外観察実習における留意すべき点についてあげておく。

① 事前調査を十分に行うこと

　露頭（観察可能な地層）の場所の確認，地学的な解釈・妥当性の検討を行う。

これは一人では難しいため，地域の専門家に教えてもらうのがよい。

② 露頭観察における授業のねらいの明確化を行う

　地層観察において，何を学ばせるために，何に着目させるとよいのか（目的意識の明確化）。そのための授業の流れを考えていく。

③ 観察実習直前の再調査を行う

　安全確認を行うことが主な目的となる。季節による草木の茂り方，危険個所の確認，トイレの有無，必要に応じて地権者への承諾や観察場所周辺へのあいさつなどを行っておく。

　露頭観察へ出る際には，服装や持ち物（熱中症対策や防寒対策），緊急時の対応，複数教員での引率を依頼し，観察の実施を校内で確認し安全に実施する。忘れてはならないのが観察時における自然環境保全意識である。草木や地面，崖などをむやみに改変しないことも大切である。

　都市部の学校はもとより，校区内に適切な露頭がない場合がある。その際には，地層の剥ぎ取り標本を借りてきたり，学校や学校周辺施設の建設時のボーリング資料を用いたり，また校舎内壁に地層の写真を張り付けたりといった代替的な学習活動も考えておく必要がある。

引用文献

おおだ web ミュージアム「地層から学ぶ大田市の大地」（http://sanbesan.web.fc2.com/ohda_library/chisou_kyouzai_01.html 2018年4月1日アクセス）。

国土交通省ホームページ「河川水難事故防止！『川で遊ぶ前に』」（http://www.mlit.go.jp/river/kankyo/anzen/index1.html 2018年4月1日アクセス）。

JAXA，YAC（公益財団法人日本宇宙少年団）（2009）「歩いて宇宙の広がりを感じよう！――太陽系の大きさを体感する」（http://www.yac-j.com/labo/list/pdf/3.AstronomicalObject/3-7.pdf 2018年4月1日アクセス）。

文部科学省（2010）「学校理科の観察，実験の手引き」。

文部科学省（2017）「小学校学習指導要領解説理科編」。

山本晃一（1994）『沖積河川学』山海堂。

学習の課題

(1)　川にまつわる素朴概念の例を1つあげてみよう。そして，子どものもつ誤概念を正しい科学概念に修正していく授業方法を考えてみよう。

(2)　観察や実験に目的意識をもたせるために行う，授業の工夫について考えてみよう。その際，問題把握のための取組みと，各学年における問題解決の能力に関連した工夫をすること。

(3)　地球領域の任意の単元を事例に，思考力，判断力，表現力等を育む授業例を考え，授業目標と授業の目当て，評価の観点と評価方法（手立て），ワークシート等を構想してみよう。

146頁 **2**（**3**）の（答）　鉄棒のたて棒の影が東南東方向に平行に地平線までのびてゆく作図ができていればよい。ポイントは横棒の影ができないこと，2本のたて棒の影が平行に地平線までのびていること，である。

【さらに学びたい人のための図書】

藤岡換太郎（2014）『川はどうしてできるのか——地形のミステリーツアーにようこそ』講談社（ブルーバックス）。
　　　⇨川を中心観点にして，地形のでき方から移り変わりまでわかりやすく解説されている。

YAC（日本宇宙少年団）「教材研究＞活動教材一覧」。
　　　⇨天文関係を主体にJAXA宇宙教育センターとYACが共同開発した教材が例示されている。

岩谷忠幸監修（2011）『史上最強カラー図解——プロが教える気象・天気図のすべてがわかる本』ナツメ社。
　　　⇨天気・気象現象（四季の天気，天気予報，異常気象など）を豊富な写真とイラストとともに解説してある。

（平田豊誠）

■ コラム7 ■

宇宙に関する授業

　第6学年では，月の満ち欠け理解の学習があり，これが小学生にとって難しい学習の一つとされている。地球と月，そして太陽の3つの位置関係を考えなければならないからである。十数年前，西宮の小学校において，アメリカの大学の先生と同じ月の満ち欠け学習で対決授業を行った。アメリカ側の授業は，部屋を暗くして，懐中電灯の光を自分にあててもらう。児童一人ひとりが小さな球の形をした発泡スチロールを手に持って自分の顔のまわりを回し，自分もその場で回転しながら，球のモデルが満ち欠けしていく様子を見るというものだった。それに対して私が行ったのは，日本の従来やっている方法である。黄色いドッジボールを児童が手に持って，懐中電灯の光をあて，そのまわりを児童が交代で回りながらドッジボールの光っている部分の様子を見るというものである（図1はスポットライトを球体にあてて児童らが立って見ているときの様子である）。

　アメリカ側の学習は，児童自身の顔を地球にみたて，発泡スチロール球を月のモデルとして公転させているのである。懐中電灯が太陽であり，より観察者視点に近い形となっている。それに対して日本側の授業は，月のモデルのまわりを見ている自分が回っており，実際の観測現象とは大きく違う。しかしながら，アメリカ側の授業では，月のモデルが満ち欠けしているのを見ることができるのは自分だけである。それに対して，日本側の授業では，多くの児童が，同じ方向から見れば，ほぼ同じ月のモデルの満ち欠けの様子を見ることができる。この例のように，学習するための方法は様々に考えられている。それぞれ長所短所があり，それを認識して欠点を補うように授業を組むことが大切であり，両方のモデル学習を行うこともその一つとなる。ところが，この2つの学習を多くの児童で共通理解していくためには

図1　球体に光をあてて観察

問題がある。視点の共有化の問題である。日本側の学習であっても同じ方向から月のモデルを見ることができるのは数人であり，しかも一人ひとりが見ている月は，微妙に違っている。そこで，モデルを見る位置を全員同じにして視点を共有化することが大事になる。現在は，IT 機器

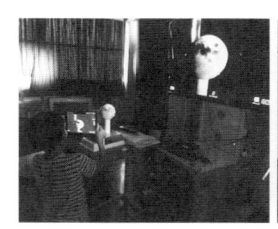  

図2 バムーンを映し出す　　図3 球体の観察　　図4 月の直接観察

が発達したおかげで，次のような学習が簡単にできるようになってきた。月のモデルをタブレットパソコンのカメラ機能で映し，それを50インチの大型テレビに映し出す方法である（図2）。これによって，目の前にあるスポットライト（太陽）と丸い月のモデル（バムーン），タブレットパソコン（地球）の3つの実物を見ながら，テレビによってタブレットパソコンの位置から見た月の満ち欠けの様子を映し出すことができる（バムーンとは，星座カメラ i-CAN プロジェクト代表・佐藤毅彦氏が作成した月の風船）（現在ナリカより製品化されている）。この方法だと，児童らが同じ月の満ち欠けの様子を見ることができるため，話合いがしやすくなった。事実，児童らは，「タブレット側から見える月の様子がわかりやすく，タブレットを動かして月のモデルを見る位置を変えていくとき，少し変えたら月の満ち欠けの様子も変わったのでわかりやすかった」という感想を述べていた。

　次に理科室から見える球体を観察し（図3），また全員が望遠鏡により下弦の月（午前中であれば薄白く空に見えている）の直接観察を行った（図4）。

　宇宙に関する学習で何よりも大切にしたいことは，「児童の実体験と児童の天体への興味関心の芽」である。昼間における学習においては，直接に体験できる学習内容は限られている。下弦の月の頃は，学校の授業時間中においても実際に月を観察しやすくなる。夜の天体の観察は，自宅での学習となることが多いが，昼間の学習では，児童一人ひとりが月の満ち欠けモデル実験を行った。

　図5・図6がそのときの様子である。

　また，最近では，夜の実体験ができにくいため，それを補うものとして ALCAT（Astronomy Live Camera And Telescope）が開発されてきた。アメリカ等の日本と地球の反対側にある ALCAT（星座カメラやインターネット望遠鏡）を用いれば，昼間の授業でリアルタイムに天体観察の学習ができる。実際の授業では，ニューヨークにある慶應義塾大学インターネット望遠鏡を児童が遠隔操作して，月の観察も行った。このような様々な経験が深い学びにつながっていく。星座カメラでは，JAXA の佐藤毅彦氏らが作製した星座カメラ i-CAN が有名である。世界中

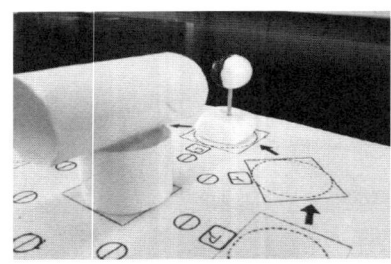

図5　月のモデル実験

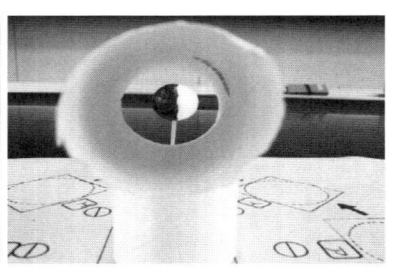

図6　トイレットペーパーの芯から見た
　　　モデル

図7　ハワイマウナケアにある星座カメラで
　　　捉えたオリオン座と流星（2つの丸い
　　　大きな天文台はケック望遠鏡）

に設置した星座カメラをインターネットにより子ども自身の手で遠隔操作し，カラーによって天体の観察ができる（図7）。使用している人がいなければすぐに利用できることも，第4学年の学習に最適である。

　宇宙に関する学習については，苦手意識の多い教師も多いといわれているが，現在では，様々な教材の工夫により，従来の問題点を克服していく環境が整ってきている。宇宙に関する学習を教師が好きになれば，子どもたちも喜んで取り組むと思われるので積極的に頑張ってほしい。

参考URL
星座カメラ i-CAN（http://melos.ted.isas.jaxa.jp/i-CAN/　2018年6月12日アクセス）。
慶應義塾大学インターネット望遠鏡（http://arcadia.koeki-u.ac.jp/itp/　2018年6月12日アクセス）。

（松本榮次）

第10章　学習指導案は授業の設計図

この章で学ぶこと

学習指導案は「授業の設計図」である。日々の授業の質を高めるために，学習指導案を作成することは教師にとって価値のあることである。本章では，1．学習指導案の作成について，2．学習指導案の実際と作成のポイント，3．授業づくりと他者との協同，の3つの内容について，理科学習指導案を事例に，授業づくりにおいて大切なことも交えながら解説する。

　1　　学習指導案の作成について

（1）学習指導案とは

学習指導案とは，教師が授業をどのように計画し進めていくかを記載したものである。言い換えれば，学習指導案は「授業の設計図」なのである。学習指導案を書く場面は，教育実習や校内研修など様々である。しかし，たとえば，教育実習だから学習指導案を書くのではなく，児童の資質・能力を育成するための，日々の授業の質を高め実践していく営みの一つであることを忘れてはならない。澤井（2017）が指摘するように，素晴らしい学習指導案が書ければ，必ず授業がうまくいくとは限らないが，場当たり的な指導には限界があり，授業を設計（デザイン）する力を地道に身に付けていくことが必要である。そのための第一歩が学習指導案である。では，学習指導案を書く意義は何だろうか。基本的には次の2つが考えられる。

① 授業者が考えている構想を外化すること

授業者は，授業づくりのために，学習指導要領を見て単元の目標や内容を確認したり，目の前の児童の実態を把握したりする。また，教科書や指導書，過

去の実践事例，予備実験等から教材研究を行い，どのように単元を構想し授業するかをイメージすることになる。その際，学習指導案の作成は，授業者が収集した情報を整理し，授業構想の外化に役立つのである。

②　ほかの教師と共有し，有益なフィードバック情報を得ること

　学習指導案があると，授業のねらいや手立てなど，授業者が自身の考えを他者と共有し，有益なフィードバック情報を得ることにつながる。授業の前であれば，学習指導案を同僚の教師に見てもらうことで，検討できていなかった点や授業づくりの新たな視点を得ることができ，再考の上，修正することが可能となる。

　また，授業公開後には，学習指導案と実際の授業に基づいて，授業者のねらいがどの程度達成できたか，手立ては有効だったか等，ほかの教師とともに振り返り，今後の実践に生かす視点を得ることができる。

（2）学習指導案の一般的な構成要素

　学習指導案には何を書くのだろうか。学習指導案の一般的な構成要素として，次のようなものがあげられる（図10-1）。ただし，学習指導案の構成要素は，学校によって様々であり，全国共通の決まった形式があるわけではない。

　また，学習指導案には「細案」と「略案」と呼ばれるものがある。「細案」は，図10-1のすべての項目が書かれたものである。つまり，単元の目標や単元の計画など「単元全体のこと」と，本時の目標や授業展開の具体など「本時のこと」の両方を書くことになる。一方，「略案」は，授業を行う1時間分の授業，つまり「本時のこと」を書いた学習指導案であり，一般に図10-1の①②③⑨についてまとめたものである。

```
　　　　第○学年○組　　理科学習指導案
①　指導者氏名
②　日時，場所
③　単元名
④　単元の目標
⑤　単元観または教材観
⑥　児童の実態
⑦　指導観（教師の手立て）
⑧　単元計画
⑨　本時の学習
　　　本時の目標
　　　本時の展開（学習過程）
```

図10-1　学習指導案の一般的な構成要素

2　学習指導案の実際と作成のポイント

　本節では，どのように学習指導案を書けばよいのか，項目ごとに解説する。その際，具体的にわかるように，実際に教育現場で書かれた理科の学習指導案を2017（平成29）年版学習指導要領を踏まえて再構成したものを例示（本書167～171頁に掲載）したので，参考にしてほしい。また，理科授業づくりの視点についても適宜述べていくこととする。なお，例示した学習指導案は，図10-1で示した構成要素と多少異なるところもあるが，ほぼ一般的な形式と考えてよいだろう。

第6学年○組　理科学習指導案

指導者：○○　　○○
日　時：○○年○月○日（○）

1　単元名

　体のひみつ　発見‼「体のつくりとはたらき」

2　単元構想

(1) 単元の目標

〈知識・技能〉

　○　呼吸や消化・吸収，血液の循環と働き，生命活動を維持するための様々な臓器があることを理解することができる。

　○　実験上必要な機器や薬品を適切に使用して安全に実験を行ったり，図書や模型等を活用して調べたりすることができる。

〈思考・判断・表現〉

　○　呼吸や消化・吸収，血液の循環の働きについて，問題や仮説を設定することができる。

　○　実験結果と予想・仮説を照らし合わせて考察し，より妥当な考えを表現することができる。

〈学びに向かう力，人間性等（主体的に学習に取り組む態度）〉

　○　人や他の動物の体のつくりと働きについての事物・現象に進んで関わり，粘り強く他者と関わりながら問題解決しようとするとともに，学んだことを学習や生活に生かそうとしている。

---

(2) 単元について（単元観）

○　学習指導要領における内容の取扱いと本単元の学習内容

本単元は，小学校学習指導要領の理科「第6学年」の内容

B　生命・地球

(1) 人の体のつくりと働き

人や他の動物について，体のつくりと呼吸，消化，排出及び循環の働きに着目して，生命を維持する働きを多面的に調べる活動を通して，次の事項を身に付けることができるよう指導する。

ア　次のことを理解するとともに，観察，実験などに関する技能を身に付けること。

(ア)　体内に酸素が取り入れられ，体外に二酸化炭素などが出されていること。

(イ)　食べ物は，口，胃，腸などを通る間に消化，吸収され，吸収されなかった物は排出されること。

(ウ)　血液は，心臓の働きで体内を巡り，養分，酸素及び二酸化炭素などを運んでいること。

(エ)　体内には，生命活動を維持するための様々な臓器があること。

イ　人や他の動物の体のつくりと働きについて追究する中で，体のつくりと呼吸，消化，排出及び循環の働きについて，より妥当な考えをつくりだし，表現すること。

を受けて設定したものである。「呼吸」「消化・吸収」「血液循環」「主な臓器の存在（肺，胃，小腸，大腸，肝臓，腎臓，心臓）」について学習するとともに，人や他の動物の体のつくりと働きについてより妥当な考えをつくりだしたい。また，問題解決を行う際に，児童自身が既にもっている考えを検討し，より科学的なものに変容させるような力を育成したいと考える。そのために，観察や実験の方法を再検討したり，複数の観察，実験などから得た結果を基に考察をしたりする多面的な追究場面を大切にしたい。そして，このような学習を通して，児童が，体のつくりの巧みさを実感できるようにしていきたい。

○　系統性について

第4学年理科「骨と筋肉」「骨と筋肉の働き」では，人の体には骨と筋肉があること，人は骨と筋肉の働きによって体を動かすことができることを学習した。第6学年では，1学期に「植物の成長と日光や水とのかかわり」において，葉に日光があたるとデンプンができることや蒸散を学習した。これらの既習事項をベースに本単元が位置付いている。また，本単元の学習事項は，中学校第2学年「動物の体のつくりと働き」の学習へとつながっていく。

(3) 児童の実態

児童の実態を把握するために，6年○・△組の児童67人に対して，理科の学習に関する質問紙調査（5件法）を行った。結果は次の通りである。

○　理科の内容に関する興味や関心は，肯定的回答が80.3%，観察・実験が好きな

児童は，86.4％と高い傾向にあった。そのため，<u>理科授業や観察・実験活動に対して好意的</u>に捉えていることがわかった。

○　一方で，考察することに自信があると思っている児童は，43.9％と低い傾向にあり，<u>考察に苦手意識</u>があることがわかった。4月〜5月にかけて学習した「もののもえ方」の単元では，ノートやワークシートを見ると考察が結果の二度書きとなっている記述が目立っており，考察の書き方の理解が不十分な児童が多かった。

○　さらに，児童の考察場面を見ていると，約半数が自分の実験結果のみから考察を行っている。そのため，より妥当な考え方を形成できず，必ずしも科学的な結論を導くことができていない場合がある。

○　前述の通り，観察・実験活動に対して好意的であったが，進んで実験操作をしていると感じている児童は62.1％であり，<u>観察・実験を好むが，必ずしも進んで行えていない</u>という現状がうかがえた。

○　実験結果や自分の考えを説明できると思っている児童は，48.5％と低い傾向にあり，<u>説明活動が苦手</u>であるという実態がわかった。

(4) 教師の願いと手立て（指導観）

○　「考察が苦手である」という実態を踏まえ，本単元では，<u>問題（課題・仮説）と答え（考察・結論）の関係を明確にした指導</u>を行いたい。既習事項や生活経験を踏まえて，何を明らかにする実験なのかを明確にし，疑問形で問題を提示する。そして，実験の結果を踏まえて問題に対する答えとして考察を書かせるようにしたい。

○　また，第6学年理科では，より妥当な考えをつくり出すといった問題解決の力の育成に重点をおく必要がある。本単元では，「自分の実験結果のみから考察を行っている」という実態を踏まえ，<u>児童の相互交流場面を大切にし，情報交換しながら多面的に結論を導ける</u>ような考察場面を設定したい。

○　「思いをもつ」ためには，児童が事象に対して興味や関心をもち，いかに主体的に問題解決をしていくかが鍵となると考える。そのため，本単元で扱う<u>実験を工夫し</u>，主体的に取り組むことができるようにしたい。例えば，本単元のだ液の消化実験（本時で公開）では，<u>1人1実験</u>できるようにし，「自分の実験」という思いをもたせたい。また，実際に運動させたり，ご飯をかんだりするなど，<u>児童の生活経験との関連を明確</u>にすることで，事象や実験に対して，興味や関心がもてるようにしたい。

○　「説明活動が苦手である」という実態を踏まえ，<u>実験結果や考察を書く時間を十分に設け，友達と交流</u>する場面を計画的に設ける。また，自信をもって交流で

きるように，「実験結果は，事実のみを書くこと」「考察は，実験結果を踏まえて，問題に対する答えを書くこと」という基本的な指導も合わせて行いたいと考える。

3　単元計画（総時数12時間）

次	時間	○　主な学習活動	評　価
第1次	1	○　生活経験や既習事項（植物）などから，人が生きていくためには，何が必要なのか話し合い，本単元の見通しをもつ。	態：人が生きていくためには，何が必要か，生活経験や既習事項を生かして考えようとしたか。 （発言・ノート）
第2次	2	○　簡単な運動を取り入れ，運動前後の体の様子を比較する。	思：吸う空気と吐いた空気の違いについて仮説を立てることができたか。 （ワークシート）
	3 4	○　吸う空気と吐いた空気とでは，何が違うのか話し合い，実験を通して調べる。	知：気体検知管や石灰水などを適切に使用して，安全に実験を行うことができたか。　　（観察）
	5	○　酸素を取り入れ，二酸化炭素を出すのは，体のどこで，どのように行われているか調べ，まとめる。	
第3次	6	○　口に入れた食べた物がどこを通って，どのように変化し，肛門からうんちとして出るか考え，話し合う。 ○　消化管の位置と名前を知る。	思：だ液の消化実験の結果と仮説を照合して考察し，より妥当な考えを表現することができたか。 （ワークシート）
	7 （本時）	○　**口に入れたご飯（デンプン）がだ液によって，どう変化するか調べる。**	態：消化の仕組みについて，粘り強く他者と関わりながら，進んで問題を解決しようとしたか。
	8	○　人体模型や映像資料，教科書を通して，消化管と消化の仕組みを調べ，まとめる。	（観察・自己評価）
第4次	9	○　酸素や養分は，どのようにして全身に運ばれるか話し合う。 ○　教科書や映像資料，人体模型を使って，血液の体内での循環についてや，その働きについて調べる。また，心臓・腎臓の位置や働きについて調べる。	思：血液循環の働きについて，多面的に調べ，自分の考えを表現することができたか。 （発言・ノート）
	10 11	○　顕微鏡を使って，メダカの血液の流れを観察する。 ○　聴診器を用いて，脈拍や拍動を調べる。 ○　血液循環についてまとめる。	知：顕微鏡や聴診器などを適切に使用して，実験を行うことができたか。 （観察）
第5次	12	○　体内のさまざまな臓器や働きを確認しながら，これまでの学習を振り返る。 ○　学習の感想を書く。	知：呼吸や消化・吸収，血液の循環と働き，生命活動を維持するための様々な臓器があることを理解することができたか。 （発言・ノート）

※　評価欄の「知」は知識・技能，「思」は思考・判断・表現，「態」は主体的に学習に取り組む態度を表している。

4　本時の学習（7／12）

(1) 目　標

　ごはん粒を用いただ液の消化実験を通して，問題（仮説）と結果を照合して多面的に考察し，だ液によってデンプンが別の物に変わったことをワークシートに書くことができる。

(2) 学習過程

主な学習活動　　・予想される児童の表れ	☆教師の働きかけ
1　ごはん粒を「1回かんだとき」と「50回かんだとき」の味の違いを確かめ，本時の学習問題（仮説）を設定する。 ・ごはんをかみ続けたら，甘くなってきた。どうしてかな？ ・口の中にだ液が出てきた。 ・だ液がデンプンを甘いものに変えたのかな。 　デンプンは，私のだ液によって，（別の物に）変わったのだろうか？	☆　1回かんだ時の味を覚えておくように指示し，50回かむと甘くなることに気付けるようにする。 ☆　かむことでだ液の量が増えたことを押さえ，児童が問題を見いだすことができるようにする。
2　課題を解決するためには，どういう条件を設定し何が分かればよいかを考え，実験方法を確認する。 ・だ液によって変化したかを調べたいから「だ液あり」と「だ液なし」を用意しないといけないな。 ・デンプンがどうなるか調べるなら，ヨウ素液が必要だね。 ・どうして，わきの下や肌に触れさせる必要があるのかな。	☆　教師と児童の対話によって，条件設定や見通しについて考えさせる。
3　実験を行い（1人1実験），結果をまとめる。 ・「だ液あり」は，青紫色が消えたよ。 ・「だ液なし」は，青紫色のままで変化がなかった。 ・自分の結果と友達の結果を比べよう。疑問があれば再実験が必要だ。	☆　口の中の状態をなるべく再現するには，どうしたらよいか発問し，体温が必要であることに気付けるようにする。
4　考察を書き，相互交流する。 ・「だ液あり」の方だけが，変化があったから，だ液によってデンプンが変化したんだ。 ・考察に結果のまとめも入れた方が分かりやすい。 ・何人かの人の結果を比較して，考察をしよう。 5　考察をまとめる。 　だ液ありは青紫色が消え，だ液なしは青紫色のままだったことから，デンプンは，だ液によって別の物に変わったと考えられる。	☆　多面的に追究して自分の考察を確かめたり，修正したりできるよう，友達との相互交流を促す。 〈思考・判断・表現〉 結果と仮説を照合して考察し，相互交流を生かし，だ液によってデンプンが別の物に変わったことを書くことができたか。 　　　　　（ワークシート） ☆　学習の範囲外ではあるが，必要に応じてデンプンが糖の仲間に変わったことを押さえる。

（1）単元名

　学習指導案例の「1　単元名」には，次のように記されている。

> 1　単元名
> 　体のひみつ　発見‼「体のつくりとはたらき」

　教科書に書かれている単元名（「体のつくりとはたらき」）を書くことが基本であるが，教師の思いや意図，該当単元の肝となるキーワードなどを反映させた，指導者のオリジナルの単元名（体のひみつ　発見‼）を書く場合もある。表記の仕方にはいくつかの方法があり，どちらか一方を書く場合もあれば，両方を併記する場合もある。学習指導案例は両方を併記したものとなっている。

（2）単元構想

　学習指導案例における「2　単元構想」では，「(1) 単元の目標」「(2) 単元について（単元観）」「(3) 児童の実態」「(4) 教師の願いと手立て（指導観）」から構成されている。以下，それぞれについて述べていくこととする。

(1) 単元の目標

　ここでは，「知識・技能」「思考・判断・表現」「学びに向かう力，人間性等（主体的に学習に取り組む態度）」の3つの観点に基づいて記述されている。理科における「知識・技能」は，自然の事物・現象についての基本的な概念や規則性についての知識や，観察，実験における器具や機器の扱い方，記録の仕方などの技能に関わる目標である。「思考・判断・表現」は，自然の事物・現象の中から問題を見出すことや，得られた結果を考察し，より妥当な考えを表現するなど，主に問題解決の過程における科学的な思考力や判断力，表現力等に関わる目標である。「学びに向かう力，人間性等（主体的に学習に取り組む態度）」は，主に自然の事物・現象について粘り強く，他者と関わりながら問題解決しようとしたり，学んだことを学習や実社会・実生活に生かそうとしたりする態度に関わる目標である（目標と評価は相互に密接に関係している。評価（評価の観点）については次章で詳しく述べる）。

　以上のことを踏まえ，2017年版「小学校学習指導要領解説理科編」の該当単元部分をベースに，教科書や教師用指導書等も参考にして，単元の目標を書くようにしたい。単元の目標は，単元の学習が終わった後の児童の成長の姿であることを忘れてはいけない。形だけとならないよう，児童の姿を具体的にイメージして記述することが大切である。

⑵　単元について（単元観）

　このセクションは，図10-1の「⑤単元観または教材観」に相当する箇所である。学習指導案例では，主に2つに分けて記載されている。1つ目（上段）は，学習指導要領における内容の取扱いと本単元の学習内容である。ここでは，学習指導要領における該当単元の内容の抜粋とともに，第6学年「人の体のつくりと働き」で扱う科学の内容や「多面的に考える」など，児童が働かせる見方・考え方，「より妥当な考えをつくりだす」という問題解決の力などを踏まえ，児童に育成すべき資質・能力や学習の進め方等について書かれている。

　2つ目（下段）は，系統性，つまり，該当単元が，他学年の単元とどのようにつながっているか，その位置づけを記述する。系統性については，「小学校学習指導要領解説理科編」（文部科学省，2017，22〜26頁）に図として掲載されているので，参考にしたい。

　指導案の形式によって書き方は様々であるが，ここでは単に該当単元における学習内容を書くだけではなく，学習内容から児童にどういう資質・能力を育成したいのか，指導者のねらいがわかるように書くことが大切である。

⑶　児童の実態

　このセクションは，図10-1の「⑥児童の実態」に相当する箇所である。「児童観」と呼ばれる場合もある。ここでは，指導する学級の実態を書く。効果的な学びを実現するためには，学習前の児童の実態を適切に把握し，指導に生かす必要がある。どんなによい教材があっても，児童の実態に即していなければ，効果的な学びは成立しない。あるクラスでよい授業ができても，同じ学年の隣のクラスで，同じ教材，同じ指導をしてもうまくいかないことはよくある話である。授業づくりや教材研究において，児童の実態を把握することは最

優先事項と考えてよいだろう。

　理科では，学習前に児童が保持している素朴概念や観察，実験の技能，問題を見出す力やより妥当な考えをつくりだす力などの問題解決の力，意欲的に自然の事物・現象に関わろうとしたり，科学的知識を日常生活に当てはめてみようとしたりする態度など，理科における資質・能力と関わる学習前の児童の実態を捉えることが大切である。

　児童の実態を具体的に把握する方法は，診断的評価として，質問紙調査や概念調査，観察法，パフォーマンステストなど，多様な評価方法が考えられる。学習指導案例では，質問紙調査や観察法が行われている。たとえば，「児童の考察場面を見ていると，約半数が自分の実験結果のみから考察を行っている。そのため，より妥当な考え方を形成できず，必ずしも科学的な結論を導くことができていない場合がある」という記述がある。これは，第6学年理科の問題解決の力として位置づけられている「より妥当な考えをつくりだす力」と関わる実態であり，これまでの理科授業における児童の様子の観察に基づいて捉えられたものである。

　児童の実態は，次のセクションの「(4) 教師の願いと手立て（指導観）」の根拠の一つとなるものなので，たくさん書けばよいというわけではなく，的を絞って必要な情報を事実として記すようにしたい。

(4) 教師の願いと手立て（指導観）

　このセクションは，図10-1の「⑦指導観（教師の手立て）」に相当する箇所である。ここでは，(2) 単元について（単元観）や (3) 児童の実態と対応させた形で，どのように指導していくか，指導者の考えを示すところである。たとえば，学習指導案には，次のような記述がある。

○　また，第6学年理科では，より妥当な考えをつくり出すといった問題解決の力の育成に重点をおく必要がある。本単元では，「自分の実験結果のみから考察を行っている」という実態を踏まえ，児童の相互交流場面を大切にし，情報交換しながら多面的に結論を導けるような考察場面を設定したい。

　指導者は第う学年で重視されている問題解決の力や「自分の実験結果のみから考察を行っている」という児童の実態を踏まえ，「児童の相互交流場面を大切にし，情報交換しながら多面的に結論を導けるような考察場面」という理科の考え方を働かせる学習場面を設定したいと考えていることがわかる。この記述のように，児童の実態や理科において育成したい資質・能力，見方・考え方を踏まえて，なぜ，その手立てを講じるのかがわかるように書くことが大切である。

（3）単元計画

　単元計画では，該当単元を何時間で，どのような計画で学習を進めるかを記述する。図 10 - 2 は学習指導案例の「3　単元計画」の一部を抜粋し，再掲したものである。

　左端には「次」という欄があり，「第 1 次」「第 2 次」というように，総時間が学習内容のまとまりに応じて分けられている。これを「『次（つぐ）』ごとに分ける」という。「時間」「○　主な学習活動」の欄には，各学習時間に対応させて，「主な学習活動」を記載するようにする。また，公開する本時の学習が単元計画のどこに位置づくのかも明示するようにする。右端の「評価」の欄には，観点別に何を評価するか，何を評価の材料とするかを記述する（観点別学

3　単元計画（総時数12時間）

次	時間	○　主な学習活動	評　　価
第1次	1	○　生活経験や既習事項（植物）などから，人が生きていくためには，何が必要なのか話し合い，本単元の見通しをもつ。	態：人が生きていくためには，何が必要か，生活経験や既習事項を生かして考えようとしたか。 （発言・ノート）
第2次	2	○　簡単な運動を取り入れ，運動前後の体の様子を比較する。	思：吸う空気と吐いた空気の違いについて仮説を立てることができたか。 （ワークシート）
	3 4	○　吸う空気と吐いた空気とでは，何が違うのか話し合い，実験を通して調べる。	知：気体検知管や石灰水などを適切に使用して，安全に実験を行うことができたか。 （観察）
	5	○　酸素を取り入れ，二酸化炭素を出すのは，体のどこで，どのように行われているか調べ，まとめる。	

図 10 - 2　単元計画の一部

習状況の評価については，第11章 **2** （4）参照のこと）。たとえば，第2次では，「思考・判断・表現」に関わる評価の規準を「思：吸う空気と吐いた空気の違いについて仮説を立てることができたか」と設定し，それを（ワークシートで）評価しようとしているのである。毎時間の授業にすべての観点について評価することは現実的には無理がある。図10-2のように，第1次では「主体的に学習に取り組む態度」を，第2次では「思考・判断・表現」と「知識・技能」を評価するというように，単元の学習を進めていく中で，単元の目標の達成状況をみとることができるよう，見通しをもった評価の計画を立てることが大切である。

　単元計画は，現在，授業改善の視点としてキーワードとなっている，「主体的・対話的で深い学び」の実現にとって大変重要である。2017年版「小学校学習指導要領解説理科編」の「指導計画の作成と内容の取扱い」においても指摘されるように，「主体的・対話的で深い学び」は，1単位時間の授業の中ですべて実現されるものではなく，単元レベルにおいて実現を図るものである（文部科学省，2017）。たとえば，理科では生活経験や既習事項を生かしたり，自然の事物・現象に対して疑問をもたせたりした後に，単元を貫く問題を設定したり，自ら仮説を立てたりすることが，その後の「主体的な学び」につながる。また，問題や仮説を前提として，見通しをもった観察，実験に取り組む中で，仲間と話し合いながら結果を予想したり，結論を導いたりする「対話的な学び」が成立する。このような主体的な学びや対話的な学びが理科の本質に迫る学び，つまり，問題解決のプロセスを踏まえたり科学的知識を活用したりする学びの中で成立することが，結果として「深い学び」となっていくのである。

　学習指導案例の単元計画では，第1次で「人が生きていくためには何が必要か」という単元を貫く問題を設定し，第2次以降，呼吸や消化，血液の循環，主な臓器について，見通しをもった観察，実験等を行うことで，主体的・対話的な学びを促している。そして，単元末にこれまでの学習を振り返り，体のつくりと働きの巧みさを実感するという展開によって，深い学びとなるよう計画されている。このように，単元レベルで，主体的・対話的で深い学びとなるような学習場面をどう配置し，実現するかを熟考し指導計画を立てるようにしたい。

（4）本時の学習

⑴ 本時の目標

「⑴（本時の）目標」は，授業の要であり，評価の３つの観点を意識して，十分に吟味するようにしたい。学習指導案例の本時の目標には次のように記述されている（太字，波線は筆者が加筆）。

> ごはん粒を用いただ液の消化実験を**通して**，問題（仮説）と結果を照合して多面的に考察し，だ液によってデンプンが別の物に変わったことをワークシートに**書くことができる**。

本時の目標は，例のように，「……を通して，～～することができる」という書き方を基本としたい。「……」は主な学習活動であり，「～～」は本時で目指す児童の姿（到達点）である。筆者がこれまでに見てきた学習指導案には，ときに，表現に具体性がなく何を本時で目指しているか明確でないものがあった。学習後の「児童の姿」を具体的にイメージして，どのような学習を通して，何を目指すのかを明確に書くように心がけたい。

⑵ 学習過程

「⑵ 学習過程」では，「主な学習活動　・予想される児童の表れ」「教師の働きかけ」が記載されている。図10-3は，澤井（2017，72頁）を参考に，本時の目標と学習過程を構造的に理解するために作成したものである。これも参照しながら，以下に示す本時の学習過程の作成のポイントを解説する。

「主な学習活動　・予想される児童の表れ」の欄は，本時の目標を達成するために，授業をどう具体化するかを考えて書くところである。その際，まず考えたいのは，学習指導案例の四角で囲まれた「（学習）問題」と二重線の四角で囲まれている「まとめ」の関係である。「問題」は「めあて」や「課題」という言葉で言い換えられることもある。「まとめ」も「結論」という言葉で言い換えられることもあるだろう。理科という教科固有の学びのプロセスは「問題解決（探究）」である。そのため，「問題」は本時の目標を具現化する問いとなっているかを考え，「……は，～～だろうか」と疑問形で書くことを基本と

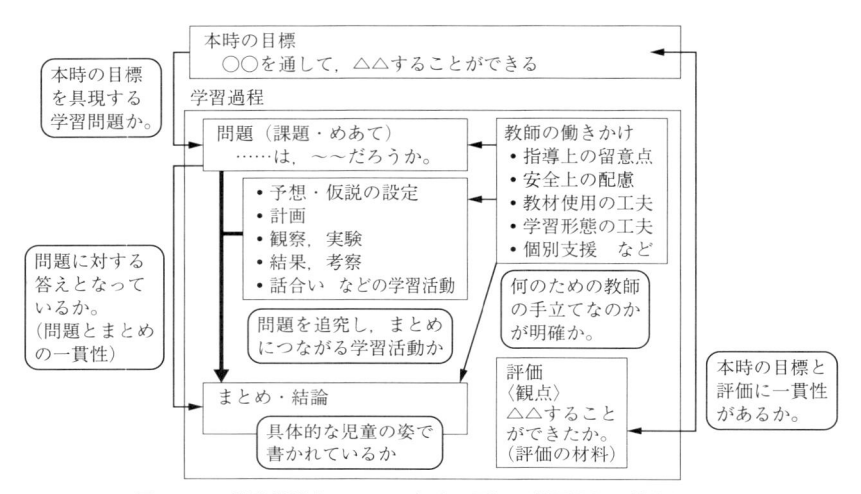

図 10-3　学習指導案における本時の目標と学習過程の構造的理解

出典：澤井，2017，72頁を参考に筆者作成。

したい。「まとめ」は，問題に対する「答え」となるように，教師が想定する理想的なまとめを記載しておくようにしよう。「問題」と「まとめ」の関係は授業の骨組みであり，一貫性を必要とする。その上で，問題を追究しまとめにつながる学習活動となるように，予想の場面や観察，実験の場面を肉付けしていくのである。

　「予想される児童の表れ」は，各学習活動における児童の反応を教師が事前に予想して記載するものである。予想される児童の表れを事前に考えておくことで，授業の流れやつながりを明確にすることができる。ここがしっかりと書けている授業者は，授業の具体的なイメージをもつことができているといえるだろう。

　「教師の働きかけ」の欄には，助言や発問などの指導上の留意点や安全上の配慮，教材を使用する上での工夫や学習形態の工夫，個別支援などについて記述する。ただし，たくさん書けばよいというものではなく，本時の目標を達成するために必要な教師の手立てを精査して記述するようにしたい。学習指導案例の教師の働きかけの欄には，たとえば，次のような記述がある。

> ☆　かむことでだ液の量が増えたことを押さえ，児童が問題を見いだすことができ
> るようにする。

何を意図した手立てなのか，明確になっていることがわかるだろう。児童が
本時の目標を達成できるように，教師の働きかけを吟味することが大切である。

教師の働きかけの点線の四角で囲まれた部分は，「本時の評価」である。本
時の目標がどの程度達成できたかを判断するためのものである。目標と評価は
表と裏の関係であるため，目標の記述と似た表現になるが，評価の観点と評価
の材料についても記述し，教師が実際に評価できる内容とすることが必要であ
る。学習指導案の形式によっては，A「十分満足できる」，B「おおむね満足
できる」，C「努力を要する」というように，基準を設けて記すこともある。
評価を具体化して考えておくことは，教師が目標に照らして児童の学習状況を
的確に把握し，次の指導の改善・修正に生かす形成的な評価（第11章 **2** （**3**）
参照）にとっても重要である。

理科において本時の授業を考える際には，中央教育審議会答申（2016）の別
添資料5-4（本書21頁参照）が参考となる。そこには，理科において資質・能
力を育成するために重視すべき学習過程として「①自然事象に対する気付き→
②課題の設定→③仮説の設定→④検証計画の立案→⑤観察・実験の実施→⑥結
果の処理→⑦考察・推論→⑧表現・伝達」が示されている。理科の授業では，
この探究（問題解決）の過程に沿った学習展開が求められる。学習指導案例で
は，学習活動の1においてごはん粒を「1回かんだとき」と「50回かんだと
き」の味の違いを比較し，「デンプンは，私のだ液によって，（別の物に）変
わったのだろうか？」という問題（仮説）を見出す場面からスタートしている。
この学習場面は，探究の過程の①～③に該当する箇所であり，「比較」「関係付
け」など理科の考え方を働かせて，児童自身が学習問題を見出せるようにして
いる。学習活動の2は，課題解決のために条件をどう設定するかについて考え
る場面である。これは，探究の過程の④に相当し，「条件制御」という理科の
考え方を働かせて，児童が解決の方法を考えるようにしている。学習活動の3

は，実験を行い，結果をまとめる場面である。これは，探究の過程の⑤⑥に相当し，１人１実験を行い，全員がそれぞれの結果を得ることができるように工夫されている。学習活動の４は，考察しまとめる場面である。この学習場面は，探究の過程の⑦⑧に相当する。「多面的に考える」という理科の考え方を働かせて，複数の結果に基づいた考察を行い，より妥当な結論を導くことができるように計画されている。

　このように，理科の授業づくりにおいては，資質・能力を育成するために重視される探究の過程に沿った授業展開を考え，学習指導案の「本時の学習」の中で表現してほしい。ただし，この探究の過程のすべてを毎時間扱うことは現実的に無理がある。そのため，たとえば，「本時は，実験の結果を処理して考察することを目標に授業を展開しよう」というように，単元全体を見通して計画し，探究の過程の一部を本時の授業に位置づけて指導することも可能である。

　3　　授業づくりと他者との協同

　ここまで，理科の学習指導案を事例に，作成する際のポイントを解説してきた。「～～を入れて書く」「……が明確になるように書く」といった作成のポイントは，授業をつくる上で考えなければならないポイントでもある。このことを踏まえて，学習指導案を作成し，実践し，振り返るようにしてほしい。このプロセスの継続が，授業をデザインする力や授業力の向上につながるのである。

　また，学習指導案は授業者個人が作成するものであるが，それは授業者一人で学習指導案を作成し，授業づくりを行うということを意味しているわけではない。同じ学年の教師や先輩，理科に詳しい教師，大学教員，その他の外部人材など，様々な人と協同して取り組むことが大切である。授業者もそれ以外の教師も自分になかった授業づくりの視点を発見できるかもしれない。このような協同的な取組みは，一教師の力量向上のみならず，教師集団全体の力量向上につながるのである。

引用文献

澤井陽介（2017）『授業の見方——主体的・対話的で深い学びの授業改善』東洋館出版社。

中央教育審議会（2016）「幼稚園，小学校，中学校，高等学校及び特別支援学校の学習指導要領等の改善及び必要な方策等について（答申）」12月21日。

文部科学省（2017）「小学校学習指導要領解説理科編」。

（学習の課題）

(1)　理科の任意の単元を取り上げて，実際に学習指導案を書いてみよう。その際，主体的・対話的で深い学びの視点に基づいて，単元を構想してみよう。

(2)　作成した学習指導案に基づいて模擬授業をし，その様子を録画してみよう。模擬授業を終えたら，記録動画を見て振り返り，今後の課題を整理してみよう。

【さらに学びたい人のための図書】

佐々木昭弘編（2014）『プロ教師に学ぶ　小学校　理科授業の基礎技術Q＆A』東洋館出版社。

　　　⇨理科授業のための基礎技術が数多く紹介されている。理科授業をどうつくるかと同時に，授業を支える指導技術も学んでほしい。

澤井陽介（2017）『授業の見方——主体的・対話的で深い学びの授業改善』東洋館出版社。

　　　⇨授業をより良いものへと改善するための「授業の見方」に焦点を当てた一冊。学習指導案についても詳しく書かれており，参考になる。

（小川博士）

第11章 理科における評価

この章で学ぶこと

　学習評価は，単に児童の成績をつける評定のために行われるものではない。目標に準拠した評価を行うことで，教師にとっても，児童にとっても有益な情報を得ることができる。本章では，学習評価に対する理解を深めるために，１．学習評価をめぐるこれまでの展開の概略，２．2017（平成29）年版学習指導要領で求める資質・能力と目標に準拠した評価の実際，３．新しい学習評価の考え方，の３つの観点について，理科教育における具体的な事例を交えながら概説する。

1　学習評価をめぐるこれまでの展開の概略

　「学習評価」とは，意図的な教育活動において，児童の学習状況に関する情報を収集し，教育や学習，発達に関わる具体的な事項について価値判断することである。学習評価という行為や方法には様々な考え方があり，時代とともに議論されてきた。

　戦後，最初の指導要録（児童生徒の学籍や指導の結果などを記録する原簿）から採用されたのは，「相対評価」であった。相対評価とは，正規分布を前提とし，集団内の他者との比較による相対的な位置づけによって，児童を評価するものである。相対評価は教師の主観的な判断が入り込みにくく，客観性が保証されるものとして期待されていたが，1960年代以降，必ずできない子（つまり，評定が１の子）がいることを前提とする非教育的な側面などに批判の声が高まり，相対評価に代わる評価論として「到達度評価」が登場した。到達度評価とは，学力を具体的な到達目標として設定し，それを基準として児童の目標到達度を

判断するものである。その後，2001（平成13）年の指導要録の改善通知により採用された「目標に準拠した評価」は，到達度評価の考え方を受け継ぐものであり，現在の教育現場における学習評価の基本的な考え方を規定している。目標に準拠した評価をめぐっては，学習の結果に力点が置かれ，児童に生起する認知的葛藤や概念変容のプロセスなど，学習の過程を捉えることができていないのではないかという批判や，量的に捉えやすい知識や技能に関する目標が重視され，思考力，表現力，判断力等，質的に高次の学力を評価することには課題が残ることが指摘されてきた。これらの指摘に対して，近年，重要な示唆を与えているのが，実社会，実生活の場面で活きる高次の学力を評価することに力点を置いた「真正の評価」論である。

　次節以降では，目標に準拠した評価，さらには真正の評価へと進展する今日の動向に着目し，理科における学習評価の実際を検討する。

2　2017年版学習指導要領で求める資質・能力と目標に準拠した評価の実際

（1）2017年版学習指導要領における理科において育成を目指す資質・能力

　2017年版学習指導要領では，「生きる力」を具体化し，教育課程全体をとおして育成を目指す資質・能力を「知識及び技能」「思考力，判断力，表現力等」「学びに向かう力，人間性等」の３つの柱で整理している。理科において，資質・能力の３つの柱を育成するためには，自然の事物・現象との出合いによって，児童が興味や関心をもって対象と関わり，自ら見出した問題から，課題や仮説を設定し，それを科学的に検証，解決していく展開が重要である。このことは，以下に示した2017年版学習指導要領の理科の目標で明確になっている。

> 　自然に親しみ，理科の見方・考え方を働かせ，見通しをもって観察，実験を行うことなどを通して，自然の事物・現象についての問題を科学的に解決するために必要な資質・能力を次のとおり育成することを目指す。

> (1) 自然の事物・現象についての理解を図り，観察，実験などに関する基本的な技能を身に付けるようにする。
> (2) 観察，実験などを行い，問題解決の力を養う。
> (3) 自然を愛する心情や主体的に問題解決しようとする態度を養う。
>
> （文部科学省，2017，12頁）

　目標における(1)は育成する資質・能力のうちの「知識及び技能」，(2)は「思考力，判断力，表現力等」，(3)は「学びに向かう力，人間性等」と対応している。清原（2012）が述べるように，学習の成果がいかなるものか児童の状況を捉え，指導をより効果的に行えるよう改善を図るという意味において，学習指導要領の示す目標と照らしてその実現状況を探る「目標に準拠した評価」を行う意義は大きいのである。

（2）評価の機能——診断的・形成的・総括的評価

　目標に準拠した評価において，児童の多様な学びを捉え，指導の改善に生かすためには，教育活動の最後に「テスト」による評価を行うだけでは不十分である。「完全習得学習（マスタリー・ラーニング）」を提唱したブルームは，指導と評価を一体的なものとして捉え，児童の学習状況を把握し，適切な指導を行うために，評価の機能を学習過程のどの段階で実施するかによって，「診断的評価」「形成的評価」「総括的評価」の３つに分けた。これら３つの評価が，現在の目標に準拠した評価においても重要であることはいうまでもない。

　診断的評価とは，学習を効果的に実施するために，指導前に児童の実態を把握することである。学習の前提条件となる既有の基礎的な知識や技能が備わっているのか，学習内容に関する興味・関心はどうかなどを調査する。具体的な方法としては，学力検査や質問紙調査などがある。

　形成的評価とは，単元や学期など，一連の学習過程の途中で，児童の学びの状況を目標に照らして把握することである。形成的評価によって得た情報はフィードバックされ，教師にとっては指導計画の修正に，児童にとっては自己評価のための情報をもたらし，今後の学習の見通しにつながるのである。

　総括的評価とは，単元末や学期末，学年末に，児童がどの程度，目標を達成できたかどうかを評価するものである。具体的には，単元テストや学期末試験等があり，その結果に基づいて評定が付けられる。ただし，知識や技能を習得したかどうかのみに焦点をあてるのではなく，概念的な理解や知識の活用など，高次の学力を評価することも忘れてはならない。

　これら３つの評価は，理科の指導を行う上でも大切である。理科教育では，既有の知識体系に基づいて，主体的に知識を構成していく存在として児童を捉える構成主義的な学習観が，今日の理科指導に大きな影響を与えてきた。児童が学習前にもっている既有の知識体系は「素朴概念」と呼ばれ，科学的概念からすると，一般に正しくない考え方である。児童が保持する素朴概念は，生活経験から理論化されたものであるため，強固なものであり，授業によって科学概念に変容したかにみえても，再び素朴概念に逆戻りしてしまうことがこれまでの研究で明らかとなっている。そのため，診断的評価，形成的評価，総括的評価によって，児童が保持する素朴概念を適切に把握し，学習過程の中で科学的概念に変容したかをみとることが重要なのである。

　たとえば，小学校第３学年の「身の回りの生物」では，昆虫の体のつくりを学習する。その際，診断的評価として，指導前に，昆虫の体のつくりに関する児童の素朴概念を描画によって把握する。図11−1は，アリの体のつくりを描画させた際にみられた素朴概念の一例である。昆虫であるアリは，頭，胸，腹があり，胸から３対の足が出ている。しかし，図11−1では，胸から２対，腹から１対の足が出ており，科学的知識と反する素朴概念を保持していることがわかる。指導前の素朴概念の実態を把握することで，どのような授業を展開すれば，児童に昆虫概念の形成を促せるかを考える契機となるだろう。授業では，アリの飼育体験をさせたり，児童自身が描いたアリの体のつくりに多様性があることを提示したりすることによって，認知的葛藤を生じさせる。そして，形成的評価として，児童の学習活動の観

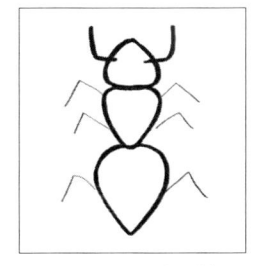

図 11−1　アリ（昆虫）の体のつくりに関する素朴概念例

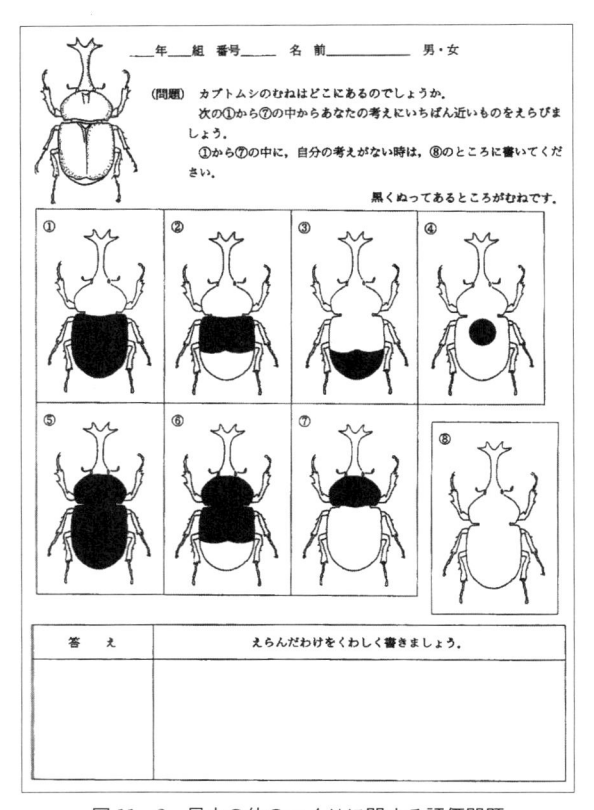

図 11 - 2　昆虫の体のつくりに関する評価問題

出典：松森，1998，39頁より。

察やノートへの記述などから葛藤の様相をリアルに把握し，教師によるコメントや発問等によってフィードバックする。それによって，たとえば「アリの体のつくりはどのようになっているか」という問題を児童自身が見出せるように促し，学習の見通しをもたせる。また，見出した問題を解決していく過程をとおして，最終的に素朴概念が，どの程度，科学的概念に変容したのかを同じく描画によって，総括的な評価として実施する。さらに，昆虫の体のつくりに関する科学的知識がほかの昆虫にも適応できるかを探るために，図 11 - 2 のような評価問題を用意することも，児童の概念的理解を探る上で大切であろう。

　このように，理科指導において，診断的評価，形成的評価，総括的評価の3つの評価を適切に機能させることが効果的な授業実践および評価につながるのである。

（3）指導と評価の一体化と形成的評価

　ここまでに述べてきた指導に生かす評価のあり方を代表する言葉として，「指導と評価の一体化」があげられる。2000（平成12）年12月の教育課程審議会答申では，「指導と評価とは別物ではなく，評価の結果によって後の指導を改善し，さらに新しい指導の成果を再度評価するという，指導に生かす評価を充実させることが重要である（いわゆる指導と評価の一体化）」（第1章第2節3(1)より）と述べられ，評価を単に成績づけのために行われるものではなく，指導の改善のために行うことが示されている。2016（平成28）年12月の中央教育審議会答申においても「資質・能力のバランスのとれた学習評価を行っていくためには，指導と評価の一体化を図る中で，…（中略）…総括的な評価のみならず，一人一人の学びの多様性に応じて，学習の過程における形成的な評価を行い，子供たちの資質・能力がどのように伸びているかを，例えば，日々の記録やポートフォリオなどを通じて，子供たち自身が把握できるようにしていくことも考えられる」（63頁）と述べられ，現在においてもその重要性が確認できるとともに，先述した評価の機能，とりわけ，形成的評価の役割が強調されていることがわかる。形成的評価を効果的に行うためには，まず単元の目標や1つの授業における目標を明確にすることが大切である。そして，学習過程の中で，この目標に照らして児童の資質・能力がどのように伸びたかを評価できるような授業展開を行っていく必要がある。これらによって，指導者として，授業の改善・修正につながる。また，形成的評価により指導の改善・修正がなされるということは，児童の学習活動にも適宜改善・修正がなされるということである。その意味では，児童の学習活動と評価が一体となっていることも重要であろう。

　教師の指導や児童の学習活動の改善・修正に寄与する評価の具体としては，

小テストや児童の学習活動の観察，ワークシートやノート記述，概念地図法や描画法などがあげられる。また，後述するポートフォリオ評価も有力な評価手法となるだろう。これらの評価手法を組み合わせて多面的・多角的に評価することが望ましい。

（4）目標に準拠した評価と理科における観点別学習状況の評価

　先述のとおり，目標に準拠した評価では，児童の学習状況を把握することによって，指導をより効果的なものへと改善することが期待されている。指導に生きる評価情報を得るためには，より分析的で具体的な評価となる「観点別学習状況の評価」が必要になる。

　2008（平成20）年版学習指導要領のもとにおいては，2010（平成22）年の指導要録等の改善の通知により，「関心・意欲・態度」「思考・判断・表現」「技能」「知識・理解」の4つの観点が設定され，それぞれ「A」「B」「C」の3段階で評価することとなった*。観点別学習状況の評価を効果的に行うためには，評価の観点に基づいて，児童がどのような学習状況を実現すればよいかを具体的に表した評価規準を設定する必要がある。それを単元計画の中で，学習内容と評価の場面を踏まえ，適切に位置づけて実践するようにしたい。毎回の授業の中で，すべての観点について評価することは現実的には無理があるため，見通しをもった評価実践を行うことが大切である。

　2017年版学習指導要領のもとにおいては，2016年12月の中央教育審議会答申の中で，資質・能力の育成を目指して目標に準拠した評価を実質化する取組みや，教科・校種を超えた共通理解に基づく組織的な取組みを促す観点から，各教科を通じて，「知識・技能」「思考・判断・表現」「主体的に学習に取り組む態度」の3つの観点に整理し指導要録の様式を改善する必要性を示した。そして，2019年3月に文部科学省が正式に改善の通知を行った**。

　2019年4月4日付けの各教科等・各学年等の評価の観点等及びその趣旨によれば，小学校理科における3つの観点の評価の趣旨については，表11-1のとおり示されている。これら3つの観点に基づいて，授業中の各場面，とりわけ

表11-1　小学校理科における評価の観点及びその趣旨

観点	知識・技能	思考・判断・表現	主体的に学習に取り組む態度
趣旨	自然の事物・現象についての性質や規則性などについて理解しているとともに，器具や機器などを目的に応じて工夫して扱いながら観察，実験などを行い，それらの過程や得られた結果を適切に記録している。	自然の事物・現象から問題を見いだし，見通しをもって観察，実験などを行い，得られた結果を基に考察し，それらを表現するなどして問題解決している。	自然の事物・現象に進んで関わり，粘り強く，他者と関わりながら問題解決しようとしているとともに，学んだことを学習や生活に生かそうとしている。

出典：2019年4月4日付け「各教科等・各学年等の評価の観点等及びその趣旨（小学校及び特別支援学校小学部並びに中学校及び特別支援学校中学部）」より，抜粋。

理科では問題解決の過程の各場面において，計画的，意図的に評価することが大切である。

「知識・技能」については，問題追究場面における観察，実験を実行する技能や問題解決場面の結果と考察をとおして得られる知識を，パフォーマンス・テストやノート記述，筆記テスト等で評価する（教科の目標(1)各学年の目標(1)①(2)①および各単元内容アに相当）。

「思考・判断・表現」については，事象間の共通点や差異点を見出して問題を設定する場面や，仮説の妥当性の検討や考察の場面等において，発言や記述，実験レポート等に表現させて評価する。また，アメリカで主張されるようになった真正の評価論に基づくパフォーマンス評価も思考・判断・表現を評価することに適している（教科の目標(2)各学年の目標(1)②(2)②および各単元内容イに相当）。

「主体的に学習に取り組む態度」については，粘り強く，他者と関わりながら問題解決しようとする態度や学んだことを新たな学習課題や日常生活等に生かそうとする態度を，児童の活動場面の観察や発言，ノート記述，質問紙法等で評価するとよいだろう（教科の目標(3)各学年の目標(1)③(2)③に相当）。

このように，観点別学習状況の評価は，授業の目標と関係づけて設定され，児童の学習の状況をより分析的かつ具体的に評価できる点において有用なものである。しかし，観点別の評価だけでは示しきれない児童の学びの姿や成長の姿がある。これについても教師は積極的に評価し，日々の教育活動の中で児童にフィードバックすることを心がけたい。

　＊　理科においては，2008年告示の学習指導要領の理科の目標に照らして「自然事象
　　への関心・意欲・態度」「科学的な思考・表現」「観察・実験の技能」「自然事象に
　　ついての知識・理解」の４つの観点が示された。
＊＊　学習評価については，2019年３月29日付けの「小学校，中学校，高等学校及び
　　特別支援学校等における児童生徒の学習評価及び指導要録の改善等について（通
　　知）」や，国立教育政策研究所（2019）の「学習評価の在り方ハンドブック」も
　　合わせて参照されたい。

3　新しい学習評価の考え方

（1）真正の評価論

　真正の評価論は，実社会・実生活で直面するような課題の中で児童の学びを
評価するものである。真正の評価で用いる評価課題は「真正の課題」とも呼ば
れ，実社会・実生活の文脈や状況の中で，学習者個人がもっている知識や技能
をいかに活用し応用するかを試す課題となっている。したがって，いわゆるテ
ストのような知識の量を評価するものではなく，現実的な課題に役立つ力，た
とえば，活用力や表現力などを評価することに力点を置いたものとなっている。
真正の評価では，このような評価課題に取り組む児童の学びをいかに評価する
かを工夫することが求められている。たとえば，真正の評価を具現化する評価
方法として，パフォーマンス評価やポートフォリオ評価などがある。

（2）パフォーマンス評価

　パフォーマンス評価とは，ある特定の課題や文脈の中で，学習者が知識や技
能などを使って何かを成し遂げることを直接的に評価するものである。パ
フォーマンスという言葉が「実演」「遂行」「業績」など多義的であることから，
その範囲は幅広く，理科では，たとえば，実験活動，器具の操作，レポート，
プレゼンテーションなどが評価の対象となる。また，パフォーマンス評価で用
いる評価課題は「パフォーマンス課題」と呼ばれ，実社会や実生活の文脈を模
写した高次の学力を求めるものは，先述した「真正の課題」となる。図11－3

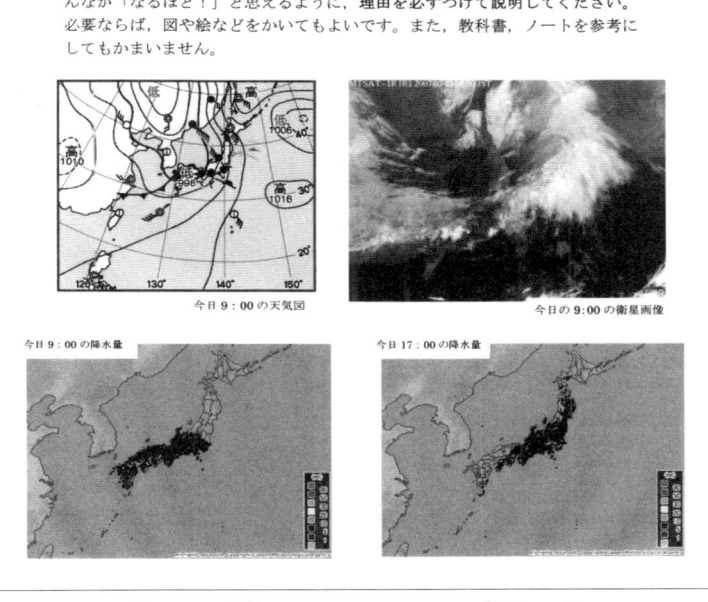

図 11 - 3　理科におけるパフォーマンス課題の一例

出典：片平ほか，2010，60頁より。

は小学校第5学年理科「天気の変化」で実践されたパフォーマンス課題の一例である（片平ほか，2010）。

　この評価課題は気象予報士の文脈を模写した課題であり，学習した知識を活用して，複数の気象データから明日の天気を予想することが求められている。この課題からわかるように，パフォーマンス課題では，知識の活用など，思考

力，判断力，表現力等を評価することに適している。ただし，このような評価課題は時間を要するため，実践上の課題となっている。単元計画の中にパフォーマンス課題を明確に位置づけ，「学習としての評価」の一面にも留意して実践することが必要である。

（3）ポートフォリオ評価

　「ポートフォリオ」とは，「紙ばさみ」「書類かばん」を意味する言葉である。教育評価の文脈においては，長期にわたる学習者の成果物や成長に関わる情報を系統的，継続的に記録した集合体と捉えることができる。このポートフォリオに基づいた評価が「ポートフォリオ評価」であり，児童の学習結果のみならず，学習過程にも力点を置いた評価である。

　ポートフォリオには，学習の成果としての作品やレポート，一連の学習過程における観察カードやワークシートなどが収集される。また，児童の自己評価や教師，児童同士，保護者や地域の人による評価の記録なども含むことができ，児童の学びを多面的に評価することが可能となる。目標や基準に照らしたポートフォリオの収集や選択には，評価者として児童を参加させることが求められ，自己評価が促されることも特徴的である。児童が学習過程や結果を振り返ることで，メタ認知能力の育成にもつながる。

　実践上の課題としては，従来のテストに比べて比較的長期間にわたってポートフォリオを作成するため，手間暇がかかることや，評価情報が膨大となり，学習の振り返りや今後の目標の見通しをもつというポートフォリオ評価の核心的な部分が効果的に行われないことなどがあげられる。このような課題に対して，主に理科教育では，堀（2013）が「一枚ポートフォリオ評価」という，1枚の用紙を用いて必要最小限の情報を最大限活用しようとする評価法を提案し，教育実践への波及効果を高めているので参考にするとよいだろう。

（4）ルーブリックによる評価

　パフォーマンス評価やポートフォリオ評価など，真正の評価論に基づく評価

方法を概観したが，多肢選択式のテストのように単純な正誤によって目標を達成したかどうかを判断することは難しい。パフォーマンス課題やポートフォリオを用いる場合，児童の反応には幅があるため，目標達成の状況を質的に判断する必要がある。その判断の拠り所となるのが，「ルーブリック」と呼ばれる採点指標である。たとえば，表 11 - 2 はデータ収集に関するルーブリックである。4 段階の尺度とそれに対応したパフォーマンスの特徴が示されている。従来の評価と異なり，真正の評価においては，採点指標であるルーブリックを教師と児童との間で共有することが多い。このような特徴をもつルーブリックは，教師にとって，児童の学習に対する取組み（パフォーマンス）を評価できることはもちろんのこと，何を指導すべきか明示的なものとなる。児童にとっては，課題遂行のためのガイドラインとなるとともに，達成状況をルーブリックに照らして自己評価することが可能となる。

表 11 - 2　データ収集に関するルーブリック

	データの収集
4	データは，正確に実験結果を反映する適切な方法で収集し，記録されていた。
3	データは，実験結果をそのまま表す状態で記録されていた。
2	データは，整理されずに記録されている。あるいは，教師の支援のもとで記録されていた。
1	データは，不完全で，取って付けたような方法で記録されていた。あるいは，教師の多くの支援のもとでのみ記録されていた。

出典：Wiggins，1998，p. 167 より筆者訳。

引用文献

片平克弘・小川博士・鈴木宏昭・津田陽一郎・郷田剛（2010）「理科教育におけるオーセンティックタスクの開発と実践——循環型 Web 検討システムを用いたタスク改善プロセスの分析」『理科教育学研究』50(3)，57〜66頁。
教育課程審議会（2000）「児童生徒の学習と教育課程の実施状況の評価の在り方について（答申）」12月 4 日（http://www.mext.go.jp/b_menu/shingi/old_chukyo/old_katei2000_index/toushin/1310309.htm　2018年 3 月31日アクセス）。
清原洋一（2012）「確かな学力と目標に準拠した評価」日本理科教育学会編『今こそ

　　理科の学力を問う──新しい学力を育成する視点』東洋館出版社，206〜211頁。

中央教育審議会（2016）「幼稚園，小学校，中学校，高等学校及び特別支援学校の学習指導要領等の改善及び必要な方策等について（答申）」12月21日。

堀哲夫（2013）『教育評価の本質を問う──一枚ポートフォリオ評価OPPA』東洋館出版社。

松森靖夫（1998）「『生物とその環境』に関わる素朴概念」堀哲夫編『問題解決能力を育てる理科授業のストラテジー──素朴概念をふまえて』明治図書出版，35〜68頁。

文部科学省（2017）「小学校学習指導要領解説理科編」。

Wiggins, G. (1998) *Educative Assessment : Designing assessments to inform and improve student performance*, Jossey Bass Publishers.

―――――（学習の課題）―――――

(1)　理科における素朴概念の例を1つあげてみよう。そして，診断的評価として素朴概念をどのような方法で探るか考えてみよう。

(2)　理科におけるパフォーマンス評価やポートフォリオ評価の実例を調べてみよう。そして，それらの特徴をまとめてみよう。

(3)　任意の単元を事例に，あなたならどのような方法で，思考力，判断力，表現力等を評価するかを考えてみよう。

【さらに学びたい人のための図書】

ドラン，R., チャン，F., タミル，P., レンハード，C. 著，古屋光一監訳（2007）『理科の先生のための新しい評価方法入門──高次の学力を育てるパフォーマンス課題，その実例集』北大路書房。
　　⇨理科教育におけるパフォーマンス課題の事例が数多く収録されている。

ホワイト，R., ガストン，R. 著，中山迅・稲垣成哲監訳（1995）『子どもの学びを探る──知の多様な表現を基底にした教室をめざして』東洋館出版社。
　　⇨概念地図法や描画法，事例面接法など，理科教育において子どもの学びを多様に探る評価方法が多数紹介されている。

田中耕治（2008）『教育評価』岩波書店。
　　⇨評価に興味をもった人が読むべき一冊。教育評価の理論や実践について，幅広く学べる教科書となるだろう。

（小川博士）

第Ⅲ部
明日の理科を構想するために

第12章

理科教育
—— 自己研鑽のために

この章で学ぶこと

　教員はその職にある間，常に研修と修養に努めなければならない。本章では理科教育についての教育研究の進め方や学び続ける教員となるためのヒント，さらには小学校教員としての理科授業研究の実際について理科教育学の観点から解説する。

　第1節では，理科教育学・教育実践の研究をどのように行えばよいかを，小学校教員にとってわかりやすい理科授業を提供するために必要な教材研究，教材開発の方法を例に概説する。第2節では，学び続ける教師となるために必要な情報を提供する。

1　教育研究の方法

（1）研究の進め方

①　研究動機のみつけ方

　第10章で学んだ指導案の書き方における「児童観」や「指導観」を自身の言葉で，しかも無理なく書くことができるだろうか。実は，ここにこそ，研究の動機となる児童の現状や指導の困難な点等を見出すことができる。研究の動機は様々な児童の実態の中に，もしくは日々の教育活動の中に存在している。その見出し方を第Ⅱ部でも言及されている素朴概念を例に考えていくことにする。

　たとえば電流概念については，以下のようないくつかの素朴概念がある（図12-1）。オズボーンとフライバーグ（1988）は，電気の流れについて，次の4つの概念を示した。すなわち，①単極モデル（電流は乾電池の一方の極から豆電球へ流れるが，豆電球から乾電池に戻る導線には電流が流れていないという考え），②衝突モデル（電流は乾電池のプラスとマイナスの両極から流れ，豆電球でぶつかって

【問題1】下の図のように豆電球を電池につなぎました。豆電球にはあかりがついています。

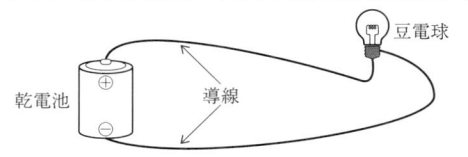

導線の電気の流れをもっともよく表しているのはどの図だと考えますか。

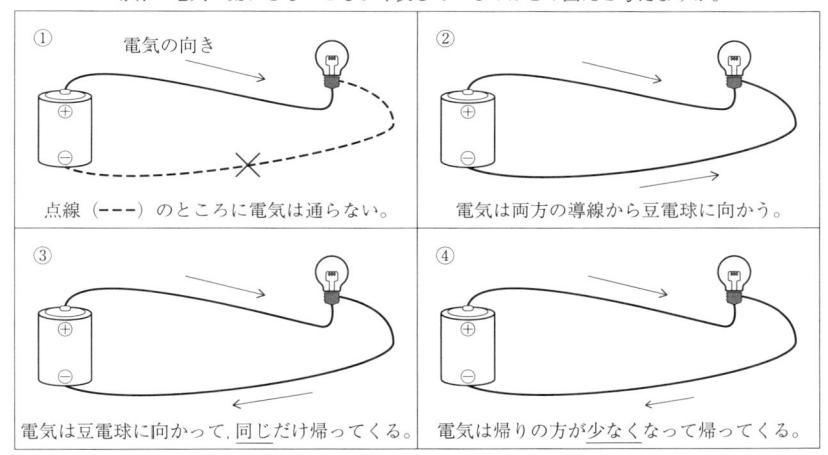

図 12 - 1　電流の流れについての4つの概念モデルと認識調査問題の例

出典：平田ほか，2017。

光るという考え），③保存モデル（電流は回路の中を一定方向に流れ，豆電球の前後でも導線を流れる電流の強さは同じであるという考え），④減衰モデル（電流は回路を流れる途中にある豆電球の部分で消費され，帰りの電流が減るという考え）である。

　児童が，これら①～④のどの概念を保持しているのかを知っておくだけでも，授業を進めていく上で大きな指針となる。知っておくには「調べる」必要がある。すなわち，児童の認識状況を現状把握するための調査を行い（現状把握型の研究），その結果として仮に④の減衰モデルを保持している児童が多かったとすれば，正しい科学概念である③の保存モデルに児童の概念を変換していくためには，どのような指導を行えばよいのだろうかと考えていく（現状打開型の研究）ことになる。

② 研究テーマと目的の設定

では，現状把握型の研究例を以下にみていこう。上記の電流概念の例では，児童が①〜④のどの概念をどの程度保持しているかを明らかにしていくことになる。研究テーマとしては「小学生を対象とした電流概念の保持状況の実態調査」となる。研究目的としては，「児童の電気の流れの素朴概念を調査し，学年ごとの電気の流れの概念の認識実態を明らかにすること」となる。

研究目的を考える上で，とくに注意したいのは問題の所在と研究の背景を明らかにしておくことである。それには，先人たちの大いなる叡智を参考にするのがよい。自身で簡単に思いつくことや考えられることは，往々にしてすでに研究されているものである。まずは思いついた研究テーマに関する研究がなされているかどうかを調べてみることである（これを「先行研究を調べる」という）。

③ 研究方法と結果，考察の記述

電流の流れを例に研究の方法と結果，そして考察について紹介しよう。研究の進め方としては，児童を対象に実態調査，認識調査等を行い，データ分析を施すことになる。その際はアンケート調査が主な手法となる。ここでは，図12-1の調査用紙を用いて実際に調査を行った平田ほか（2017）をもとに，具体的な記述の仕方を例示する。

---

3. 調査対象・時期

3.1. 調査対象

　京都府内の国立一貫校の児童457人，生徒537人，合計994人であった。調査対象および回答者数の内訳を表12-1に示す。

表12-1　調査対象および回答者数　　　（人）

小2	小3	小4	小5	小6	中1	中2	中3	高1	高2
92	92	94	89	90	86	82	67	179	123

3.2. 調査時期

　2017年2月から3月にかけて調査を実施した。調査対象の児童生徒は各学年での電気に関する単元の学習を終えていた。

3.3. 調査問題

　各学年段階における電気の流れについての概念を把握するための認識調査を実施した。オズ

ボーンとフライバーグ（1988）が報告している電気の流れの4つの概念をもとに今回の調査問題を作成した（図 12 - 1）。

4.　電気の流れの概念調査結果と考察

　図 12 - 2 は各学年における電気の流れに関する概念の保持状況を図 12 - 1 のモデル別に示したグラフである。

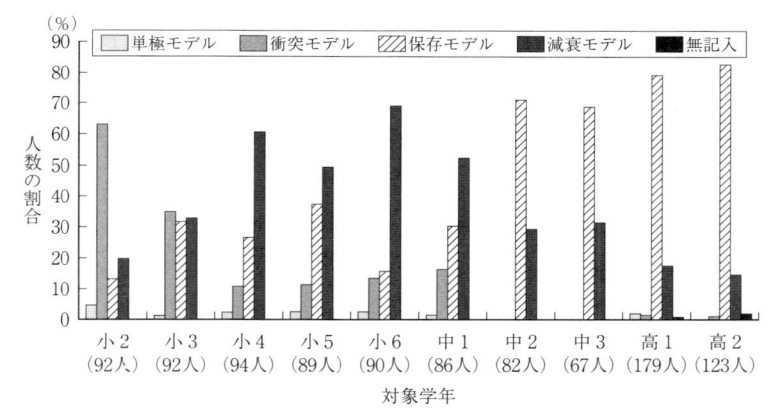

図 12 - 2　小学 2 年生から高校 2 年生までの電流概念の保持状況

　小学校 6 年生では，素朴概念である減衰モデルの④を選択する児童の割合の増加がみられた。小学校 6 年生の学習によって「電気は使われている」と考えやすくなっており，教師側はそのことに気づくことなく理科授業がすすめられている可能性が示唆された。また中学校 2 年生で電流単元を学習することで，正しい科学概念の保存モデル③を選択した生徒が増えている。しかしながら，中学校 3 年生においてエネルギーの移り変わりとして「電気エネルギーとして使われる」という学習をとおしても減衰モデルの④の選択者も減らず，保存モデル③の選択者も増えず，素朴概念の強固さが示唆された。

　学年を連続的観点で分析した結果，小学校 6 年生において，電気の流れの概念が正しく定着していないことを前提とした，電気の学習，とくに電圧の概念と電気エネルギーを区別することのできる学習の必要性が明らかとなった。

（平田ほか，2017 をもとに必要に応じて改変）

　調査方法と結果については再現性のあるように記述することが大切である。また，自身の学級や学年の現状を把握するためであれば，当該クラスや学年の分析を詳細に行えばよい。たとえば第 6 学年の担任であれば，第 6 学年の電気

単元である「電気の利用」における授業方法の改善が喫緊の課題であろう。このときには，指導案の児童観（児童の実態）において，調査結果をもとにした児童の実態を記載し，指導観において，この実態・現状を改善するための指導の手立ての具体的方策を述べていくことになる。

④　教材開発の例

　先に示した例の考察の後部において，「小学校 6 年生において，電気の流れの概念が正しく定着していないことを前提とした，電気の学習，とくに電圧の概念と電気エネルギーを区別することのできる学習の必要性」があると課題が述べられている。このように研究を行えば，新たな課題が見出されるものである。まさしく，この課題を克服していくことこそが次の新たな研究課題となっていくのである（現状打開型の研究）。では，次に教材開発について平田ほか（2018）を例にみていこう。

○研究目的

　小学校 6 年生において科学概念から素朴概念である減衰モデルへと逆戻りする児童が多く確認されている。また，その理由として，小学校 6 年生の「電気とその利用」の学習によって「電気は使われている」と考えやすくなっており，児童の中で，電流の流れと電気エネルギーの混同が生じている可能性が指摘されている（平田ほか，2017）。そこで，本研究の目的を，電流概念と電気エネルギー概念の区別を実感できる電気回路モデル教材の開発を行うこととした。

○教材開発

　教材開発の視点は，次の 5 点である。(1)電気の流れを視覚的に捉えることができること。(2)水を使わず，子どもたちが回路に置き換えやすく，理解しやすいこと。(3)電気の粒の個数は変わらずに，電圧を加え続ける限り電流が流れ続けること。(4)電圧概念「電流を流そうとするはたらき」という概念理解につながること。(5)電流概念と電気エネルギーを区別して理解できること。

　素材は導線部分をアクリルパイプとし，ダブルアクションポンプを乾電池，ピンポン球を電流の流れとした教材を作製した（図 12 - 3 ）。このモデル教材は，実験もしやすく，目に見えない電流がピンポン玉に

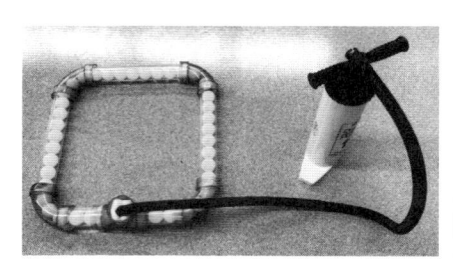

図 12 - 3 　教材全体図（斜め上から撮影）

> 置き換えられて視覚化されている。また児童がポンプを押し疲れることで，電気エネルギーも実感し，電流と電気エネルギーを区別できる教材である。
>
> （平田ほか，2018 をもとに必要に応じて改変）

　この開発教材を用いて実際に授業を行うことで，誤った概念を保持することを防ぎ，正しい科学概念を定着させることに効果があると考えられる。ここまででも授業実践としては十分な内容である。

　実際に開発した教材の効果を検証し，学術的価値を高めるためには，「科学的なステップ」が必要となる。科学的ステップの一つの方法としては，開発した教材を用いて授業を行ったクラス（実験群と呼ぶ）と，従来型の授業を行ったクラス（統制群と呼ぶ）とで事前・事後の電流概念の保持状況を比較・分析（統計解析）してみることである（この方法は，実は小学校の問題解決の能力である「条件制御」を用いた実験と同じ手法である）。その結果は以下のように示される。

　調査対象児童の授業実施前後の概念状況について質問紙調査を用いて確認し，フィッシャーの正確確率検定（拡張版）を行った（表12-2）。その結果，授業前（$p=0.5890$, *n.s.*）に対して保存モデルを獲得した実験群が統制群に比べて有意に高い（$p=0.0114$，$p<.05$）という結果となった。これより今回開発したモデル教材の有効性が確認された。

表 12-2　授業実施前後における電流概念の保持状況

	5年生3学期		検証授業後	
	実験群	統制群	実験群	統制群
①単極	0	2	0	1
②衝突	2	8	0	1
③保存	12	18	24	30
④減衰	14	29	4	25
Fisher's exact test(Extended)	$p=0.5890$ *n.s.*		$p=0.0114$* * $p<.05$	

（平田ほか，2018 をもとに必要に応じて改変）

（2）学術研究とするために

① 　学術論文とはどのようなものか

　一般に学術研究と教育実践研究とは別物である。学術研究（詳細は多くの論文執筆のための専門書に譲る）には，以下の要素が必要とされている。

---

1. 研究の新規性（オリジナリティ），有用性があること
2. 研究の背景や位置づけが，文献的な裏づけをもとに具体的に記述されていること
3. 研究の目的が背景や位置づけの上に明確に述べられていること
4. 研究方法が適切な手続き・方法に基づいてなされ再現性のある記述となっていること
5. 結果の妥当性と信頼性が担保されていること
6. 考察において，根拠となる事実・情報をもとに論理展開がなされており，論理に飛躍のないこと，論理的整合性のあること
7. 結論や主張が明快に記述されていること
8. 目的と結論の一致，目的，方法，結果，考察，結論が整合していること
9. 引用文献の情報が適切に記載されていること
10. 研究内容と論文タイトルに整合性があること

　どれも重要な内容であるが，とくに2番目は学術研究とする上で重要なものである。すなわち先行研究にしっかり当たり，調べた上で，自身の研究の位置づけを明らかにする必要がある。学生の間に執筆する論文といえば卒業論文であるが，これは立派な学術論文という位置づけにある。

　論文（卒業論文）では，未知の事柄を明らかにしたり，解決策を提示したりすることが求められる。これは従来までのレポートとは異なる点である。先行研究ですでに明らかにされていることを，改めて紹介したり，整理しまとめなおしたりしただけでは，論文とならないことに注意したい。

② 卒業研究・卒業論文

　大学は教育・研究機関である。学部2年生くらいまでは，授業においても，たとえ専門領域についての研究内容であっても，すでに明らかになっている事実をテキストをもとに学んでいく段階である。3年生以上となると学ぶ内容もより専門性が高く，深くなってくる。ゼミに所属すると教員の研究領域についての専門性にふれるとともに，自身の研究もスタートしていく。学部生といえども大学の研究の一翼を担う存在となっていくのである。自身が研究テーマを設定し，研究を遂行していくことで，得られる結果は未知の（新たな）内容となる。これこそが研究である。そして，この研究を遂行する能力を身に付けておくことが，教員となってからも教材研究・授業実践研究を行う上での力の根

源となるのである。すなわち学び続ける教員となることができるのである。

　卒業研究・卒業論文を書くという作業は，書く前に必ず次のようなステップを踏む。

　自身のまわりで興味のあることや気になること（教育に関係する諸問題等）に自ら問題意識をもって関わることで，自ら問いを立て課題を設定し（先行研究を縦覧し目的を設定する），仮説を立て，仮説を検証するための方法を考え，観察や実験，開発を行い，結果を導き出し，（先行研究や類似の研究を参照しながら）考察し，結論を導き一般化していく。そのあとには新たな課題が生じてくる。

　もうおわかりだろう。これらのステップは，いずれも理科教育の第Ⅰ部第1章から第Ⅱ部第11章までで繰り返し述べられてきた科学の方法そのものである。このように，卒業研究を遂行していくのに必要なベースとなる能力は問題解決の能力といえよう。

　大学の卒業研究では，大学教員も知らない新たな知見を得ることが必要になる。小・中・高等学校において学習してきたことには，一定の解答（正解）が用意されたものである。大学の2年生くらいまでの基礎となる科目でもそれは変わらない。しかしながら，卒業研究では新たな知見を得るために，解答のない未知なる研究を遂行していかなければならない。卒業研究とはときには失敗を繰り返しながら試行錯誤し，これまで培ってきた自身の学修の成果を，研究成果として価値づけしていく作業なのである。そういった意味からも卒業研究をしっかりと行ってもらいたい。

③　研究成果の公開

　せっかくの研究成果も発表しなければ広く認知されることはない。発表方法には，現職教員であれば校内の研究授業，市町村研究会での研究授業や研究発表会，学外研修会等での発表が考えられる。学生の間であれば，学会や学内の研究会がその発表場所となる。卒業研究の成果は是非とも発表していってほしい。発表することで，他者がその研究をもとに授業改善を行うことにつながり，児童の理科学習の一助となっていく。何よりも，せっかく時間と労力をかけて得た成果であり，新たな知見でもあるものを埋もれさせておくのはもったいな

いことである。

　これまで例示してきた研究を論文という形にまとめると下記のような章立てとなる（図12-4）。左側が現状把握型の研究（電流概念の保持状況調査）をもとにした章立てであり，右側が現状打開型の研究（電流の誤概念を修正するための新たな教材の開発）をもとにした章立ての例である。ところで，これら論文のテーマ（表題）はどのような文言になっているのだろうか，少し考えてみてほしい。

目次
1. はじめに
2. アンケート調査
　2.1. 調査対象・時期
　　2.1.1. 調査対象
　　2.1.2. 調査時期
　　2.1.3. 調査時期に伴う学習状況
　2.2. 調査問題
3. 電気の流れの概念調査結果と考察
　3.1. 国立一貫校についての結果と考察
　3.2. 公立小中学校についての結果と考察
　3.3. 比較考察
　　3.3.1. 国立一貫校と公立小中学校との比較考察
　　3.3.2. 今回の国立一貫校と過去の国立一貫校との比較考察
4. 総合考察
5. まとめ
謝辞
引用文献

目次
はじめに
第一章　「電気」単元
　第1節　学習の流れ
　第2節　電気単元に対しての子どもたちの意識の実態
第二章　電流概念の誤概念の存在
　第1節　電流概念の誤概念
　第2節　これまでの授業工夫や教材研究で得られた課題
第三章　電圧概念を取り入れる必要性
　第1節　電圧とは
　第2節　電圧概念を取り入れることとなった背景
第四章　電気回路モデルの教材開発
　第1節　モデル作成において重要な観点
　第2節　モデル教材の紹介
　第3節　本教材の有用性
第五章　考察
おわりに
謝辞
引用文献

図12-4　論文の章立ての例
（左：電流概念の保持状況調査，右：電流概念形成のための教材開発）
出典：筆者作成。

　研究テーマ（表題）としては，以下のような表現が考えられる。

　左：児童生徒の電流概念の保持状況——小学校第2学年から高等学校2年生を対象に

　右：電流概念・電気エネルギー概念の違いを実感できる電気回路モデルの教材開発

　研究成果を論文にまとめたり，発表用のスライドやレジュメを作成したりすることは，伝えたいことをわかりやすくするために，再度，研究成果を自身の中で再構成する必要に迫られる。実はこのことが，「授業を提供していくこと，授業を実施していくこと」につながっている。この作業は，いわば教科理科の目標，単元の目標，本時の目標を達成するためにどのような授業展開をすればよいのか，どのような仕かけを児童に用意すればよいのか，どのような発問，どのような実験，どのようなワークシート，どのような机間指導，といったようなどのように指導していけばよいのかを考えることと同じことなのである。すなわち「授業（案）を考える」とは，教えるべき内容を授業という枠組みの中に再構成していることに他ならない。授業とは教科書や指導書に書いてあることを伝えることではない。授業とは教科書をベースに理科という教科の目標を達成するためにあらゆる手立てを講じていくことである。学生時代に研究成果の発表を通して，伝えたいこと，教えたいことを「再構成」する力を身に付けておくのもよいだろう。

　2　　学び続ける教員となるために

　「教員となることがゴールではない，教員となってからが本当のスタートである」「ゴールは見えるけれども追い続けなければ見えなくなってしまう」。これらの言葉に象徴されるように，教員は日々自身を磨き続けなければならない。常に自分の授業力，指導力をアップデートしていく努力と心がけをもち続けなければならない。この節では，その助けとなるものを紹介していく。

（1）参考となる研究団体
① 学術研究系
　学会とは，主に大学等の研究者と小・中・高等学校教員が加盟している学術研究のための団体であり，いわゆる学問的見地から日本の理科教育の進歩と発展に貢献することを目的にしている。そこでは教育と研究の最新情報にふれる

ことができることから，理科教育学会に加え，自身の興味のある領域の学会に参加するとよい。以下，そのような学会をいくつか紹介しておこう。

- 日本理科教育学会：理科教育学全領域をカバーする学会。会員数も1500名ほどであり，毎年夏の全国大会には1000名を超える参加があり，多くの研究発表が行われている。学会誌『理科教育学研究』以外にも，機関誌『理科の教育』（月刊）を学会員には無料で配布している。
- 日本科学教育学会：数学，理科，技術家庭科，科学教育，教育工学など科学教育全体をカバーする学会。学会誌『科学教育研究』。
- 日本物理教育学会：物理教育を主とした学会。学会誌『物理教育』。
- 日本化学会：化学教育を主とした学会。学会誌『化学と教育』。
- 日本生物教育学会：生物教育を主とした学会。学会誌『生物教育』。
- 日本地学教育学会：地学教育を主とした学会。学会誌『地学教育』。

② 教育実践系

　小学校の教師が主体となった団体。日々の実践記録や実践研究を行い，研究発表会や研究冊子の刊行，研修会等を行っている。教育実践に主眼を置いているため，最新の教育事情にふれることができるほか，授業にすぐに役立つ情報を得ることができる。

- 全国小学校理科研究協議会：校長会主催の理科教育の実践研究会。各都道府県に支部があり市区町村にも支部がある。都道府県単位や市区町村単位で教育研究活動を行っている。通称は全小理。
- 初等理科教育研究会：会員数2300名超の小学校教師主体の研究団体，会員相互に交流を図りながら，初等理科教育の理論と実践についての研究を深めていっている。機関誌は『初等理科教育』。

（2）参考となるホームページ等

- 理科ねっとわーく：科学技術振興機構が開発し，国立教育政策研究所が提供している小・中・高等学校向けの理科教育・学習用デジタル教材を集めたWebサイト。「デジタル教材」は136タイトルあり，約5万点もの動画・静

図 12 - 5　理科ねっとわーくトップページ（右）とコンテンツ検索結果の例（小6で検索）（左）
出典：国立教育政策研究所理科ねっとわーく提供。

止画などの「デジタル素材」で構成されている（図 12 - 5）（理科ねっとわーく
ホームページを参考に記述）。

多くの映像（写真や動画のほかアニメーションやシミュレーション）があり，学
習の助けとなる内容となっている。学年別や単元別に検索もできる。この中
から自身の授業の指導過程において一番効果的なコンテンツをあらかじめ探
しておき，授業時間中の一番効果的な場面で使用するように心がけよう。

- NHK for School：NHK が提供している教育用映像を集めたサイト。NHK
  の教育用番組を収録しているとともに，番組の中で使用されている映像も見
  られるようになっている。トップページ右上にある「学校モード」に切り替
  えての使用や，「先生」ボタンから学習指導要領や教科書別，教科別にも検
  索できる機能が備えられている（図 12 - 6）。

  その中の10分番組「考えるカラス」は科学の方法を身に付ける上でも助けと
  なる番組構成となっている。この番組のオープニング内で，「観察し，仮説
  を立て，実験をし，考察する。科学の考え方を学べ。『考えるカラス』」とい

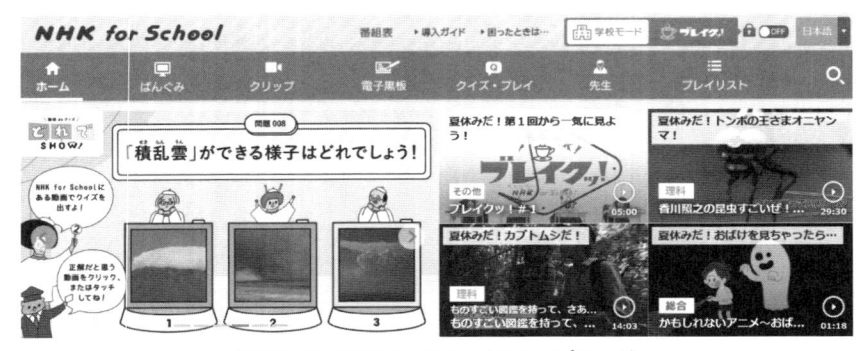

図 12 - 6　NHK for School のトップページ

出典：NHK for School より。

うナレーションがなされている（図12-7）。このような科学の方法を取り入れた理科授業を行っていくことが（第1章でも述べられているとおり）求められている。大いに参考にするとよい。

図 12 - 7　「考えるカラス」のオープニング

出典：NHK for School「考えるカラス」より。

- 文部科学省『小学校理科の観察，実験の手引き詳細』：2008年版学習指導要領準拠ではあるが，文部科学省が提示している実験書。学年別単元別にまとめられており必要な情報をすぐに確認することができる。実験の解説だけでなく，①単元のねらい，②単元の内容，③単元の評価規準の設定例，④指導と評価の計画，⑤本単元における観察，実験例，という内容がまとめられており，指導案作成（第10章参照）や授業の改善・開発にも役立つ内容となっている。とくに評価規準や単元の評価計画（第11章参照）は一読に値する。なお文部科学省ホームページには以下のように紹介されている。是非利用したいものである。

理科は，自然の事物・現象に親しむなど具体的な体験を通して子どもの身体的な技能や豊かな心情を育むとともに，科学的な見方や考え方の育成を図ることを目指しています。理科学習において，「観察，実験」は極めて重要な活動です。観察，実験は，児童が目的を明確にもち，その

結果を表やグラフなどに整理して考察することで，はじめて意図的，目的的な活動となり，意味や価値をもつものとなります。こうした観察，実験を充実するためには，教員の理科の指導力を向上させることが求められています。

　そこで，本手引きでは，観察，実験に関する基本的な内容を解説し，観察，実験の装置や器具の使用法，実験の注意点等をまとめています。本手引きを積極的に活用され，観察，実験などのより一層の充実を図ってほしいものです。

（文部科学省「小学校理科の観察，実験の手引き」ホームページより）

（3）情報機器（ICT）および教材使用の留意点

　ここでは，視聴覚機器，デジタルコンテンツ等の使用に際しての留意点について述べる（北川ほか，2011を参照）。忘れてはならないことは理科教育の前提はあくまでも「自然は自然から学ばなければならない」ということである。

　理科では児童が直接自然に働きかけることが最も重要なことである。昨今，情報機器の利用によって簡単に様々な情報を入手することができるようになった。ダンゴムシの写真やアリの写真，河川の上流や下流の様子を記録したもの，熱膨張や熱伝導の実験映像なども豊富に提供されている。しかし児童が直接自然に働きかけることを重視する理科教育にとって，本来児童が実際に行うべき観察や実験を情報機器や教材の利用で置き換えて済ませてしまうことは本末転倒といわざるを得ない。そこで以下，情報機器を観察や実験の補完として利用することが望ましい場合を紹介する。

　使い方を工夫することで有効に働く場面としては，それぞれ次の①〜③のような場面が考えられる。

① 時間的必要性

　時間的必要性には，夜間の天体観測や産卵の瞬間といった時間を授業時間へ移動させてくることや，長時間の変化や瞬間の変化を短縮・延長することで視認可能な時間へと変換することができるといった点がある。

　時間の移動については，第4学年の「月と星」，第6学年の「月と太陽」の単元でとくに有効である。太陽は昼間に学校（授業）で教師と一緒に観察可能であるが，月や星の動きの観察は日没後の夜の現象であるため宿題となること

が多い。児童が個々に観察することととなり，指導の難しさの一つとなっている。そこで，情報機器や対応した教材を用いて，簡易プラネタリウムソフトや映像等を用いて夜空の観察を補完するとよい。そうすることで間接的ではあるが，教師と子どもが一緒になって観察することができ，実際の星空観察を行うときに児童が一人であっても戸惑うことが少なくなる（第9章のコラム7も情報機器・教材利用のよい例である）。

　一方，時間の短縮については，授業時間内では変化が小さく，観察に時間がかかる植物の成長などには情報機器や教材利用が有効である。しかし，あくまでも長時間かけて実際に植物を観察させ，観察記録をつけさせた上で，微速度撮影した映像を見せることにしたい。そうすることで，児童が行った実際の植物の成長観察という不連続な観察記録が，連続した映像によって，植物の成長（たとえば大豆の発芽と成長の様子）が連続性をもったものとして置換され，植物も生き物であるという実感につながっていく。

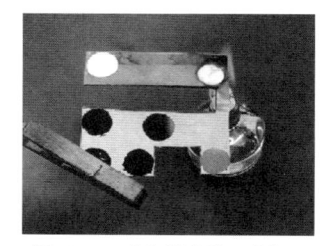

図 12 - 8　熱伝導実験の映像の一コマ

出典：筆者撮影。

　逆に，時間の延長では，第4学年の「金属，水，空気と温度」単元における熱伝導の実験の様子をスローモーションで再生し（図12-8），実験記録を取ったり，考察のときに実験結果を見直したりすることに利用できる。しかしビデオ撮影しているからといって，実験中の結果の観察をおろそかにしてしまってはいけない。あくまでも，改めて見直すことができるという補完的使用であることを肝に命じておきたい。

② 空間的必要性

　空間的必要性には，情報機器・教材によって，空間移動を容易にできるといった利点と，空間の拡大・縮小を容易に示すことができるといった点がある。

　空間の移動の例では，第5学年の「流れる水の働きと土地の変化」の単元において，河川の上流や下流の様子の違いを見せる場合が考えられる。ここでも，安易にデジタルコンテンツを利用するだけでなく，必要性を吟味した上で利用

したい。小学校が下流域，平野部にあった場合，近くの河川での観察を実施し，校内での砂山を利用した流水の働きについての実験も行った上で，時間的に引率不可能な場合，同じ河川の上流の写真や動画を利用することが有効である。ここでも，実際に教師自身が学校近くの川の上流部へ赴き，現地調査を行い，目の前の児童にとって学習効果が最も高いと考えられる映像を，教師自身が撮影・準備しておくことが重要となってくる。このときに，一般的な映像で済ませるのではなく，身近な河川，実際に観察した河川の上流というつながりを大切にしたい。児童の関心や理解には，こういった日常との関連性や教師の絶え間ない日々の努力も大きく効いてくるものである。

　空間の拡大・縮小では第5学年の「天気の変化」の単元において，気象衛星からの雲の画像等を利用して，自分たちの住んでいる地域よりもより広い範囲の雲の変化を見せることがあげられる。この映像を見せる前には，しっかりと，自分たちの住んでいる地域での雲（空）の観察をしておく必要がある。天気図や各地のライブカメラを使用することも考えられる。

③　物理的必要性

　実施が難しい大がかりな観察・実験や，危険を伴う観察・実験の場合，概念理解のためのアニメーション等には情報機器・映像教材を用いての代替が必要になってくる。たとえば，第6学年の「人の体のつくりと働き」では，実際に体内を観察することは不可能なため，デジタルコンテンツや映像等を用いて内臓や血液循環，骨格等を示すことが欠かせない。その際も，児童に白衣を着せて直接映像を児童に投影する（プロジェクターを児童に投影する際には児童にサングラスをかけさせるなど目の保護を忘れずに行う）などの工夫をするとよい。実際の臓器の配置や大きさ，重なり具合を実感する手助けとなる。同じく第6学年の「土地のつくりと変化」において，火山の噴火を直接観察することは安全性の面からも難しい。こういった危険を伴う場合には，代替としての映像資料が役に立つ。

　また，概念理解のためのアニメーションやシミュレーションは，非常にわかりやすく理解の助けとなるよいものが多種多様に用意されている。たとえば，

粒子概念の理解のための水溶液中の粒子の様子，プレート運動による地震の発生の様子など，実際に目で見ることができないようなことも，アニメーション等で確認することができ，概念理解の助けとなる。ただし，知識注入的に用いることにならないように注意し，観察や実験，考察を経たのちに児童の概念理解の助けとなるような利用の方法となるよう心がけてほしい。

　上記で情報機器および教材が有効に機能する場面について紹介した。しかし，「自然は自然から学ばなければならない」という理科教育の特質に十分に配慮し，可能な限り直接体験をさせることを優先し，その補完として情報機器・教材を利用するという心がけを忘れないでほしい。

引用文献

NHK for School（http://www.nhk.or.jp/school/　2018年 8 月 1 日アクセス）。
NHK for School「考えるカラス」（http://www.nhk.or.jp/rika/karasu/　2018年 8 月 1 日アクセス）。
オズボーン，R., フライバーグ，P. 著，森本信也・堀哲夫訳（1988）『子ども達はいかに科学理論を構成するか——理科の学習論』東洋館出版社。
北川治・出野務・田川俊正（2011）『新理科教育』佛教大学通信教育部。
国立教育政策研究所理科ねっとわーく（https://rika-net.com/　2018年 8 月 1 日アクセス）。
平田豊誠・新井友博・野ヶ山康弘・小川博士（2017）「児童生徒の電流概念の保持状況」『日本理科教育学会全国大会（福岡大会）発表論文集』298頁。
平田豊誠・小間翠・野ヶ山康弘・小川博士（2018）「電流概念と電気エネルギー概念の区別を実感できる電気回路モデル教材の開発と効果検証」『日本理科教育学会全国大会（岩手大会）発表論文集』253頁。

（学習の課題）

(1)　第 6 章から第 9 章までに例示されている素朴概念を例に，正しい科学概念としていくための研究の目的や方法を構想してみよう。
(2)　参考となる研究団体をもとに自身の興味のある学会や協会を調べ，その学会や協会が開催している研究発表会等に参加してみよう。また，国立大学附属小・中・高等学校が実施している教育研究会や地域の学校が実施している公開授業研究会等に参加してみよう。

(3)　情報機器（ICT）および教材使用の留意点を整理し，ある単元の中の１時間を選出し，授業に使うコンテンツやワークシート等を構想してみよう。

【さらに学びたい人のための図書】

森本信也・稲垣成哲（1999）『理科授業における授業研究の進め方──構想からまとめ方まで』東洋館出版社。

　⇨教育実践者の教師として教育実践研究を進めていくための手立てや方法，研究発表へのまとめ方などがわかりやすく解説されている。

堀哲夫・西岡加名恵（2010）『授業と評価をデザインする　理科──質の高い学力を保障するために』日本標準。

　⇨「逆向き設計」論，「知の構造」と評価方法の対応，問題解決の過程，素朴概念について説明した上で，これらを授業に取り入れていくための教材開発，授業開発が例示されている。とくに評価については他教科でも役立つ内容となっている。

日本理科教育学会機関誌『理科の教育』東洋館出版社。

　⇨本文中にも取り上げたが，最新の教育情報や授業方法を入手するには一番よい。理論編から小・中・高等学校の授業実践まで幅広く紹介されており，授業のネタや，困ったときに大いに役立つ内容となっている。学会員になると毎月無料で購読することができる（毎月郵送されてくる）。

（平田豊誠）

第13章

小学校教員の専門性とは
——特色ある授業づくりのために

この章で学ぶこと

小学校教員にとって理科の専門性とは何だろう。これから小学校の教員になろうとする人たちにとって最も大切で，気にかかることは日々の授業づくりではないだろうか。「学習指導要領解説理科編」や教科書を見ても，児童の心をつかむ授業を具体的にイメージすることは難しい。「本質をいかにわかりやすく児童に伝えるか」，ここに小学校教員としての専門性がある。クラス担任として，また複数の教科を担うメリットを最大限に活かし，児童にとってストーリー性のある展開を期待したい。本質とは児童の学びによりそった児童にとっての本質でなければならない。本章では，深い学びに誘い入れる授業づくりの場面を考える。

1 小学校教員に求められる力
——小学校教員の専門性を考えるにあたって

地域や社会，そして保護者の願いをつなぎとめ，児童を明日の社会の担い手として育みながらも，児童と科学を結ぶコーディネーターやファシリテーターとしての役割をも小学校教員は担っている。そのような小学校教員にとって必要な力として次の3つをあげておきたい（図13-1）。これらの力は，いずれも2017（平成29）年版学習指導要領に謳われている「何を学ぶか」「どのように学ぶか」そして「何ができるようになるか」を行うための，また社会に開かれた学校づくりのための基盤をなすものである。

つどう力：時間，場所，思想を超えてともに語らい，和みをつくる力

つなぐ力：様々な知を合わせ，地域を結び，世代をつなぐ力

つむぎだす力：地域の文化をもとに未来に開かれた知を創造する力

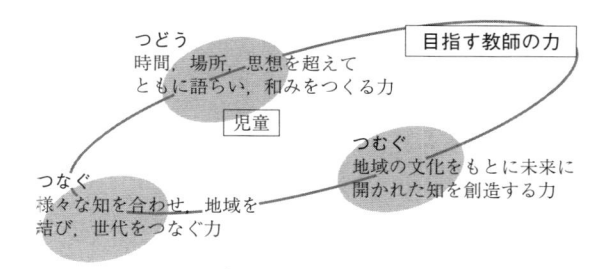

図 13-1　目指す教師の力

　多様・多彩な力が求められている教員にとって，その力を具体的に発現する場としての「授業づくり」とはどのようなものだろうか。

［2］　授業をつくり出す力

　授業づくりの例として「てこの規則性」の導入部分を取り上げてみよう。第6学年での学習単元である「てこの規則性」の目標としては，第6章でも取り上げたが，2017年版学習指導要領に，

> 　てこの規則性について，力を加える位置や力の大きさに着目して，てこの働きを多面的に調べる活動を通して，次の事項を身に付けることができるよう指導する。

こととして，まず，

> 　(ｱ)　力を加える位置や力の大きさを変えると，てこを傾ける働きが変わり，てこがつり合うときにはそれらの間に規則性があること。
> 　(ｲ)　身の回りには，てこの規則性を利用した道具があること。

をあげ，さらにこの単元の学習をとおして，

> 　イ　てこの規則性について追究する中で，力を加える位置や力の大きさとてこの働きの関係について，より妥当な考えをつくりだし，表現すること。

とある。このように，てこの働きとの関わりをとおして「力を加える位置」と

「加える力の大きさ」の量的な関係について追究させながら，それに留まることなく，妥当な考え方をつくり出し，それを表現する場を設けることが期待されている。しかし，この数行から，てこの規則性におけるねらいを反映した具体的な授業が構想（デザイン）できるだろうか。また，児童に期待する「妥当な考え方」とは，そもそもどのような場面で期待でき，さらにはその「妥当な考え方」を表現できる場面を教師自らが想定し，設定できてこそ期待できる話である。手放しで「期待」できるものではない。この場面づくりに教師の力量が現れ，小学校教員としての専門性が問われるのではないだろうか。

　多面的な活動をとおして，妥当な考え方を表現できる「授業の場面」について，以下，第6学年「てこの規則性」と第4学年「電流の働き」を例としてあげながら，授業づくりの実際を示すことにしよう。なお，授業の実際の様子が伝わるよう，語り口調に近い「です・ます」調で表すことにする。

（1）授業の場面（第6学年：てこの規則性から）

○まずは児童の実感から入る

　荷物，棒，てこ実験機を用いて，児童の体験をもとに，てこの規則性を導く授業を考えてみましょう。

　図13-2は，江戸時代の郵便配達人である飛脚の姿です。「江戸時代は，人が手紙や荷物を入れた箱をかついで運んでいたんだ」（以下，「　」は児童発言）と児童は興味深く感じることでしょう。そこで『この図を見て何か気づくことはありますか』（以下，『　』は教師発言）と聞いてみます。このとき，児童の目の届くところに荷物が取り付けられた棒を置いておくことで，児童の関心は荷物や棒に集中します。

　「なんだか，軽そう」「手紙だから，重くないんだよ」

　「手が前に伸びているよ」「荷物が肩のすぐそばにある」

　荷物や手の位置に関心が高まったところで，『荷物のかつぎ方で重く感じたり，また軽く感じたりするでしょうか』と聞いてみます。

　「そんなことないよ。重さは同じだよ」

「でも荷物が後の方にあったら，走りにくい」

そこで，すかさず用意しておいた荷物を取り付けた長い棒を見せ，『では，肩でかついでみましょう』，そして『軽く感じるかつぎ方ってあるのでしょうか』と児童の活動をうながします。

児童は，肩に痛みを感じながらも実感として，

図 13 - 2　飛脚の姿

①荷物が肩のそばにあると軽く感じる。

②荷物が肩から遠ざかると重く感じる。

③手を前に伸ばして棒を支えた方が軽く感じる。

などと自分たちで確かめることでしょう。これらは児童自身が得た実験に臨む際の見通し（仮説）であり，さらには追究すべき課題になるのです。

〇**実感を実験でつなぐ（実験の位置づけ）**

そこで，児童が得た予想①〜③を実験で確かめます。闇雲な実験ではなく，自分たちの得た予想を確かめるという位置づけです。

【てこ実験機を用いた実験】

児童の予想は，棒で荷物をかつぐという状況の中で得たものです。そこで，まず，てこ実験機と飛脚のかつぎ棒とを重ね合わせ，実験で得た結果と自分たちが知りたいことがつながるようにしておきましょう（図13 - 3）。

『てこ実験機のどこが長い棒になりますか』や『てこ実験機のどこが肩でしょうか』『てこ実験機のどこが手で押さえる場所ですか』等の問いかけで確認させます。「荷物（作用点）はてこ実験機の左側で，そのす

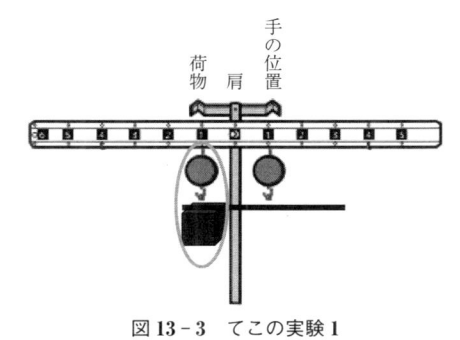

図 13 - 3　てこの実験 1

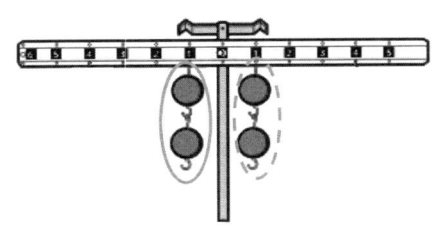

図13-4　てこの実験2

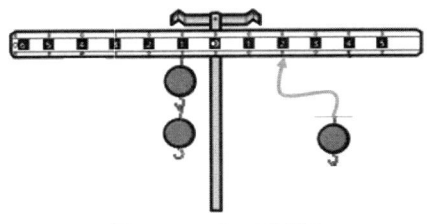

図13-5　てこの実験3

ぐそばに肩（支点）がきて，手で押さえる（力点）のは右側のここだ」と自分たちの得た予想を，もう一度，てこ実験機を使って再現するのです。

【てこの規則性の発見へ】

　実験では，腕の左側，支点に一番近いところ（目盛り1の箇所）を荷物のかかるところにしておきます（図13-3）。そこで，まず荷物の重さをおもり1個としておき，『右側のどこにおもり1個をぶら下げれば，荷物をかつげるかな』と聞きます。児童の予想される反応は目盛り1のところです。次に，『では，荷物の重さが重くなっておもり2個になりました。どうすれば荷物をかつげますか』と聞きます。予想される反応は，最初の実験から「目盛り1のところにおもり2個」ですが（図13-4），ここで『右側のおもりの数を1個にすると，手で押さえる力は，最初と同じになるね。おもり1個で考えてみてください』と，さらに活動をうながすようにします（図13-5）。これら一連の実験で得られた結果を表13-1のようにまとめます。

　表の右端の数字は，肩にかかる重さをおもりの数で表したものです。たとえば，荷物がおもり2個のとき，Bのように目盛2のところに手を置きさえすれ

表13-1　てこの実験結果

荷物（支える場所）	手で押さえる力（場所）	肩にかかる重さ
おもり1個（目盛1）	おもり1個（目盛1）	おもり2個
おもり2個（目盛1）	A：おもり2個（目盛1） B：おもり1個（目盛2）	おもり4個 おもり3個
おもり3個（目盛1）	A：おもり3個（目盛1） B：おもり1個（目盛□）	おもり6個 おもり4個

ば，肩にかかる重さは軽くてすむことがわかり
ます。表13‐1のおもり3個の場合ですが，
『このとき，肩にかかる重さを4にするにはど
の目盛を手で押さえればよいですか』という問
いかけに対しては，児童は予想を立てた上で実
験に臨むようになります。これら一連の実験を
とおして，児童が当初抱いたイメージ，

　①荷物が肩のそばにあると軽く感じる。

　②荷物が肩から遠ざかると重く感じる。

　③手を前に伸ばした方が軽く感じる。

図13‐6　重い荷物を担ぐ人

は確信に変わることが期待できます。この確信をもとに「てこの規則性」へと
つなげていくのです。

　図13‐6は重い荷物を担いでいる別の絵ですが，児童の目線は「荷物の位
置」「肩」，そして「手の位置」に釘づけになることでしょう。

○より妥当な考えを引き出すための手立て

【つり合いの式に託されたエネルギーの視点】

　てこの規則性は，エネルギー領域，とくにエネルギーの捉え方を育む単元と
して位置づけられています。以下，てこのつり合いの規則性（つり合いの式）
をてこによる仕事，すなわちエネルギーという視点で量的・関係的に導き出し
てみることにします。

　物体に加えられた仕事は次のように表すことができます（第6章参照）。これ
が仕事の定義です。

　　　仕事＝〔物体に加えた力〕×〔力の方向に動いた距離〕

　つまり，仕事とは力と力の向きに動いた距離との積で表されるのです。さら
に，仕事に関しては，てこのような機器を用いても仕事の量そのものを軽減さ
せることはできないという「仕事の原理」があります。物体を動かす力が10分
の1ですむようなてこを使って，一見，仕事で得をしたように感じても，実は
物体を動かす距離は10倍になっているわけです。

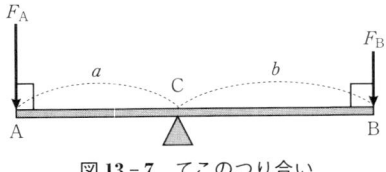

図 13 - 7　てこのつり合い

さて，てこの規則性では，「支点Cから距離 a, b にある点A，Bに力 F_A, F_B が働いていて，しかも，

$$F_A \times a = F_B \times b \qquad \cdots\cdots①$$

が成り立つ」とき，てこはつり合っているといい，力による支点（C点）回りの回転を考えました。①式はどちらにも回転しないことを表しています。高等学校では，このような回転を表す物理量のことを力のモーメントと呼んでいます。この力のモーメント $F_A \times a$, $F_B \times b$ は，図 13 - 7 からもわかるように，ともに点A，Bそれぞれに働く力（F_A, F_B）と支点からの距離（a, b）は垂直の関係にあり，仕事とは無関係な量です。すると，「てこはエネルギーの単元なのに，てこのつり合いの式（①式）は仕事やエネルギーとは無関係なのか」という疑問がよぎります。

　ここでは，**仮想仕事の原理**を用いて①式を導きます。仮想仕事の原理とは，「『**束縛力が仕事を行わないという条件のもと，着目している体系**（ここではてこ）**に対して，束縛条件を破らない範囲でその構造上許される任意の変位**（仮想変位）**を考え，この変位に対して加えられた力の行う仕事**（仮想仕事）**の和がゼロになる**』ことが，つり合うための条件である」というものです。この原理は，てこの形状を保ったまま（横棒は常に支点によって支えられている），A点，B点に働く力に仮に少しだけ仕事をさせてみて，そして，その仕事の和を求め，それをゼロにするような力が実はつり合いを成り立たせている力なのだという考え方です。

　では，この原理に従って，以下(1)〜(4)の順で①式を導いてみましょう。

(1)　C点を支点として，これが移動しない（ずれない）状態でA，B点を小さく動かす（図 13 - 8）。

(2)　すなわち，微小な角 $\delta\theta$ だけC点のまわりにてこを回転させたとすると，A点は $a \times \delta\theta$ だけ上に移動し，B点は $b \times \delta\theta$ だけ下に移動する。

(3)　仕事の定義から力 F_A, F_B がする仕事はそれぞれ，

　　F_A の行う仕事 $-F_A \times a\delta\theta$, F_B の行う仕事 $F_B \times b\delta\theta$

　　となり，仕事の和 δW は，

$$\delta W = -F_A \times a\delta\theta + F_B \times b\delta\theta$$
$$= (-F_A \times a + F_B \times b)\delta\theta$$

となる。

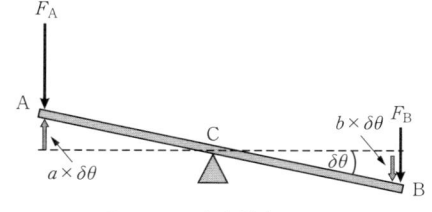

(4) つり合いの条件は，仮想仕事の
原理より，$\delta W = 0$ であるから，

$$F_A \times a = F_3 \times b$$

図 13 - 8　仮想仕事の原理

この関係が成り立っていれば，力 F_A，F_B は仕事をしない。

このように，つり合いの位置にあるてこを，本当は仕事をしないのだが，仮に仕事をしたとして式をたて，その仕事をゼロにするような力の関係として①式を導いたのです。したがって，この原理から導ける $F_A \times a$ や $F_B \times b$ はエネルギーに関係した物理量だとわかります。

【支点の意味とてこのつり合い――重心という考え方】

図 13 - 9 のように，同じ質量のおもりを，左の腕に 2 個，右の腕に 4 個つけて，てこ（天秤）がつり合うようにしました。

このとき，そもそもてこ（天秤）がつり合っているとはどういうことでしょう。たとえば図 13 - 10 を使って考えてみましょう。

①左の腕の重心を考える：左の腕には 2 個のおもりがつり下がっていますが，この 2 個のおもりのちょうど真ん中のところに 2 個分の重さをもった大きなおもりを 1 個つり下げても，右の腕に与える影響は変わりません。この位置が，左の腕の重心の位置です。

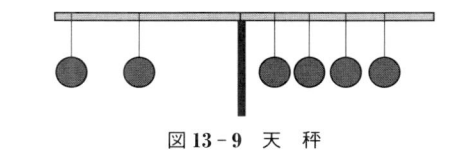

図 13 - 9　天　秤

②右の腕の重心を考える：右の腕には 4 個のおもりが等間隔につり下がっているとしましょう。このときは，この 4 個のおもりの真ん中のところに 4 個分の重さをもった大

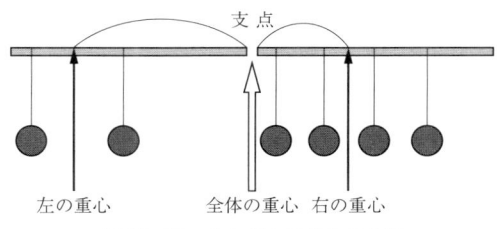

図 13 - 10　それぞれの重心の位置

きなおもりを 1 個つり下げても，左の腕に与える影響は変わりません。この位置が，右の腕の重心の位置です。

　③腕全体の重心が支点の位置：左の腕の重心と右の腕の重心，この 2 つの重心の「重心」の位置に支点がきたとき，このてこ（天秤）はつり合っていることになるのです。つまりは，おもり 6 個の重心が支点の位置にあること，これがつり合いの条件なのです。『6 個のおもりはどこでつり合うかな』と問うたとき，児童は直感的に重心の位置を探りあてることでしょう。

　てこのつり合いの式は，少し変形させると $F_A \times a - F_B \times b = 0$ となりますが，実はこの式は重心の位置が原点（いまは支点）にあることを表しています。重心の概念は「剛体のつり合い」として，高等学校で再び登場することになります。

（2）授業の場面（第 4 学年：電流の働きから）

○まずは電流の実感のために

　電気の流れ（電流）は水の流れ（水流）にたとえられることが多く，導入では水流のイメージから入ることで電流に対して実感をもたせるようにします。図 13 - 11 は小川に設けられた水車ですが，水車のまわり方をとおして水流の勢いの大小を比較することができます。

　たとえば，図 13 - 11 の 2 つを見せて『水車のまわる様子から，水が勢いよく流れているのはどちらですか』と聞いてみましょう。流れる水の勢いを感じ取って，「下の水車の方が速くまわっている。だって，下の水車は水しぶきをあげながら水が流れているから」，予想される児童の反応です。

図 13 - 11　水　車
出典：下は，朝日新聞社提供。

　どちらの図も静止画像ではあるのですが，水の流れる勢いと，水車のまわる速さとが結びついているからこその反応です。

　次に，風車を用意します。図13–11では水の流れが目に見えましたが，風は水の流れと違い目には見えません。しかし，風車の羽根のまわる速さや回転の向きから吹いている風の勢いや，風向きがわかります。目には見えない風の勢いや風向きが風車の回転の様子から予想できるのです。

　では，電気の流れである電流はどうでしょう。このときはプロペラのついたモーターを使います。プロペラのまわる速さや向きから，導線を流れている電流の大きさやその向きがわかるのです。「プロペラが速くまわるほど，導線を流れる電流は大きい」という児童の予想を確かめましょう。

○実感を実験でつなぐ

【電流の向きをさぐる】

　図13–12は乾電池1個，プロペラつきのモーター，そして検流計を導線でつないだものです。スイッチを入れるとプロペラがまわります。このとき，検流計の針の動きに着目するように指示します。

　「右に目盛り1だけ振れたよ」

　しかし，児童にとってはプロペラのまわり方と検流計の針の動きとは結びついていません。そこで，すかさず『電池の向きを変えてみよう』『プロペラのまわり方や検流計の針の動きはどうなるかな』と活動をうながします。

　「あれ，プロペラは反対にまわっている。検流計の針も反対に振れた」「もう一度，乾電池の向きを元に戻すと，プロペラのまわる向きも，検流計の針も元にもどった」「プコペラをまわしている電流が針を動かしているんだ」。この気づきは大切ですので，ノートにまとめるように指示します（図13–13）。

　風車や水車のまわり方は，風向きや水

図13–12　モーターを使った実験の様子

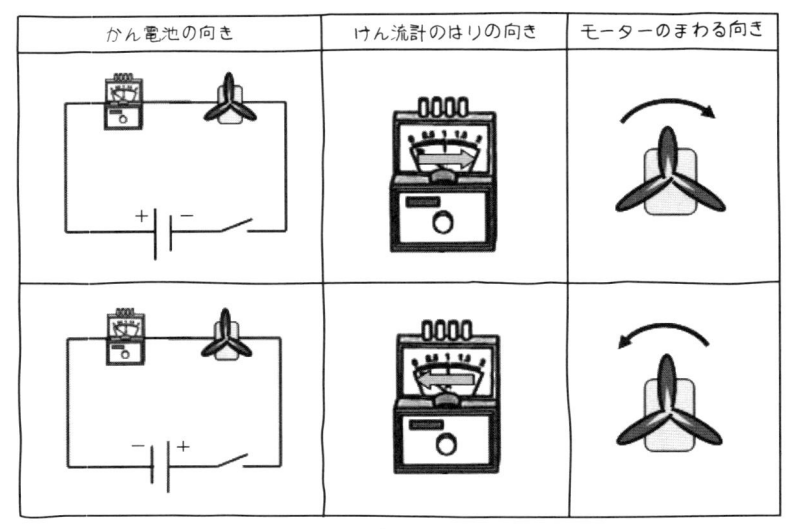

かん電池の向き	けん流計のはりの向き	モーターのまわる向き

図 13 - 13　電流のノートのまとめ

の流れの向きが関係しているという実感から，プロペラのまわる向き（モーターのまわる向き）も電流の向きが関係しており，その向きは検流計の針の動きで確かめられるのです。

【電流の大きさを探る】

　乾電池２個を使ってプロペラを乾電池１個のときよりも速くまわすことを考えます。『乾電池２個をどのようにつなげば，プロペラはまわるでしょうか』と児童の活動をうながします。いろいろなつなぎ方を模索させながら，黒板に児童の得た代表的な結果をまとめるようにします（図13 - 14）。

　『乾電池２個をまっすぐに並べたとき（①），プロペラがまわりました。また，乾電池を横に並べたとき（②）もプロペラはまわりましたね』

　このとき，乾電池の直列接続（①）の方がプロペラのまわり方が速いという児童の気づきが出ればしめたものです。出なければ，『２つのつなぎ方では，どちらの方がプロペラのまわり方が速いでしょうか』とプロペラの回転の様子に着目させます。「①の方が速いよ」「①の方がうんと速いよ」「②の方が少しだけ遅い」「②の方は乾電池１個とあまり変わらない」など，児童の感じ方が

いろいろと出てくることが予想さ
れます。

　水車や風車では，水の流れや吹
く風の勢いで水車や風車のまわる
速さが変わりました。ここでもう
一度，水車や風車の図を見せなが
ら『①と②のつなぎ方では，プロ

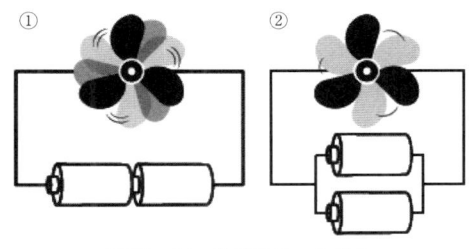

図 13 - 14　乾電池のつなぎ方

ペラをまわしている電流はどちらの方が大きいでしょうか』と流れる電流の大
きさに着目させましょう。ここで①の乾電池のつなぎ方を直列接続，②のつな
ぎ方を並列接続という用語を伝え，児童にこの用語を使いながら説明するよう
にうながします。「直列接続の方は電流が大きいから，プロペラは速くまわっ
た」「並列接続の方は流れる電流が小さかったからプロペラは速くまわらな
かった」。検流計をセットしておけば，回路を流れる電流を数値として表すこ
とも可能になります。

○豆電球の明るさで再確認

　プロペラのまわる速さよりも，豆電球の明るさの方が，より感動的に児童に
は伝わります。そこで，プロペラのまわり方で得た乾電池の直列接続，並列接
続の違いを豆電球の明るさで再確認することにします。

　図 13 - 15 は，乾電池 2 個を豆電球に接続したときの豆電球の明るさの違い
を表したものです。

　乾電池の直列接続：

　　　豆電球（明るい）⟺ **検流計の針の振れ幅（大）**⟺ 流れる電流（大）

　乾電池の並列接続：

　　　豆電球（暗い）⟺ **検流計の針の振れ幅（小）**⟺ 流れる電流（小）

　乾電池が 2 個直列の場合，1 個の場合の何倍明るいかという定量的な扱いは
必要ありませんが，しかしプロペラのまわる向き（モーターのまわる向き）が検
流計の針の振れる向きで確かめられたように，豆電球を流れる電流の大きさは
検流計の針の振れ幅（針の指す値）で知ることができるのです。

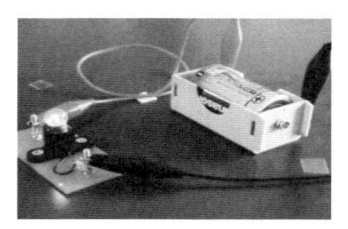

乾電池1個

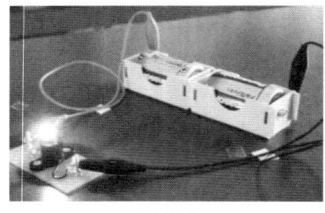　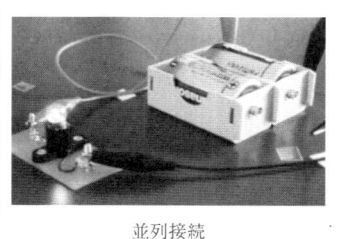

直列接続　　　　　　　　　　　　並列接続

乾電池2個

図13‐15　豆電球の明るさをとおしての直列接続と並列接続の比較

3　**活用ベースの教材研究を**

〇教材を教えるか，教材で教えるか——教材で教えるものは何か

　第2節では児童の興味関心をもとに，より質の高い問いかけを誘う授業のシナリオを紹介した。そこで取り上げた興味関心とは，科学から離れたところに求めるのではなく，学習が深まるにつれて次々に引き出される「学習内容への本質的な問いかけ」へと導くものでなければならない。このより深い学びを保証するものが，教師自身によって周到に準備された学びの系統性への配慮や教材の構造化であり，さらには学習者の学びの適時性に基づく構成である。

　真船和夫（1968）も指摘するように，巧妙な観察や実験の方法を工夫し，優れた指導によって児童にいきいきとした直観を与え，教材のもつ内容を，確実に児童に把握させることができたとしても，その内容が現代の自然科学の基礎として重要ではなく，自然に対する科学的な認識を育てるという点でもたいした意味をもたないとすれば，せっかくの学習も意味のないものになってしまう。

学習内容やその配列についても，学習指導要領や教科書で示されたものを再検討もせず鵜呑みにし，児童に確実に伝えるための教授法を研究することだけで満足してしまっては，教師は単なる「授業請負人」になり下がってしまう。今後の教師に求められるものは，

- 教育課程全体を俯瞰し，理科を他の教科とどのように関係づけるか
- 理科の内容としては，現代の科学と照らし，何を選択し，それをどう配置すべきか。さらには内容が獲得されていった営みを理科の考え方としてどう順序立てて整理し定着させるか
- 児童に対し理科の内容と理科特有の方法とをどう認識させ，発展させるか

というそれぞれへの配慮であり，とくに教材に盛り込まれた学習内容に系統性をもたせるには，法則や理論をはじめ学習内容そのものがもっている論理的構造を分析して，その要素を取り出し，それらを論理的な順序にしたがって再構成してみる（教科内容の教材化）ことと，学習内容を認識していく学習者の主体的な認識過程を，実際の授業の中で児童の表現や言動などから確かめて，構成された内容の系統性が妥当かどうかを検討する（教科内容の検証）ことが求められている。教材として系統的に配置された学習内容を，児童の多様な学びのプロセスにしたがって検証する，ここに教師としての専門性がある。

○日々の実践をとおして自身の授業スタイルの確立を

　主体的・対話的で深い学びの体現を目指す授業を考える際，常に脳裏に浮かぶ授業における2つの矛盾がある。それは「児童の主体性を重んじ身近な素材から出発すると科学そのものが教えられず」，他方「できあがった科学を教えようとすると押しつけになる」，これは児童の主体性をあくまでも重んじるか，それとも押しつけになっても科学を積極的に教えるかというジレンマである。現代にも通じるジレンマである。第3章で触れたが，学習指導要領もまた経験主義と系統主義の狭間で揺れ動いている。

　この矛盾に対して，これら2つを対立したものとは捉えずに，いわば「理想的な授業というものは，児童の自由な活動にある種の束縛を与えて教師の指導性を発揮することがかえって児童の自発性を呼び起こし，その自由な発想をと

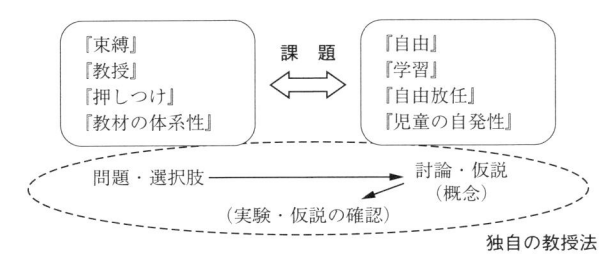

図 13-16　仮説実験授業の構造

ことん突き詰めさせることによって教師の指導性を高めることができるような授業ではないか」という，まさに自由放任と押しつけという矛盾を統一的に捉えた授業実践理論が，1963（昭和38）年板倉聖宣によって提唱された仮説実験授業である（図13-16）。なお，仮説実験授業については第5章を参考にされたい。

　この理論の具体化が「授業書」である。授業書には児童が追究すべき問題と選択肢，また実験が教師側から与えられ，この討論に値すべき課題に対して児童は自由に追究でき，その過程で得た仮説をもって実験に臨む。この検証実験を経て科学的概念が形成されるという構図である。ここには，歴史的にみて科学が形成されてきたプロセスが反映されている。

　多様な教授法があり，また学習法がある。教授法や学習法に児童をはめ込むのではなく，まずは，「これなら児童の学びにマッチしている」という自身の授業のスタイルを見つけ出すことである。それは日々の授業実践が在来の，たとえば直観主義や実物主義等々の「○○主義」という特定の教授法に固定化されてしまうと，それらに固執するあまり排他的になり，児童の豊かな活動がみえなくなってしまうからである。

　自身の授業のスタイルがどの主義や方式と関連性があるかを「教材研究」をとおして実証的に明らかにする。まさに差異点と共通点を見つけ出し，自身の授業のスタイルに取り込んでいく。このような活用ベースの教材研究を期待したい。

引用文献

真船和夫（1968）『新教職教養シリーズ理科教育法』誠文堂新光社。

文部科学省（2017）「小学校学習指導要領解説理科編」。

──〔学習の課題〕──

(1)　てこの規則性では，天秤ばかりを用いることで「はかりの歴史」への扉を開く
　　ことができる。児童にとって身近な遊具「シーソー」を使えば，本書で展開した
　　場面とは違った展開も可能になる。遊具「シーソー」を使った場合，どのような
　　授業の場面が考えられるだろうか。

(2)　理科の単元，たとえば第5学年の振り子の運動で，授業の実際の場面での「シ
　　ナリオ（導入場面）」をつくってみよう。

【さらに学びたい人のための図書】

大髙泉編著（2013）『新しい学びを拓く　理科授業の理論と実践〔中学・高等学校編〕』
　　ミネルヴァ書房。
　　　⇨第5章には，授業構成についていくつか代表的な事例が紹介されている。個別
　　　　な事例から入る小学校理科では，範例方式による学びの展開が参考になろう。

山下芳樹監修・編著（2016）『理科の先生になるための，理科の先生であるための
　　「物理の学び」徹底理解　力学・熱力学・波動編』ミネルヴァ書房。

山下芳樹監修・編著（2017）『理科の先生になるための，理科の先生であるための
　　「物理の学び」徹底理解　電磁気学・原子物理・実験と観察編』ミネルヴァ書房。
　　　⇨両書とも物理分野の基礎基本が懇切丁寧に解説されている。また随所にあるコ
　　　　ラムが教材化へのヒントになる。

山下芳樹（2018）『すべての答えは小学校理科にある　電気・磁気編』電気書院。
　　　⇨副題に「小学生が大学入試問題を解く」とあるが，小学校理科のイメージが，
　　　　いかに中・高等学校理科の基礎基本に結びついているかを例題を用いながら具
　　　　体的に説明している。

（山下芳樹）

第1　目標

　自然に親しみ，理科の見方・考え方を働かせ，見通しをもって観察，実験を行うことなどを通して，自然の事物・現象についての問題を科学的に解決するために必要な資質・能力を次のとおり育成することを目指す。

(1)　自然の事物・現象についての理解を図り，観察，実験などに関する基本的な技能を身に付けるようにする。

(2)　観察，実験などを行い，問題解決の力を養う。

(3)　自然を愛する心情や主体的に問題解決しようとする態度を養う。

第2　各学年の目標及び内容

〔第3学年〕

1　目　標

(1)　物質・エネルギー

①　物の性質，風とゴムの力の働き，光と音の性質，磁石の性質及び電気の回路についての理解を図り，観察，実験などに関する基本的な技能を身に付けるようにする。

②　物の性質，風とゴムの力の働き，光と音の性質，磁石の性質及び電気の回路について追究する中で，主に差異点や共通点を基に，問題を見いだす力を養う。

③　物の性質，風とゴムの力の働き，光と音の性質，磁石の性質及び電気の回路について追究する中で，主体的に問題解決しようとする態度を養う。

(2)　生命・地球

①　身の回りの生物，太陽と地面の様子についての理解を図り，観察，実験などに関する基本的な技能を身に付けるようにする。

②　身の回りの生物，太陽と地面の様子について追究する中で，主に差異点や共通点を基に，問題を見いだす力を養う。

③　身の回りの生物，太陽と地面の様子について追究する中で，生物を愛護する態度や主体的に問題解決しようとする態度を養う。

2　内　容

A　物質・エネルギー

(1)　物と重さ

　物の性質について，形や体積に着目して，重さを比較しながら調べる活動を通して，次の事項を身に付けることができるよう指導する。

ア　次のことを理解するとともに，観察，実験などに関する技能を身に付けること。

　(ア)　物は，形が変わっても重さは変わらないこと。

　(イ)　物は，体積が同じでも重さは違うことがあること。

イ　物の形や体積と重さとの関係について追究する中で，差異点や共通点を基に，物の性質についての問題を見いだし，表現すること。

(2)　風とゴムの力の働き

　風とゴムの力の働きについて，力と物の動く様子に着目して，それらを比較しながら調べる活動を通して，次の事項を身に付けることができるよう指導する。

ア　次のことを理解するとともに，観察，実験などに関する技能を身に付けること。

　(ア)　風の力は，物を動かすことができること。また，風の力の大きさを変えると，物が動く様子も変わること。

　(イ)　ゴムの力は，物を動かすことができること。また，ゴムの力の大きさを変えると，物が動く様子も変わること。

イ　風とゴムの力で物が動く様子について追究する中で，差異点や共通点を基に，風とゴムの力の働きについての問題を見いだし，表現すること。

(3)　光と音の性質

　光と音の性質について，光を当てたときの明るさや暖かさ，音を出したときの震え方に着目して，光の強さや音の大きさを変えたときの違いを比較しながら調べる活動を通して，次の事項を身に付けることができるよう指導する。

ア　次のことを理解するとともに，観察，実験などに関する技能を身に付けること。

　(ア)　日光は直進し，集めたり反射させたりできること。

　(イ)　物に日光を当てると，物の明るさや暖かさが変わること。

(ウ)　物から音が出たり伝わったりするとき，物は震えていること。また，音の大きさが変わるとき物の震え方が変わること。

イ　光を当てたときの明るさや暖かさの様子，音を出したときの震え方の様子について追究する中で，差異点や共通点を基に，光と音の性質についての問題を見いだし，表現すること。

(4)　磁石の性質

　　磁石の性質について，磁石を身の回りの物に近付けたときの様子に着目して，それらを比較しながら調べる活動を通して，次の事項を身に付けることができるよう指導する。

ア　次のことを理解するとともに，観察，実験などに関する技能を身に付けること。

(ア)　磁石に引き付けられる物と引き付けられない物があること。また，磁石に近付けると磁石になる物があること。

(イ)　磁石の異極は引き合い，同極は退け合うこと。

イ　磁石を身の回りの物に近付けたときの様子について追究する中で，差異点や共通点を基に，磁石の性質についての問題を見いだし，表現すること。

(5)　電気の通り道

　　電気の回路について，乾電池と豆電球などのつなぎ方と乾電池につないだ物の様子に着目して，電気を通すときと通さないときのつなぎ方を比較しながら調べる活動を通して，次の事項を身に付けることができるよう指導する。

ア　次のことを理解するとともに，観察，実験などに関する技能を身に付けること。

(ア)　電気を通すつなぎ方と通さないつなぎ方があること。

(イ)　電気を通す物と通さない物があること。

イ　乾電池と豆電球などのつなぎ方と乾電池につないだ物の様子について追究する中で，差異点や共通点を基に，電気の回路についての問題を見いだし，表現すること。

B　生命・地球

(1)　身の回りの生物

　　身の回りの生物について，探したり育てたりする中で，それらの様子や周辺の環境，成長の過程や体のつくりに着目して，それらを比較しながら調べる活動を通して，次の事項を身に付けることができるよう指導する。

ア　次のことを理解するとともに，観察，実験などに関する技能を身に付けること。

(ア)　生物は，色，形，大きさなど，姿に違いがあること。また，周辺の環境と関わって生きていること。

(イ)　昆虫の育ち方には一定の順序があること。また，成虫の体は頭，胸及び腹からできていること。

(ウ)　植物の育ち方には一定の順序があること。また，その体は根，茎及び葉からできていること。

イ　身の回りの生物の様子について追究する中で，差異点や共通点を基に，身の回りの生物と環境との関わり，昆虫や植物の成長のきまりや体のつくりについての問題を見いだし，表現すること。

(2)　太陽と地面の様子

　　太陽と地面の様子との関係について，日なたと日陰の様子に着目して，それらを比較しながら調べる活動を通して，次の事項を身に付けることができるよう指導する。

ア　次のことを理解するとともに，観察，実験などに関する技能を身に付けること。

(ア)　日陰は太陽の光を遮るとでき，日陰の位置は太陽の位置の変化によって変わること。

(イ)　地面は太陽によって暖められ，日なたと日陰では地面の暖かさや湿り気に違いがあること。

イ　日なたと日陰の様子について追究する中で，差異点や共通点を基に，太陽と地面の様子との関係についての問題を見いだし，表現すること。

3　内容の取扱い

(1)　内容の「A物質・エネルギー」の指導に当たっては，3種類以上のものづくりを行うものとする。

(2)　内容の「A物質・エネルギー」の(4)のアの(ア)については，磁石が物を引き付ける力は，磁石と物の距離によって変わることにも触れること。

(3) 内容の「B生命・地球」の(1)については，次のとおり取り扱うものとする。

ア アの(イ)及び(ウ)については，飼育，栽培を通して行うこと。

イ アの(ウ)の「植物の育ち方」については，夏生一年生の双子葉植物を扱うこと。

(4) 内容の「B生命・地球」の(2)のアの(ア)の「太陽の位置の変化」については，東から南，西へと変化することを取り扱うものとする。また，太陽の位置を調べるときの方位は東，西，南，北を扱うものとする。

〔第4学年〕

1 目　標

(1) 物質・エネルギー

① 空気，水及び金属の性質，電流の働きについての理解を図り，観察，実験などに関する基本的な技能を身に付けるようにする。

② 空気，水及び金属の性質，電流の働きについて追究する中で，主に既習の内容や生活経験を基に，根拠のある予想や仮説を発想する力を養う。

③ 空気，水及び金属の性質，電流の働きについて追究する中で，主体的に問題解決しようとする態度を養う。

(2) 生命・地球

① 人の体のつくりと運動，動物の活動や植物の成長と環境との関わり，雨水の行方と地面の様子，気象現象，月や星についての理解を図り，観察，実験などに関する基本的な技能を身に付けるようにする。

② 人の体のつくりと運動，動物の活動や植物の成長と環境との関わり，雨水の行方と地面の様子，気象現象，月や星について追究する中で，主に既習の内容や生活経験を基に，根拠のある予想や仮説を発想する力を養う。

③ 人の体のつくりと運動，動物の活動や植物の成長と環境との関わり，雨水の行方と地面の様子，気象現象，月や星について追究する中で，生物を愛護する態度や主体的に問題解決しようとする態度を養う。

2 内　容

A 物質・エネルギー

(1) 空気と水の性質

空気と水の性質について，体積や圧し返す力の変化に着目して，それらと圧す力とを関係付けて調べる活動を通して，次の事項を身に付けることができるよう指導する。

ア 次のことを理解するとともに，観察，実験などに関する技能を身に付けること。

(ア) 閉じ込めた空気を圧すと，体積は小さくなるが，圧し返す力は大きくなること。

(イ) 閉じ込めた空気は圧し縮められるが，水は圧し縮められないこと。

イ 空気と水の性質について追究する中で，既習の内容や生活経験を基に，空気と水の体積や圧し返す力の変化と圧す力との関係について，根拠のある予想や仮説を発想し，表現すること。

(2) 金属，水，空気と温度

金属，水及び空気の性質について，体積や状態の変化，熱の伝わり方に着目して，それらと温度の変化とを関係付けて調べる活動を通して，次の事項を身に付けることができるよう指導する。

ア 次のことを理解するとともに，観察，実験などに関する技能を身に付けること。

(ア) 金属，水及び空気は，温めたり冷やしたりすると，それらの体積が変わるが，その程度には違いがあること。

(イ) 金属は熱せられた部分から順に温まるが，水や空気は熱せられた部分が移動して全体が温まること。

(ウ) 水は，温度によって水蒸気や氷に変わること。また，水が氷になると体積が増えること。

イ 金属，水及び空気の性質について追究する中で，既習の内容や生活経験を基に，金属，水及び空気の温度を変化させたときの体積や状態の変化，熱の伝わり方について，根拠のある予想や仮説を発想し，表現すること。

(3) 電流の働き

電流の働きについて，電流の大きさや向きと乾電池につないだ物の様子に着目して，それらを関係付けて調べる活動を通して，次の事項を身に付けることができるよう指導する。

ア 次のことを理解するとともに，観察，実験

などに関する技能を身に付けること。
　(ウ)　乾電池の数やつなぎ方を変えると，電流
　　の大きさや向きが変わり，豆電球の明るさ
　　やモーターの回り方が変わること。
イ　電流の働きについて追究する中で，既習の
　内容や生活経験を基に，電流の大きさや向き
　と乾電池につないだ物の様子との関係につい
　て，根拠のある予想や仮説を発想し，表現す
　ること。
B　生命・地球
(1)　人の体のつくりと運動
　　人や他の動物について，骨や筋肉のつくりと
　働きに着目して，それらを関係付けて調べる活
　動を通して，次の事項を身に付けることができ
　るよう指導する。
ア　次のことを理解するとともに，観察，実験
　などに関する技能を身に付けること。
　(ア)　人の体には骨と筋肉があること。
　(イ)　人が体を動かすことができるのは，骨，
　　筋肉の働きによること。
イ　人や他の動物について追究する中で，既習
　の内容や生活経験を基に，人や他の動物の骨
　や筋肉のつくりと働きについて，根拠のある
　予想や仮説を発想し，表現すること。
(2)　季節と生物
　　身近な動物や植物について，探したり育てた
　りする中で，動物の活動や植物の成長と季節の
　変化に着目して，それらを関係付けて調べる活
　動を通して，次の事項を身に付けることができ
　るよう指導する。
ア　次のことを理解するとともに，観察，実験
　などに関する技能を身に付けること。
　(ア)　動物の活動は，暖かい季節，寒い季節な
　　どによって違いがあること。
　(イ)　植物の成長は，暖かい季節，寒い季節な
　　どによって違いがあること。
イ　身近な動物や植物について追究する中で，
　既習の内容や生活経験を基に，季節ごとの動
　物の活動や植物の成長の変化について，根拠
　のある予想や仮説を発想し，表現すること。
(3)　雨水の行方と地面の様子
　　雨水の行方と地面の様子について，流れ方や
　しみ込み方に着目して，それらと地面の傾きや

土の粒の大きさとを関係付けて調べる活動を通
して，次の事項を身に付けることができるよう
指導する。
ア　次のことを理解するとともに，観察，実験
　などに関する技能を身に付けること。
　(ア)　水は，高い場所から低い場所へと流れて
　　集まること。
　(イ)　水のしみ込み方は，土の粒の大きさに
　　よって違いがあること。
イ　雨水の行方と地面の様子について追究する
　中で，既習の内容や生活経験を基に，雨水の
　流れ方やしみ込み方と地面の傾きや土の粒の
　大きさとの関係について，根拠のある予想や
　仮説を発想し，表現すること。
(4)　天気の様子
　　天気や自然界の水の様子について，気温や水
　の行方に着目して，それらと天気の様子や水の
　状態変化とを関係付けて調べる活動を通して，
　次の事項を身に付けることができるよう指導す
　る。
ア　次のことを理解するとともに，観察，実験
　などに関する技能を身に付けること。
　(ア)　天気によって1日の気温の変化の仕方に
　　違いがあること。
　(イ)　水は，水面や地面などから蒸発し，水蒸
　　気になって空気中に含まれていくこと。ま
　　た，空気中の水蒸気は，結露して再び水に
　　なって現れることがあること。
イ　天気や自然界の水の様子について追究する
　中で，既習の内容や生活経験を基に，天気の
　様子や水の状態変化と気温や水の行方との関
　係について，根拠のある予想や仮説を発想し，
　表現すること。
(5)　月と星
　　月や星の特徴について，位置の変化や時間の
　経過に着目して，それらを関係付けて調べる活
　動を通して，次の事項を身に付けることができ
　るよう指導する。
ア　次のことを理解するとともに，観察，実験
　などに関する技能を身に付けること。
　(ア)　月は日によって形が変わって見え，1日
　　のうちでも時刻によって位置が変わること。
　(イ)　空には，明るさや色の違う星があること。

(ウ) 星の集まりは，1日のうちでも時刻によって，並び方は変わらないが，位置が変わること。
イ　月や星の特徴について追究する中で，既習の内容や生活経験を基に，月や星の位置の変化と時間の経過との関係について，根拠のある予想や仮説を発想し，表現すること。
3　内容の取扱い
(1) 内容の「A物質・エネルギー」の(3)のアの(ア)については，直列つなぎと並列つなぎを扱うものとする。
(2) 内容の「A物質・エネルギー」の指導に当たっては，2種類以上のものづくりを行うものとする。
(3) 内容の「B生命・地球」の(1)のアの(イ)については，関節の働きを扱うものとする。
(4) 内容の「B生命・地球」の(2)については，1年を通じて動物の活動や植物の成長をそれぞれ2種類以上観察するものとする。
〔第5学年〕
1　目　標
(1)　物質・エネルギー
①　物の溶け方，振り子の運動，電流がつくる磁力についての理解を図り，観察，実験などに関する基本的な技能を身に付けるようにする。
②　物の溶け方，振り子の運動，電流がつくる磁力について追究する中で，主に予想や仮説を基に，解決の方法を発想する力を養う。
③　物の溶け方，振り子の運動，電流がつくる磁力について追究する中で，主体的に問題解決しようとする態度を養う。
(2)　生命・地球
①　生命の連続性，流れる水の働き，気象現象の規則性についての理解を図り，観察，実験などに関する基本的な技能を身に付けるようにする。
②　生命の連続性，流れる水の働き，気象現象の規則性について追究する中で，主に予想や仮説を基に，解決の方法を発想する力を養う。
③　生命の連続性，流れる水の働き，気象現象の規則性について追究する中で，生命を尊重する態度や主体的に問題解決しようとする態度を養う。

2　内　容
A　物質・エネルギー
(1)　物の溶け方
　物の溶け方について，溶ける量や様子に着目して，水の温度や量などの条件を制御しながら調べる活動を通して，次の事項を身に付けることができるよう指導する。
ア　次のことを理解するとともに，観察，実験などに関する技能を身に付けること。
　(ア)　物が水に溶けても，水と物とを合わせた重さは変わらないこと。
　(イ)　物が水に溶ける量には，限度があること。
　(ウ)　物が水に溶ける量は水の温度や量，溶ける物によって違うこと。また，この性質を利用して，溶けている物を取り出すことができること。
イ　物の溶け方について追究する中で，物の溶け方の規則性についての予想や仮説を基に，解決の方法を発想し，表現すること。
(2)　振り子の運動
　振り子の運動の規則性について，振り子が1往復する時間に着目して，おもりの重さや振り子の長さなどの条件を制御しながら調べる活動を通して，次の事項を身に付けることができるよう指導する。
ア　次のことを理解するとともに，観察，実験などに関する技能を身に付けること。
　(ア)　振り子が1往復する時間は，おもりの重さなどによっては変わらないが，振り子の長さによって変わること。
イ　振り子の運動の規則性について追究する中で，振り子が1往復する時間に関係する条件についての予想や仮説を基に，解決の方法を発想し，表現すること。
(3)　電流がつくる磁力
　電流がつくる磁力について，電流の大きさや向き，コイルの巻数などに着目して，それらの条件を制御しながら調べる活動を通して，次の事項を身に付けることができるよう指導する。
ア　次のことを理解するとともに，観察，実験などに関する技能を身に付けること。
　(ア)　電流の流れているコイルは，鉄心を磁化する働きがあり，電流の向きが変わると，

電磁石の極も変わること。

(イ)　電磁石の強さは，電流の大きさや導線の巻数によって変わること。

イ　電流がつくる磁力について追究する中で，電流がつくる磁力の強さに関係する条件についての予想や仮説を基に，解決の方法を発想し，表現すること。

B　生命・地球

(1)　植物の発芽，成長，結実

植物の育ち方について，発芽，成長及び結実の様子に着目して，それらに関わる条件を制御しながら調べる活動を通して，次の事項を身に付けることができるよう指導する。

ア　次のことを理解するとともに，観察，実験などに関する技能を身に付けること。

(ア)　植物は，種子の中の養分を基にして発芽すること。

(イ)　植物の発芽には，水，空気及び温度が関係していること。

(ウ)　植物の成長には，日光や肥料などが関係していること。

(エ)　花にはおしべやめしべなどがあり，花粉がめしべの先に付くとめしべのもとが実になり，実の中に種子ができること。

イ　植物の育ち方について追究する中で，植物の発芽，成長及び結実とそれらに関わる条件についての予想や仮説を基に，解決の方法を発想し，表現すること。

(2)　動物の誕生

動物の発生や成長について，魚を育てたり人の発生についての資料を活用したりする中で，卵や胎児の様子に着目して，時間の経過と関係付けて調べる活動を通して，次の事項を身に付けることができるよう指導する。

ア　次のことを理解するとともに，観察，実験などに関する技能を身に付けること。

(ア)　魚には雌雄があり，生まれた卵は日がたつにつれて中の様子が変化してかえること。

(イ)　人は，母体内で成長して生まれること。

イ　動物の発生や成長について追究する中で，動物の発生や成長の様子と経過についての予想や仮説を基に，解決の方法を発想し，表現すること。

(3)　流れる水の働きと土地の変化

流れる水の働きと土地の変化について，水の速さや量に着目して，それらの条件を制御しながら調べる活動を通して，次の事項を身に付けることができるよう指導する。

ア　次のことを理解するとともに，観察，実験などに関する技能を身に付けること。

(ア)　流れる水には，土地を侵食したり，石や土などを運搬したり堆積させたりする働きがあること。

(イ)　川の上流と下流によって，川原の石の大きさや形に違いがあること。

(ウ)　雨の降り方によって，流れる水の量や速さは変わり，増水により土地の様子が大きく変化する場合があること。

イ　流れる水の働きについて追究する中で，流れる水の働きと土地の変化との関係についての予想や仮説を基に，解決の方法を発想し，表現すること。

(4)　天気の変化

天気の変化の仕方について，雲の様子を観測したり，映像などの気象情報を活用したりする中で，雲の量や動きに着目して，それらと天気の変化とを関係付けて調べる活動を通して，次の事項を身に付けることができるよう指導する。

ア　次のことを理解するとともに，観察，実験などに関する技能を身に付けること。

(ア)　天気の変化は，雲の量や動きと関係があること。

(イ)　天気の変化は，映像などの気象情報を用いて予想できること。

イ　天気の変化の仕方について追究する中で，天気の変化の仕方と雲の量や動きとの関係についての予想や仮説を基に，解決の方法を発想し，表現すること。

3　内容の取扱い

(1)　内容の「A物質・エネルギー」の指導に当たっては，2種類以上のものづくりを行うものとする。

(2)　内容の「A物質・エネルギー」の(1)については，水溶液の中では，溶けている物が均一に広がることにも触れること。

(3)　内容の「B生命・地球」の(1)については，

次のとおり取り扱うものとする。

ア　アの(ア)の「種子の中の養分」については，でんぷんを扱うこと。

イ　アの(エ)については，おしべ，めしべ，がく及び花びらを扱うこと。また，受粉については，風や昆虫などが関係していることにも触れること。

(4) 内容の「B生命・地球」の(2)のアの(イ)については，人の受精に至る過程は取り扱わないものとする。

(5) 内容の「B生命・地球」の(3)のアの(ウ)については，自然災害についても触れること。

(6) 内容の「B生命・地球」の(4)のアの(イ)については，台風の進路による天気の変化や台風と降雨との関係及びそれに伴う自然災害についても触れること。

〔第6学年〕

1　目　標

(1)　物質・エネルギー

① 燃焼の仕組み，水溶液の性質，てこの規則性及び電気の性質や働きについての理解を図り，観察，実験などに関する基本的な技能を身に付けるようにする。

② 燃焼の仕組み，水溶液の性質，てこの規則性及び電気の性質や働きについて追究する中で，主にそれらの仕組みや性質，規則性及び働きについて，より妥当な考えをつくりだす力を養う。

③ 燃焼の仕組み，水溶液の性質，てこの規則性及び電気の性質や働きについて追究する中で，主体的に問題解決しようとする態度を養う。

(2)　生命・地球

① 生物の体のつくりと働き，生物と環境との関わり，土地のつくりと変化，月の形の見え方と太陽との位置関係についての理解を図り，観察，実験などに関する基本的な技能を身に付けるようにする。

② 生物の体のつくりと働き，生物と環境との関わり，土地のつくりと変化，月の形の見え方と太陽との位置関係について追究する中で，主にそれらの働きや関わり，変化及び関係について，より妥当な考えをつくりだす力を養う。

③ 生物の体のつくりと働き，生物と環境との関わり，土地のつくりと変化，月の形の見え方

と太陽との位置関係について追究する中で，生命を尊重する態度や主体的に問題解決しようとする態度を養う。

2　内　容

A　物質・エネルギー

(1)　燃焼の仕組み

燃焼の仕組みについて，空気の変化に着目して，物の燃え方を多面的に調べる活動を通して，次の事項を身に付けることができるよう指導する。

ア　次のことを理解するとともに，観察，実験などに関する技能を身に付けること。

(ア) 植物体が燃えるときには，空気中の酸素が使われて二酸化炭素ができること。

イ　燃焼の仕組みについて追究する中で，物が燃えたときの空気の変化について，より妥当な考えをつくりだし，表現すること。

(2)　水溶液の性質

水溶液について，溶けている物に着目して，それらによる水溶液の性質や働きの違いを多面的に調べる活動を通して，次の事項を身に付けることができるよう指導する。

ア　次のことを理解するとともに，観察，実験などに関する技能を身に付けること。

(ア) 水溶液には，酸性，アルカリ性及び中性のものがあること。

(イ) 水溶液には，気体が溶けているものがあること。

(ウ) 水溶液には，金属を変化させるものがあること。

イ　水溶液の性質や働きについて追究する中で，溶けているものによる性質や働きの違いについて，より妥当な考えをつくりだし，表現すること。

(3)　てこの規則性

てこの規則性について，力を加える位置や力の大きさに着目して，てこの働きを多面的に調べる活動を通して，次の事項を身に付けることができるよう指導する。

ア　次のことを理解するとともに，観察，実験などに関する技能を身に付けること。

(ア) 力を加える位置や力の大きさを変えると，てこを傾ける働きが変わり，てこがつり合

うときにはそれらの間に規則性があること。
(イ)　身の回りには，てこの規則性を利用した
　　道具があること。
イ　てこの規則性について追究する中で，力を
　加える位置や力の大きさとてこの働きとの関
　係について，より妥当な考えをつくりだし，
　表現すること。
(4)　電気の利用
　　発電や蓄電，電気の変換について，電気の量
　や働きに着目して，それらを多面的に調べる活
　動を通して，次の事項を身に付けることができ
　るよう指導する。
ア　次のことを理解するとともに，観察，実験
　などに関する技能を身に付けること。
(ア)　電気は，つくりだしたり蓄えたりするこ
　　とができること。
(イ)　電気は，光，音，熱，運動などに変換す
　　ることができること。
(ウ)　身の回りには，電気の性質や働きを利用
　　した道具があること。
イ　電気の性質や働きについて追究する中で，
　電気の量と働きとの関係，発電や蓄電，電気
　の変換について，より妥当な考えをつくりだ
　し，表現すること。
B　生命・地球
(1)　人の体のつくりと働き
　　人や他の動物について，体のつくりと呼吸，
消化，排出及び循環の働きに着目して，生命を
維持する働きを多面的に調べる活動を通して，
次の事項を身に付けることができるよう指導す
る。
ア　次のことを理解するとともに，観察，実験
　などに関する技能を身に付けること。
(ア)　体内に酸素が取り入れられ，体外に二酸
　　化炭素などが出されていること。
(イ)　食べ物は，口，胃，腸などを通る間に消
　　化，吸収され　吸収されなかった物は排出
　　されること。
(ウ)　血液は，心臓の働きで体内を巡り，養分，
　　酸素及び二酸化炭素などを運んでいること。
(エ)　体内には，生命活動を維持するための
　　様々な臓器があること。
イ　人や他の動物の体のつくりと働きについて

追究する中で，体のつくりと呼吸，消化，排
出及び循環の働きについて，より妥当な考え
をつくりだし，表現すること。
(2)　植物の養分と水の通り道
　　植物について，その体のつくり，体内の水な
　どの行方及び葉で養分をつくる働きに着目して，
　生命を維持する働きを多面的に調べる活動を通
　して，次の事項を身に付けることができるよう
　指導する。
ア　次のことを理解するとともに，観察，実験
　などに関する技能を身に付けること。
(ア)　植物の葉に日光が当たるとでんぷんがで
　　きること。
(イ)　根，茎及び葉には，水の通り道があり，
　　根から吸い上げられた水は主に葉から蒸散
　　により排出されること。
イ　植物の体のつくりと働きについて追究する
　中で，体のつくり，体内の水などの行方及び
　葉で養分をつくる働きについて，より妥当な
　考えをつくりだし，表現すること。
(3)　生物と環境
　　生物と環境について，動物や植物の生活を観
　察したり資料を活用したりする中で，生物と環
　境との関わりに着目して，それらを多面的に調
　べる活動を通して，次の事項を身に付けること
　ができるよう指導する。
ア　次のことを理解するとともに，観察，実験
　などに関する技能を身に付けること。
(ア)　生物は，水及び空気を通して周囲の環境
　　と関わって生きていること。
(イ)　生物の間には，食う食われるという関係
　　があること。
(ウ)　人は，環境と関わり，工夫して生活して
　　いること。
イ　生物と環境について追究する中で，生物と
　環境との関わりについて，より妥当な考え
　をつくりだし，表現すること。
(4)　土地のつくりと変化
　　土地のつくりと変化について，土地やその中
　に含まれる物に着目して，土地のつくりやでき
　方を多面的に調べる活動を通して，次の事項を
　身に付けることができるよう指導する。
ア　次のことを理解するとともに，観察，実験

などに関する技能を身に付けること。
- (ア) 土地は，礫，砂，泥，火山灰などからできており，層をつくって広がっているものがあること。また，層には化石が含まれているものがあること。
- (イ) 地層は，流れる水の働きや火山の噴火によってできること。
- (ウ) 土地は，火山の噴火や地震によって変化すること。
- イ 土地のつくりと変化について追究する中で，土地のつくりやでき方について，より妥当な考えをつくりだし，表現すること。
- (5) 月と太陽
　月の形の見え方について，月と太陽の位置に着目して，それらの位置関係を多面的に調べる活動を通して，次の事項を身に付けることができるよう指導する。
- ア 次のことを理解するとともに，観察，実験などに関する技能を身に付けること。
  - (ア) 月の輝いている側に太陽があること。また，月の形の見え方は，太陽と月との位置関係によって変わること。
- イ 月の形の見え方について追究する中で，月の位置や形と太陽の位置との関係について，より妥当な考えをつくりだし，表現すること。
- 3 内容の取扱い
- (1) 内容の「A物質・エネルギー」の指導に当たっては，2種類以上のものづくりを行うものとする。
- (2) 内容の「A物質・エネルギー」の(4)のアの(ア)については，電気をつくりだす道具として，手回し発電機，光電池などを扱うものとする。
- (3) 内容の「B生命・地球」の(1)については，次のとおり取り扱うものとする。
- ア アの(ウ)については，心臓の拍動と脈拍とが関係することにも触れること。
- イ アの(エ)については，主な臓器として，肺，胃，小腸，大腸，肝臓，腎臓，心臓を扱うこと。
- (4) 内容の「B生命・地球」の(3)については，次のとおり取り扱うものとする。
- ア アの(ア)については，水が循環していることにも触れること。

- イ アの(イ)については，水中の小さな生物を観察し，それらが魚などの食べ物になっていることに触れること。
- (5) 内容の「B生命・地球」の(4)については，次のとおり取り扱うものとする。
- ア アの(イ)については，流れる水の働きでできた岩石として礫岩，砂岩，泥岩を扱うこと。
- イ アの(ウ)については，自然災害についても触れること。
- (6) 内容の「B生命・地球」の(5)のアの(ア)については，地球から見た太陽と月との位置関係で扱うものとする。

第3 指導計画の作成と内容の取扱い

1 指導計画の作成に当たっては，次の事項に配慮するものとする。
- (1) 単元など内容や時間のまとまりを見通して，その中で育む資質・能力の育成に向けて，児童の主体的・対話的で深い学びの実現を図るようにすること。その際，理科の学習過程の特質を踏まえ，理科の見方・考え方を働かせ，見通しをもって観察，実験を行うことなどの，問題を科学的に解決しようとする学習活動の充実を図ること。
- (2) 各学年で育成を目指す思考力，判断力，表現力等については，該当学年において育成することを目指す力のうち，主なものを示したものであり，実際の指導に当たっては，他の学年で掲げている力の育成についても十分に配慮すること。
- (3) 障害のある児童などについては，学習活動を行う場合に生じる困難さに応じた指導内容や指導方法の工夫を計画的，組織的に行うこと。
- (4) 第1章総則の第1の2の(2)に示す道徳教育の目標に基づき，道徳科などとの関連を考慮しながら，第3章特別の教科道徳の第2に示す内容について，理科の特質に応じて適切な指導をすること。

2 第2の内容の取扱いについては，次の事項に配慮するものとする。
- (1) 問題を見いだし，予想や仮説，観察，実験などの方法について考えたり説明したりする学習活動，観察，実験の結果を整理し考察する学習活動，科学的な言葉や概念を使用して考えた

り説明したりする学習活動などを重視すること
によって，言語活動が充実するようにすること。

(2)　観察，実験などの指導に当たっては，指導
内容に応じてコンピュータや情報通信ネット
ワークなどを適切に活用できるようにすること。
また，第1章総則の第3の1の(3)のイに掲げる
プログラミングを体験しながら論理的思考力を
身に付けるための学習活動を行う場合には，児
童の負担に配慮しつつ，例えば第2の各学年の
内容の〔第6学年〕の「A物質・エネルギー」
の(4)における電気の性質や働きを利用した道具
があることを捉える学習など，与えた条件に応
じて動作していることを考察し，更に条件を変
えることにより，動作が変化することについて
考える場面で取り扱うものとする。

(3)　生物，天気，川，土地などの指導に当たっ
ては，野外に出掛け地域の自然に親しむ活動や
体験的な活動を多く取り入れるとともに，生命

を尊重し，自然環境の保全に寄与する態度を養
うようにすること。

(4)　天気，川，土地などの指導に当たっては，
災害に関する基礎的な理解が図られるようにす
ること。

(5)　個々の児童が主体的に問題解決の活動を進
めるとともに，日常生活や他教科等との関連を
図った学習活動，目的を設定し，計測して制御
するという考え方に基づいた学習活動が充実す
るようにすること。

(6)　博物館や科学学習センターなどと連携，協
力を図りながら，それらを積極的に活用するこ
と。

3　観察，実験などの指導に当たっては，事故
防止に十分留意すること。また，環境整備に十
分配慮するとともに，使用薬品についても適切
な措置をとるよう配慮すること。

索　引

(＊は人名)

編著者紹介

山下芳樹（やました・よしき）

1953年　生まれ。
現　在　立命館大学産業社会学部教授。
主　著　『理科の先生になるための，理科の先生であるための「物理の学び」徹底理解 力学・熱力学・波動編』（監修・編著）ミネルヴァ書房，2016年。
　　　　『理科の先生になるための，理科の先生であるための「物理の学び」徹底理解 電磁気学・原子物理・実験と観察編』（監修・編著）ミネルヴァ書房，2017年。
　　　　『すべての答えは小学校理科にある——理科の授業で大学入試問題を解きほぐす 電気・磁気編』（単著）電気書院，2018年。

平田豊誠（ひらた・とよせい）

1972年　生まれ。
現　在　佛教大学教育学部教授。
主　著　『子どもが問題をつくり合い答え合う授業——理科における作問指導を通した思考力育成と評価に関する実践的研究』（単著）渓水社，2015年。
　　　　『理科 指導の理論と実践（シリーズ 新時代の学びを創る 5）』（共著）あいり出版，2017年。

新しい教職教育講座　教科教育編④

初等理科教育

| 2018年11月30日　初版第1刷発行 | 〈検印省略〉 |
| 2023年 9 月10日　初版第4刷発行 | |

定価はカバーに
表示しています

監 修 者	原　清治／春日井敏之
	篠原正典／森田真樹
編 著 者	山下芳樹／平田豊誠
発 行 者	杉　田　啓　三
印 刷 者	坂　本　喜　杏

発行所　株式会社　ミネルヴァ書房
607-8494　京都市山科区日ノ岡堤谷町 1
電話代表　(075)581-5191
振替口座　01020-0-8076

© 山下・平田ほか, 2018　冨山房インターナショナル・藤沢製本

ISBN 978-4-623-08200-1
Printed in Japan

新しい教職教育講座

原 清治・春日井敏之・篠原正典・森田真樹 監修

全23巻

（A 5 判・並製・各巻平均220頁・各巻2000円（税別））

教職教育編

① 教育原論　　　　　　　　　　　山内清郎・原 清治・春日井敏之 編著
② 教職論　　　　　　　　　　　　久保富三夫・砂田信夫 編著
③ 教育社会学　　　　　　　　　　　原 清治・山内乾史 編著
④ 教育心理学　　　　　　　　　　神藤貴昭・橋本憲尚 編著
⑤ 特別支援教育　　　　　　　　　　原 幸一・堀家由妃代 編著
⑥ 教育課程・教育評価　　　　　　　細尾萌子・田中耕治 編著
⑦ 道徳教育　　　　　　　　　　　　荒木寿友・藤井基貴 編著
⑧ 総合的な学習の時間　　　　　　　森田真樹・篠原正典 編著
⑨ 特別活動　　　　　　　　　　　　中村 豊・原 清治 編著
⑩ 教育の方法と技術　　　　　　　篠原正典・荒木寿友 編著
⑪ 生徒指導・進路指導　　　　　　春日井敏之・山岡雅博 編著
⑫ 教育相談　　　　　　　　　　　春日井敏之・渡邉照美 編著
⑬ 教育実習・学校体験活動　　　　　小林 隆・森田真樹 編著

教科教育編

① 初等国語科教育　　　　　　　　　井上雅彦・青砥弘幸 編著
② 初等社会科教育　　　　　　　　　中西 仁・小林 隆 編著
③ 算数科教育　　　　　岡本尚子・二澤善紀・月岡卓也 編著
④ 初等理科教育　　　　　　　　　山下芳樹・平田豊誠 編著
⑤ 生活科教育　　　　　　　　　　鎌倉 博・船越 勝 編著
⑥ 初等音楽科教育　　　　　　　　　　　　高見仁志 編著
⑦ 図画工作科教育　　　　　　　　波多野達二・三宅茂夫 編著
⑧ 初等家庭科教育　　　　　　　　　三沢徳枝・勝田映子 編著
⑨ 初等体育科教育　　　　　　　　　石田智巳・山口孝治 編著
⑩ 初等外国語教育　　　　　　　　　　　　湯川笑子 編著

—— ミネルヴァ書房 ——
https://www.minervashobo.co.jp/